SOUVENIRS

D'UN OFFICIER

DE LA

GRANDE ARMÉE

PUBLIÉS PAR

MAURICE BARRÈS

SON PETIT-FILS

PARIS

LIBRAIRIE PLON

PLON-NOURRIT ET Cⁱᵉ, IMPRIMEURS-ÉDITEURS

8, RUE GARANCIÈRE - 6ᵉ

ŒUVRES COMPLÈTES DE MAURICE BARRÈS

LE CULTE DU MOI

*Sous l'œil des Barbares . . . . 1 vol.
*Un Homme libre . . . . —
*Le Jardin de Bérénice . . . . —

LE ROMAN DE L'ÉNERGIE NATIONALE

*Les Déracinés . . . . 3 vol.
L'Appel au soldat.
Leurs Figures.

LES BASTIONS DE L'EST

Au service de l'Allemagne.
*Colette Baudoche . . . . 1 vol.
*Le Génie du Rhin . . . . 1 vol.

CHRONIQUE DE LA GRANDE GUERRE

*I. (1ᵉʳ février-4 octobre 1914) . . . . 1 vol.
*II. (14 octobre-31 décembre 1914) . . . —
*III. (1ᵉʳ janvier-11 mars 1915) . . . . —
*IV. (12 mars-31 mai 1915) . . . . —
*V. (1ᵉʳ juin-24 août 1915) . . . . —
*VI. (25 août-11 décembre 1915) . . . . —
*VII. (12 décembre 1915-9 avril 1916) . . —
*VIII. (11 avril-24 août 1916) . . . . —
*IX. (3 septembre 1916-28 juin 1917) . . —
*X. (1ᵉʳ juillet-1ᵉʳ décembre 1917) . . . . . —

*Un Jardin sur l'Oronte . . . . 1 vol.
L'Ennemi des lois.
*Du sang, de la volupté et de la mort . . 1 vol.
*Amori et Dolori sacrum . . . . —
Les Amitiés françaises.
Scènes et doctrines du nationalisme.
*Le Voyage de Sparte . . . . 1 vol.
Greco ou le Secret de Tolède.
*La Colline inspirée . . . . 1 vol.
Huit jours chez M. Renan.
La Grande Pitié des Églises de France.
Les Familles spirituelles de la France.

Les volumes précédés d'un astérisque sont en vente (mars 1923).

PARIS. — TYP. PLON-NOURRIT ET Cⁱᵉ, 8, RUE GARANCIÈRE. — 28328.

Il a été tiré de cet ouvrage :

2 exemplaires sur papier de Chine, numérotés de 1 à 20 ;

20 exemplaires sur papier du Japon numérotés de 21 à 40 ;

50 exemplaires sur papier de Hollande Van Gelder, numérotés de 41 à 90 ;

550 exemplaires sur papier pur fil des papeteries Lafuma, à Voiron, dont 500 numérotés de 91 à 590 et 50 exemplaires, sans numéro, non mis dans le commerce.

L'édition originale a été tirée sur papier de fil.

SOUVENIRS

D'UN

OFFICIER DE LA GRANDE ARMÉE

SOUVENIRS

D'UN OFFICIER

DE LA

GRANDE ARMÉE

PUBLIÉS PAR

MAURICE BARRÈS

SON PETIT-FILS

PARIS

LIBRAIRIE PLON

PLON-NOURRIT ET Cⁱᵉ, IMPRIMEURS-ÉDITEURS

8, RUE GARANCIÈRE - 6ᵉ

Tous droits réservés

MON GRAND PÈRE

Trois cahiers cartonnés, qui viennent de chez « Wiener, papetier, rue des Dominicains, 53, à Nanci », et leurs nombreux feuillets couverts d'une écriture paisible et claire, déjà bien pâlie par le temps : ce sont les recueils où mon grand-père Barrès, officier de la Grande Armée, ayant pris sa retraite à Charmes-sur-Moselle, transcrivit soigneusement les douzaines de petits carnets, souillés et déchirés, qu'il avait, durant vingt ans, promenés dans son havresac sur toutes les routes de l'Europe. « Itinéraire », voilà le titre exact qu'il donnait à ses étapes ; « Itinéraire et souvenirs d'un soldat devenu officier supérieur (Barrès, Jean-Baptiste Auguste), né à Blesle (Haute-Loire), le 25 juillet 1784, ou tableau succinct des journées de marche et de séjour dans les villes et villages de garnison et de passage, dans les camps et les cantonnements, tant en France qu'en Allemagne, en Pologne, en Prusse, en Italie, en Espagne et en Portugal, depuis mon entrée au service le 27 juin 1804, jusqu'au 6 juin 1835, époque de mon admission à la solde de retraite. »

Je les ai toujours vus, ces cahiers olivâtres, couleur de l'uniforme des chasseurs de la garde, et couleur

a

aussi des lauriers d'Apollon que j'admirai, il y a huit ans, au vallon de Daphné, près d'Antioche de Syrie. Quand j'étais enfant, mon père me les a montrés, et, grand garçon, j'ai obtenu de les lire. S'il faut tout dire, je me penchais dessus avec plus de bonne volonté que de plaisir. Je sentais que j'avais là, dans mes mains, quelque chose qui intéressait religieusement mon père, et qu'à sa mort, je recevrais comme son legs le plus précieux, quelque chose entre lui, ma sœur, moi, et nul autre. Mais alors je n'allais pas plus loin : je ne sentais pas ma profonde parenté avec mon grand-père. Il faut du temps pour que nous discernions le fond de notre être. A cette heure, la reconnaissance est complète; je ne me distingue pas de ceux qui me précédèrent dans ma famille, et certainement leurs meilleurs moments me sont plus proches qu'un grand nombre des jours et des années que j'ai vécus moi-même et qui ne m'inspirent que l'indifférence la plus dégoûtée.

Aujourd'hui, dimanche matin, qui est le premier matin de mon séjour annuel à Charmes, je viens de faire au long de la Moselle le tour de promenade qu'y faisaient mon père et mon grand-père. La jeunesse du paysage était éblouissante, et son fond de silence, tragique. Près de la rivière, quelques cris d'enfants effrayaient les poissons; les oiseaux chantaient, sans auditoire; les cloches des villages sonnaient à toute volée, et semaient à tout hasard leurs appels séculaires. J'ai achevé ma matinée en allant au cimetière causer avec mes parents.

Les inscriptions de leurs tombes me rappellent que mon grand-père est mort à soixante-deux ans et tous les miens en moyenne à cet âge; elles m'avertissent qu'il est temps que je règle mes affaires. « Que nous

serons bien là! » disait avec bon sens ce charmant
fol de Jules Soury, quand il allait à Montparnasse
visiter la tombe de sa mère. Mais ce profond repos
ne saurit pleinement qu'à ceux qui ont rempli toute
leur tâche et exécuté leur programme. Or, je commence à me sentir un peu pressé par le temps.

Je désirerais avant de mourir donner une idée de
toutes les images qui m'ont le plus occupé. A quoi cor-
respond cet instinct, qui est la chose du monde la plus
répandue? C'est, je crois, l'effet d'une sorte de piété,
qui nous pousse à attester notre gratitude envers ce
que nous avons reconnu de plus beau, au long de notre
existence. On veut se définir, payer ses dettes, chanter
son action de grâce. Explication bien incertaine, mais
il s'agit du plus vague désir de vénération et d'une
espèce d'hymne religieux, murmuré au seuil du tombeau. J'ai toujours projeté d'établir pour moi-même,
sous ce titre Ce que je dois, un tableau sommaire des
obligations qu'au cours de ma vie j'ai contractées
envers les êtres et les circonstances. Si je suis un
artiste, un poète, je n'ai fait qu'exécuter la musique
qui reposait dans le cœur de mes parents et dans l'horizon où j'ai, dès avant ma naissance, respiré. Tout
ce que je connais de mon père et de ma mère m'assure
dans cette conviction. Qu'est-ce que mes livres? J'ai
raconté un peu d'Espagne et d'Asie; j'ai travaillé à
la défense de l'esprit français contre le germanisme;
j'ai magnifié la Lorraine. Eh bien! j'ai vu mon père
s'enchanter à Charmes, toute sa vie, des images qu'il
avait rapportées d'un voyage qu'il fit, vers 1850, en
Algérie, en Tunisie et à Malte. Ma piété pour l'armée,
pour le génie de l'Empereur et pour la gloire, semble
prolonger les émotions qu'a connues mon grand-père
et l'éblouissement que lui laissèrent, au milieu de

ses misères de soldat, certaines matinées d'Espagne et de Portugal. Ses expériences demeurent la racine maîtresse qui a nourri mes livres d'une sève dont le romantisme latent était d'avance résorbé par son robuste sens de la vie. Enfin, si j'ai tant parlé, peut-être avec excès (du moins parfois, mes meilleurs amis m'en ont plaisanté), des choses que j'ai vues dans l'horizon de Charmes, je suivais l'exemple de mon arrière-grand-père Barrès [le père de l'auteur de ces Souvenirs], qui a publié une monographie du canton où lui-même vivait (1). De toutes les idées auxquelles je me suis voué, aucune n'est plus ancrée en moi que la sensation de ma dépendance familiale et terrienne. J'ai ma vie propre, certes, mais limitée dans mes quatre saisons et attachée à une collectivité plus forte.

Ainsi je songe, au cimetière, près de la tombe de mes parents. Quelques hauts peupliers décorent ce champ du repos, et je les regarde frissonner sous le vent. Dans la campagne au loin, le même coup de vent met en émoi les bois des côtes et les vergers de mirabelliers. Chacun de nous est pareil à l'une quelconque de leurs feuilles. Ardeur pour conquérir un surcroît de sève, et de lumière, et puis, soudain, le détachement et la mort.

Je publie les Mémoires de J.-B. Barrès pour qu'ils servent de préface et d'éclaircissement à tout ce que j'ai écrit. Un jeune homme est arraché, déraciné, par les secousses de la Révolution, d'une petite ville où les siens vivaient, à leur connaissance, depuis cinq siècles. Il parcourt le monde, il amasse des thèmes qui devaient d'autant plus le frapper qu'il appartenait à une race

---

(1) *Description topographique du ci-devant canton de Blesle*, au Puy, an IX.

immobile, et puis, pour finir, il vient se réenraciner
au sein d'une famille lorraine et dans une petite ville,
toutes pareilles à sa propre famille et à sa ville natale. Voilà mon grand-père, voilà les origines de la
poignée d'idées et de sentiments où je me tiens avec
tant de monotonie.

* *

Né à Blesle, en Auvergne, en 1784, mon grand-
père J.-B. Barrès repose à Charmes, en Lorraine,
sous une pierre de grès vosgien, datée de 1849. C'est
le seul déplacement que je sache que ma famille ait
accompli depuis le quinzième siècle. De père en fils,
nous avons voulu « naître, vivre et mourir dans la
même maison », dans cette petite ville de Blesle, où,
notaires et médecins, nous remontons jusqu'à un
Pierre Barrès dont le savant M. Paul le Blanc possédait un titre, daté de 1489. Avant ce Pierre Barrès,
nous étions à Saint-Flour, où un autre Pierre-Maurice
Barrès joue un rôle durant la guerre de Cent ans, et,
loin dans le temps, nous venions de ce vieux « pays
de Barrès », le pagus Barrensis des cartulaires méro-
vingiens, que jalonnent Murrat-de-Barrès, Lacapelle-
Barrès, Mur de Barrès, Lacroix Barrès, et dont
vraisemblablement nous avons reçu notre nom (1). Ce
gîte séculaire, ce réduit du Plateau Central, mon
grand-père l'a échangé contre un abri non moins
ancien, quand il est venu prendre place au foyer d'une

(1) *Les Ancêtres auvergnats de Maurice Barrès*, par Ulysse
ROUCHON, chez Champion; *Bulletin historique et scienti-
fique de l'Auvergne*, 1907, nᵒˢ 7 et 8 : discours de M. Marcellin
Boudet, pour la réception de M. Maurice Barrès, à l'Académie de Clermont-Ferrand ; les « Origines auvergnates »
de Maurice BARRÈS, dans *Paris-Auvergne* du 4 février 1906.

*famille lorraine aussi sédentaire que la sienne. Ah!
« du temps que les Français ne s'aimaient pas »,
quand mes jeunes camarades de la Revue blanche
demandaient à Herr, le fameux bibliothécaire de
l'École normale, qu'il rédigeât en leur nom, contre moi,
une bulle d'excommunication, ils eurent bien de la
divination de me flétrir comme le produit typique des
petites villes françaises. J'ai le bonheur d'être cela.*

*Je n'ai pas connu mon grand-père. Il est mort
treize années avant ma naissance, mais beaucoup de
vieilles personnes m'ont parlé de lui, dans Charmes,
qui se rappellent ses manières, aimables, un peu
sévères et cérémonieuses.*

*Nos petites villes de l'Est regorgeaient alors d'an-
ciens officiers de la Grande Armée. A Charmes, dans le
même temps, je me vois un autre aïeul, le grand-père
de ma mère, qui, lui aussi, avait fait les guerres de
l'Empire, mais qui n'a pas laissé de Mémoires. C'est
avec de tels hommes que causaient les Erckmann-
Chatrian. Je suis sûr que, pour écrire leur Conscrit
de 1813, les deux romanciers lorrains ont eu à leur
disposition des documents semblables à celui que je
publie. Ils n'auraient eu qu'à prendre les premiers
feuillets de J.-B. Barrès, ses étapes de jeune engagé du
Puy à Paris, sa première vision du général Bonaparte
dans la cour du Louvre, et son installation à la caserne
de Rueil, pour ajouter un chef-d'œuvre à leur série
nationale.*

*Ces retraités de la Grande Armée étaient très bien
vus de la population lorraine. Elle les adoptait sans
réserve. Né à Charmes d'un père qui y était né, tout
entouré des parents de ma mère et de ma grand'mère,
qui appartenaient, de temps immémorial, à cette
petite ville, je n'ai jamais soupçonné, durant mon*

enfance, que je fusse relié à un autre terroir, et je ne vois pas non plus que mon grand-père, devenu veuf, ait songé à regagner le pays de son père. Il avait fait sien le pays de sa femme, et, une fois la copie de son Itinéraire achevée, il se mit à écrire successivement une histoire de la province d'Auvergne et une histoire du duché de Lorraine.

C'était un homme qui avait plus d'éducation que d'instruction, mais une très vive curiosité d'esprit. J'ai passé mes premières années de lecture à feuilleter ses livres et ceux qu'il achetait à son petit garçon, son fils unique, mon père. J'ai été formé par leur Walter Scott et leur Fenimore Cooper. Jadis, je pensais que son Itinéraire manquait de talent littéraire. Ce n'est plus mon avis. Mon grand-père raconte avec une parfaite clarté ce qu'il a vu, et parfois des choses charmantes. On croirait son attention tout enfermée dans les soins du service et dans l'horizon de son étape, mais çà et là une note nous révèle ce qu'il avait en outre dans l'esprit. J'aime sa gaieté quand, jeune soldat de vingt ans, au soir de la bataille d'Iéna, le hasard loge son escouade dans un pensionnat de demoiselles : « Les oiseaux s'étaient envolés, en laissant leurs plumes : les pianos, les guitares, une partie de leurs hardes, de charmants dessins, des gravures et des livres... » J'aime le souvenir qu'il garde d'une minute en Allemagne, au lendemain des jours effroyables de Leipzig : « J'ai vu dans le village d'Ober-Thomaswald, pour la seule fois de ma vie, une espèce de rosier dont le bois et la feuille sentaient la rose, comme la fleur elle-même, qui était fort belle. » Et cela me plaît que, vieil homme, il ait maintenu, dans sa rédaction de Charmes, ce trait naïf qu'il trouvait dans son carnet de Friedland, un trait de l'éternel désir de paraître d'un jeune Français : « *Nos bonnets à poil étaient devenus laids et hideux. On nous les remplaça. J'eus la satisfaction de tomber sur un oursin qui était aussi beau que ceux des officiers !* » Et il n'a pas que la sensibilité de l'imagination, mais la plus profonde, la plus noble, celle du cœur. A Lutzen, il écrit : « *Nos jeunes conscrits se conduisirent très bien. Pas un ne quitta les rangs, et il y en eut qu'on avait laissés derrière, parce qu'ils étaient malades, qui arrivèrent pour prendre leurs places. Un de nos clairons, enfant de seize ans, fut de ce nombre. Il eut une cuisse emportée par un boulet et expira derrière la compagnie. Ces pauvres enfants, quand ils étaient blessés à ne pouvoir marcher, venaient me demander à quitter la compagnie pour aller se faire panser. C'était une abnégation de la vie, une soumission à leur supérieur, qui affligeait plus qu'elle n'étonnait.* »

*
* *

Je m'arrête. Il ne s'agit pas que j'analyse cet Itinéraire, puisqu'on va en lire les parties essentielles. C'est le Mémorial de toute une existence. Forcé d'en rayer une multitude de journées, j'en laisse assez pour que le lecteur accompagne J.-B. Barrès dans ses principales étapes. On verra le joyeux départ du jeune homme, quand il s'éloigne de la maison paternelle, à l'âge des plus vives curiosités; on s'intéressera aux visions nombreuses qu'un chasseur de la Garde impériale eut nécessairement du Grand Homme, dont il lui fut donné en outre de recevoir à plusieurs reprises la parole directe; on l'entendra raconter ses batailles et ses fatigues; on connaîtra son profond sentiment du devoir et de l'honneur, un sentiment dont l'expression n'a jamais rien de lyrique ni de théâtral, mais si clair et si vrai! En 1815, on le verra en demi-solde. La morgue des émigrés à leur retour, et les offenses que certains d'entre eux avaient la folie de prodiguer à des hommes dont la noblesse et la vertu venaient de conquérir des titres aussi beaux que ceux des croisades, mon grand-père les décrit, dans une multitude de petits traits, qu'il n'était pas dans le programme de Balzac de recueillir, mais dignes de ce grand historien des mœurs, et qui font toucher du doigt l'extrême difficulté où se heurte chez nous une restauration monarchique. Le roi est revenu en 1815 avec un titre et un prestige certains : il représentait l'autorité dont tous avaient besoin. Mais à quelle utilité répondait cette multitude de nobles, réduits à reconquérir un à un, par leur fierté et leur savoir-faire, le rang que dans leur imagination seule ils continuaient d'occuper? Le chef, c'est l'homme dont chacun a besoin, et il est d'autant plus le chef que chacun se sent plus incapable de le remplacer. J.-B. Barrès nous aide à comprendre que les Français de 1815 n'avaient aucune idée de l'emploi qu'ils pouvaient faire de ducs, de marquis, de comtes et de vicomtes, et c'est bien cet embarras de leur propre personnage qui invitait ceux-ci à des actes insupportables de fierté, dont ils n'auraient pas eu l'idée, j'imagine, au milieu d'un consentement unanime et dans une réelle activité. La révolution de 1830 fut moins un soulèvement de la France contre son roi que de chaque Français contre un ci-devant. Enfin arrivent son mariage, puis sa retraite et son installation dans la famille de sa femme, et alors nous recueillons ses dernières paroles, sa philosophie de la vie et la morale de la fable. C'était un soldat de la Grande Armée, un de ces hommes gran-

dieuses et simples, un éternel trésor pour notre race.

Voilà quel exemplaire humain mettaient au jour les petites villes de France, à la fin du dix-huitième siècle. On n'a jamais possédé un instrument plus solide et plus efficace pour les œuvres de la grande civilisation. Tandis que la haute société, Versailles et Paris avaient perdu leur équilibre intérieur, quel beau type d'homme produisaient encore nos provinces, un type où les énergies physiques et morales sont toujours prêtes à se déployer sans violence! Nulle inquiétude, nulle attente, jamais d'ennui, aucun mal du siècle, mais une plénitude de force paisible. Personne, à moins de lire de telles pages, ne peut imaginer qu'on ait vécu une vie si variée, si dangereuse, si voisine du plus grand génie, et qu'on soit demeuré cet esprit exact, sensible et sévère, d'une harmonie parfaite.

Ce n'est pas que J.-B. Barrès se soustraie au don que l'Empereur possédait d'enlever les âmes. Lisez son récit de la scène qu'il vit, la veille d'Austerlitz, quand, au bivouac où son bataillon sommeillait, soudain Napoléon apparut dans la nuit, tenant à la main une lettre : « Un de nous prit une poignée de paille et l'alluma pour faciliter sa lecture. De notre bivouac il fut à un autre. On le suivit avec des torches allumées en criant : « Vive l'Empereur ! » Ces cris d'amour et d'enthousiasme se propagèrent dans toutes les directions comme un feu électrique ; tous les soldats, sous-officiers et officiers se munirent de flambeaux improvisés, en sorte que, sur des lieues, en avant, en arrière, ce fut un embrasement général et que l'Empereur dut en être ébloui. » *Voilà ce que vit mon grand-père : le génie enveloppé par les flammes de l'enthousiasme et de l'amour. Et le lendemain, alors qu'avec ses camarades de la Garde, J.-B. Barrès*

*gravissait les hauteurs du plateau pour entrer dans la
bataille au cri de « Vive l'Empereur! » l'Empereur
lui-même les aborda. « Après nous avoir fait signe de
la main qu'il voulait parler, il nous dit d'une voix
claire et vibrante qui électrisait : « Chasseurs, mes
« gardes à cheval viennent de mettre en déroute la
« Garde impériale russe. Colonels, drapeaux, canons,
« tout a été pris. Rien n'a résisté à leur intrépide
« valeur. Vous les imiterez. » Il partit aussitôt, pour
aller faire la même communication aux autres bataillons. » De telles minutes marquent de leur sceau
toute une race. Mais cet enfant de vingt ans, ce soldat
de la Garde impériale prend le contact de ce Multi-
plicateur de l'enthousiasme sans se laisser entamer
par aucun désordre. Il nous raconte des scènes qui
sont le lieu de naissance du romantisme et dépose leur
souvenir, sans un mot théâtral, dans le sanctuaire de
son cœur. Tous sont émus jusqu'au fond de l'âme,
mais dans leur premier étonnement, ils ne brisent pas
leur réserve native, et la moisson lyrique ne naîtra
que plus tard. C'est au long du dix-neuvième siècle,
que ces instants inouïs viendront comme des revenants
agiter les fils des héros, et les empêcheront de dormir.
Quel mystique aliment, quelles riches épargnes bien
dosées, quelle préparation de chaleur et d'éclat! De
quel sacrement nos pères participaient!*

*Ainsi naquit le romantisme (que j'ai essayé, pour
ma faible part, de juger et de mettre au point, sans
jamais cesser de respecter ses ardeurs originaires),
ou du moins voilà ses premières préparations. Fait
remarquable, mon grand-père et ses frères de gloire,
tandis qu'ils introduisent dans le monde les éléments
essentiels de cette fièvre, n'en présentent aucun symp-
tôme. Stendhal a dit le grand mot : Napoléon faisait*

travailler toute cette jeunesse.... L'action l'absorbait au
point de supprimer toute nostalgie. Dans les périls
et les effroyables fatigues de la guerre, le soldat de
l'épopée peut quelquefois se replier sur lui-même, et
éprouver un étonnement douloureux, si quelque injure
est faite à des héros; mais, à l'ordinaire, ces nobles
gens vivaient coude à coude, dans un même songe, dans
la haute satisfaction d'être des vainqueurs, couronnés
de lauriers. Ils se détournaient de la réalité quoti-
dienne, parfois éclairée d'une lumière si triste, pour
s'enivrer du sentiment de l'honneur. Ils avaient leur
haute conscience d'eux-mêmes, le témoignage reten-
tissant de leur gloire dans les Bulletins de l'Empereur,
et l'admiration de tous, quand ils rentraient à Paris
et dans leurs familles. La mélancolie et l'isolement,
ces conditions indispensables du romantisme, n'ap-
paraissent qu'après Waterloo et sous la Restauration,
quand, devenus « les brigands de la Loire » et les demi-
soldes, ils subissent avec stupeur des humiliations
qu'ils savaient n'avoir pas méritées. Le sentiment de
ne pas recevoir leur dû, un désaccord cruel avec la
société, troublent profondément, après 1815, les soldats
de la Grande Armée, et les choses prennent alors pour
eux une vibration tragique, toute nouvelle. Ils con-
naissent la solitude morale. De grands souvenirs, un
cœur humilié et isolé : cette fois, le romantisme est
doté de ses deux raisons principales. Mais pour que
ses fleurs apparussent, il fallait encore que le temps
fît son œuvre et que le recul créât des mirages.

Ces nobles soldats de la Grande Armée, ces grands
paysans, si je les vois bien, étaient des esprits à enthousiasme circonscrit. Pas un mot sur l'au-delà, dans
les souvenirs de mon grand-père. Aucune préoccupation religieuse. La Garde impériale avait-elle des au-

môniers? Je n'en sais rien, après l'avoir lu. Il semble
que le baron Larrey, le célèbre chirurgien, ait été
chargé de suffire à toutes les fins de vie de ces héros.
Ces initiateurs de grands rêves sont prodigieusement
affermis dans le réel. Le désir d'avancement de mon
grand-père est très sage. L'avancement se donne à
l'ancienneté, aux blessures, aux occasions de se distinguer que le hasard de la guerre peut offrir et que
les protections favorisent. C'est plus tard que les dyna-
mismes déchaînés se sont aimantés sur cette époque
où tous les mérites, s'est-on figuré, recevaient du
Maître une récompense immense et immédiate. Ce
lucide Stendhal lui-même, dans sa vie de fonctionnaire
de l'Empire, ne nous laisse voir que des désirs de
carrière courts et grossiers : il voudrait quatre mille
livres de rente et toutes les femmes. Ce n'est pas le
programme d'une grande vie. Il est tout entier dans
ses petites sensualités commodes, dans ses joies de
garnisons, dans les curiosités et les ennuis de ses
changements de résidence. Nous sommes loin du temps
où son Julien Sorel, privé d'un cadre social et projeté
dans l'infini du désir, fera du Mémorial de Sainte-
Hélène un livre d'excitation, un bréviaire d'énergie.
Vigny parle encore avec répugnance d'un sentiment
qui s'était développé autour de Napoléon et qu'il
appelle le séidisme : l'idée que tout irait bien, si l'on
était fidèle au chef, qu'on serait alors favorisé de
grades, de croix, de dotations, de titres. Senancour
compare l'Empereur à un conquérant asiatique, qui
tient à ce que tout le monde soit à son rang, les chevaux,
les chars d'assaut, les guerriers, les prêtres, etc.
Pour les ouvriers mêmes de l'incomparable épopée,
la réalité compte seule, et s'il y a du frémissement, ce
n'est que dans le danger affronté, dans la discipline

acceptés, dans l'accomplissement de la tâche quoti-
dienne. Vingt ans après, c'est autre chose. Vers 1827,
le mirage est formé, et le passé prend une valeur
d'excitation. Le prestige est établi. Le soleil roman-
tique a monté dans le ciel des imaginations, avec son
efficace et toutes ses nuisances.

Eux-mêmes, les fils des soldats, ne divinisent pas
immédiatement le César. Leur premier regard fut
plutôt un peu scandalisé. L'intermède venait d'être
si cruel : la France saignée à blanc, les Alliés lui imposant une loi qu'elle semblait avoir oubliée! Voyez
quel retard mettent à se romantiser, dans l'imagination
de Victor Hugo, les états de service de son père! Il vit
d'abord des images de sa mère. Il s'offre à relever la
statue d'Henri IV, il célèbre Quiberon, la Vendée.
Son père a capturé Fra Diavolo, a été l'aide de camp
du roi Joseph en Espagne, s'est promené glorieuse-
ment en Prusse, en Autriche; eh bien! le jeune poète
se prête plus volontiers à l'influence de son beau-
frère, M. Foucher, simple rond de cuir, chef de bureau
au ministère de la Guerre, un embusqué. Il ne voit
pas ce que les hommes d'Après la bataille et du
Cimetière d'Eylau peuvent lui offrir, jusqu'au moment où le général Hugo lui fait passer ses Mémoires
et l'invite à venir causer avec lui à Blois. Alors il s'en-
flamme, et dans le même temps toute sa génération. Cependant les combattants, il semble que le goût de l'action
et un positivisme avant la lettre les maintinrent éloignés, jusqu'au bout, de toute espèce de transfiguration.

... Que ces vues nous éclairent sur les origines spirituelles des générations avec lesquelles nous avons fait
le voyage de la vie, et qu'elles nous donnent un pressentiment de la mystérieuse influence que pourra exercer,
dans dix ans, sur l'esprit français, la Grande Guerre dont

nous venons d'être les témoins ! Des ferments, qui n'ont pas encore affleuré, se préparent pour nos fils, dans les tranchées recouvertes.

** **

Je publie ces Mémoires, à l'âge où mon grand-père acheva de les mettre au net. J'en corrige les épreuves, dans le lieu où il les recopiait. A Charmes, il achevait, il y a un siècle, son Itinéraire, et dans ce même horizon, je commence l'histoire de ma vie, mon itinéraire intellectuel. J'édite ses étapes, écrites à l'aube du dix-neuvième siècle pour les placer, comme une préface, en tête de tout ce que j'ai fait. Cependant, ce n'est pas dans une préoccupation étroitement personnelle ; je suis rassasié de moi-même, et j'ai cessé de m'intéresser à mes manières de sentir, qui me donnent du désagrément et m'emprisonnent depuis soixante ans : j'ai l'idée de publier ici un document qui appartient à la vie nationale. Ces sortes de mémoires constituent une pierre de la maison française. En les examinant avec un siècle de recul, je m'émeus de sentir ce modeste soldat en parfait accord avec tant d'âmes nobles qu'il n'a pas connues, qu'il n'était pas dans sa destinée de rencontrer, et qui pensaient à lui, elles et lui se coudoyant à leur insu. Quand je lis ce que mon grand-père raconte de sa journée du Sacre, où il faisait la haie sur le passage de l'Empereur, je songe à ce que André-Marie Ampère écrivait, le même soir, après avoir vu le cortège impérial. La vue d'un drapeau tout en lambeaux, déchiré dans les guerres, et le « froid moins rude ce jour-là pour ceux qui sont sous les armes », voilà ce qui frappe ce grand homme, d'un si beau génie et d'une si noble sensibilité. Il a une pensée, d'inconnu à inconnu, pour mon grand-père ;

et moi, après cent ans, j'éprouve pour André-Marie Ampère et son fils Jean-Jacques un mouvement d'amitié. Ainsi se forme la patrie dans les âmes.

Et puis de tels Mémoires constituent un élément excellent, pour comprendre ce qu'est une famille française, pour suivre la courbe de l'esprit national et pour distinguer le vrai dessein politique de la France. Qu'y voyons-nous essentiellement? Je le répète : un enfant du Plateau Central, arraché par la grande secousse révolutionnaire du gisement dont il faisait partie depuis des siècles, où tous les siens s'abritaient depuis la période gallo-romaine, et qui devient pour de longues années un défenseur de la France une et indivisible, jusqu'à ce que les événements l'amènent à se fixer aux confins mêmes de la patrie qu'il a servie, dans cette Lorraine où il fait souche.

Dans mon esprit, cette publication, si le temps le permet, sera éclairée par d'autres, qui viendront ensuite la compléter. J'ai à commenter, avec mes souvenirs d'enfance, des lettres que je possède de mon père et de ma mère sur les Prussiens à Charmes, en 1870, et jusqu'au paiement des cinq milliards. Il se peut que mon fils, quelque jour, comme tant de ses camarades, raconte ses quatre années de la Grande Guerre, qu'il a terminées dans un bataillon de chasseurs du recrutement des Vosges.

De telles publications, à la fois glorieuses et communes, dont il n'est pas de famille française qui n'en puisse fournir de pareilles, rendent évidents et tangibles le péril éternel auquel la France est exposée et la nécessité de maintenir notre antique conception de l'honneur.

MAURICE BARRÈS.

Charmes, 17 août 1922.

L'ABBÉ PIERRE-MAURICE BARRÈS

Il est question, à plusieurs reprises, dans ces Souvenirs, et dès leurs premières lignes, du frère aîné do J.-B. Barrès, mon grand-oncle Pierre-Maurice Barrès. C'est une figure intéressante et complexe, dont M. Ulysse Rouchon traçait, il y a peu, dans les Débats, un croquis attachant.

« Pierre-Maurice Barrès, disait-il, né à Blesle, le 22 septembre 1766, était l'un des derniers licenciés de l'antique Sorbonne. Il commença ses études sacerdotales au grand séminaire de Saint-Flour, et y reçut les ordres mineurs. Sous l'épiscopat constitutionnel de son compatriote Delcher, curé de Brioude, élu évêque de la Haute-Loire, le 28 février 1791, le jeune clerc, alors élevé au diaconat, vint au Puy, prêta serment, et fut chargé, en compagnie du cordelier Teyssier et de Bonnafox, curé de Lempdes, de la réorganisation du grand séminaire, abandonné par les sulpiciens insermentés.

« Les circonstances interrompirent le séjour de Barrès au grand séminaire, à la fin de 1792, époque à laquelle la direction de l'établissement fut remise aux vicaires épiscopaux. Il quitta alors l'habit ecclésiastique, et, à l'organisation de l'École centrale du Puy, il fut pourvu, au choix, par arrêté municipal du 3 frimaire an V, de la chaire de Belles-Lettres.

« Barrès fut un des professeurs les plus distingués et les plus dévoués de ce nouveau collège. On le trouve, le 10 germinal an VII, présidant un exercice d'éloquence et parlant sur le prix et les caractères de la

vraie liberté; le 2 floréal an VII, célébrant le centenaire
de la mort de Racine...

« Le 15 fructidor an XII, les maîtres et les élèves
de l'École centrale se séparaient, mais, depuis cinq
ans, Pierre Barrès avait été appelé à des fonctions
plus élevées. Lors de la création des préfectures, il
avait été en effet désigné, par décret du 15 floréal
an VIII, comme secrétaire général de la Haute-Loire.

« Pendant seize années, l'ancien professeur fut le
collaborateur estimé de l'administration, et, sans exagération, l'on peut dire que ce fut lui qui supporta,
presque à lui seul, tout le poids des affaires départementales. Doué d'une rare activité, il menait de front
les travaux de sa fonction, les plaisirs, les relations
mondaines. Les missions les plus délicates lui furent
confiées à diverses reprises. En 1812, il alla soutenir
à Paris les droits de la ville du Puy à un lycée;
en 1816, il fut envoyé à Lyon pour défendre auprès
des Autrichiens les intérêts du département. Son
habile intervention, dans le règlement des indemnités
dues aux troupes d'occupation, lui valut la croix de la
Légion d'honneur. Parvenu de la sorte à une situation
éminente dans son propre pays, Barrès aurait pu
légitimement entretenir de hautes ambitions, mais, à
la suite d'une de ces crises de conscience qui sont l'apanage d'une élite, l'ancien clerc, de retour au Puy, se
démit bientôt de sa charge.

« La nouvelle provoqua un vif étonnement dans la
région, et souleva de nombreux commentaires, mais déjà
l'ancien secrétaire général se trouvait à Bordeaux,
auprès de son ami Cartal, supérieur du grand séminaire. Dix-huit mois après cette retraite, Mgr d'Aviau
l'ordonnait prêtre, le nommait vicaire de la paroisse
Saint-Michel, et, simultanément, suppléant de Mo-

rale à la Faculté de Théologie. Ces fonctions attirèrent l'attention sur Pierre Barrès, qui devint grand vicaire le 1er avril 1819.

« Prédicateur très goûté, directeur spirituel renommé, l'abbé fut, durant plusieurs années, confesseur de la duchesse d'Angoulême. Le correspondant n'était pas moins apprécié, au dire du regretté chanoine Pailhès; et ses lettres, léguées avec tous ses papiers au grand séminaire, mériteraient les honneurs d'une publication spéciale qui ne manquerait pas d'intérêt.

« Le 29 avril 1838, il mourut à Bordeaux, et fut inhumé dans le caveau de la primatiale Saint-André. »

Ainsi s'exprime le savant M. Ulysse Rouchon. J'ajouterai qu'on trouve le nom de Pierre-Maurice Barrès dans l'histoire de Mme Fourès, la jolie personne qui avait été la maîtresse de Bonaparte en Égypte.

L'abbé Pailhès, bien connu par ses précieux travaux sur Chateaubriand et sur Mme de Chateaubriand, m'avait écrit qu'il voulait peindre mon grand-oncle et faire connaître sa correspondance. Il disait que c'était un esprit qui avait de la profondeur. Je ne sais s'il avait éclairci le mystère de sa vie et l'énigme de sa conversion.

M. B.

SOUVENIRS

D'UN

OFFICIER DE LA GRANDE ARMÉE

Un arrêté des consuls du 21 mars 1804 (30 ventôse an XII) créa un corps de *vélites*, pour faire partie de la *garde consulaire* et être attaché aux *chasseurs* et *grenadiers à pied* de cette troupe d'élite. Deux bataillons, de huit cents hommes chacun, devaient être formés, l'un à Écouen, sous le nom de *chasseurs vélites*, et l'autre à Fontainebleau, sous celui de *grenadiers vélites*. Pour y être admis, il fallait posséder quelque instruction, appartenir à une famille honorable, avoir cinq pieds deux pouces au moins, être âgé de moins de vingt ans, et payer 200 francs de pension. Les promesses d'avancement étaient peu séduisantes, mais les personnes qui connaissaient l'esprit du gouvernement d'alors, le goût de la guerre chez le chef de l'État, le désir qu'avait le Premier Consul de rallier toutes les opinions et de s'attacher toutes les familles, pensèrent que c'était une pépinière d'officiers qu'il voulait créer, sous ce nom nouveau emprunté aux Romains.

Dans les premiers jours d'avril, mon frère aîné, secrétaire général de la préfecture du département de la Haute-Loire, mort vicaire général de l'archevêque de Bordeaux en 1837, vint dans la famille pour proposer à mon père de me faire entrer dans ce corps privilégié, sur lequel il fondait de grandes espérances d'avenir. L'idée de voir Paris, de connaître la France et peut-être des pays étrangers, me fit accepter tout de suite la proposition qui m'était faite, sans trop songer au difficile engagement que j'allais prendre. Mais en y réfléchissant plus mûrement, je me décidai sans peine à confirmer ma résolution spontanée, malgré tous les efforts que mes parents firent pour me dissuader d'entrer dans une carrière aussi pénible et périlleuse.

MON ADMISSION AUX VÉLITES DE LA GARDE

Le 18 mai (28 floréal), le jour même que Napoléon Bonaparte, Premier Consul, fut proclamé et salué Empereur des Français, le ministre de la Guerre, Alexandre Berthier, signait l'admission aux vélites des vingt-cinq jeunes gens du département qui s'étaient présentés pour y entrer.

Le 20 juin, je me rendis au Puy, pour recevoir ma lettre de service et passer la revue. Le départ était fixé au 25. Je partis la veille pour voir encore une fois mes bons parents, et je restai avec eux jusqu'au 27. Les derniers moments furent douloureux pour mon excellente et bien-aimée mère. Mon père, moins démonstratif et plus raisonnable, montra plus de fermeté ou de sang-froid, pour ne pas trop exciter mes regrets. Des larmes dans tous les yeux, la tristesse peinte sur tous les visages qui m'entouraient, m'émurent profondément et m'ôtaient tout mon courage. Après avoir payé ma dette à la nature, je partis au galop pour cacher mes pleurs.

Quelques heures après, j'étais à Issoire, où je rejoignis mes compagnons de voyage, mes futurs camarades de giberne. Je me mis aussitôt sous les ordres du premier chef que ma nouvelle carrière me donnait. C'était un lieutenant du 21e régiment d'infanterie légère, Corse de naissance, un des braves de l'expédition d'Égypte, très original, peu instruit, mais excellent homme. Il s'appelait Paravagna. Ce n'était pas une petite mission que celle de conduire à Paris vingt-cinq jeunes têtes, passablement indépendantes, et n'ayant encore aucun sentiment des devoirs que nous imposait notre position de recrues et de subordination. Il était secondé par un sergent, qu'on n'écoutait pas.

Le 27 juin, nous étions à Issoire. Le 28, à Clermont, nous fûmes conduits chez le sous-inspecteur aux revues, pour lui être présentés. Il nous compta de sa fenêtre, ce qui nous déplut fort, et lui attira de notre part quelques bons sarcasmes.

Le 30, nous fîmes halte à Riom, le 1er juillet à Saint-Pourçain, le 2 à Moulins. Avant d'arriver à cette ville, nous fûmes foudroyés par un orage effroyable, qui nous effraya par la masse d'eau qu'il jeta sur nous et dont notre petit bagage fut entièrement abîmé. Nous ne repartîmes de Moulins que le 4, pour coucher à Saint-Pierre-le-Moutiers.

Les dépenses assez considérables que nous faisions, dans ces petites journées de marche, nous engagèrent à prendre des voitures, pour arriver plus tôt à Paris. Le lieutenant s'y opposa longtemps ; il nous menaça de nous faire arrêter par la gendarmerie, si nous nous permettions de partir sans lui.

On se moqua de lui et de ses menaces. Cependant, après de longues discussions, on s'arrangea, en payant pour lui et le sergent. Ce dernier y perdait le pain de munition qu'on lui laissait, et M. Paravagna quelques bons dîners qu'on lui payait. Les concessions une fois faites de part et d'autre, nous montâmes en voiture, c'est-à-dire en *pataches*, quatre dans chacune, et partîmes fort satisfaits, quoique cahotés, moulus, et le corps brisé de fatigue, dans ces véhicules barbares suspendus sur des essieux. Nous passâmes successivement à Pougues, la Charité-sur-Loire, Prouilly, Cosne, Briare, Montargis.

Le 6 juillet, au soir, nous arrivâmes à Nemours et nous couchâmes. C'était bien nécessaire, car nous avions les os brisés et le corps tout contus. Dans ce trajet de quarante lieues de poste, il m'arriva un accident, qui aurait bien pu m'arrêter dès les premiers jours de ma carrière militaire. Après avoir gravi une côte à pied, je voulus monter dans ma patache sans la faire arrêter. Trompé par un lambeau de tapisserie, qui se trouvait entre la croupe du cheval et le devant de la voiture, j'appuyai ma main dessus et passai entre les deux, en tombant rudement sur la route. Par bonheur, aucun de mes membres ne se trouva sous le passage des roues. J'en fus quitte pour quelques contusions et les plaisanteries de mes camarades.

Le 7 juillet, à Nemours, nous montâmes dans de bonnes diligences et partîmes de grand matin. A Fontainebleau, quelques instants de repos nous donnèrent le temps de voir le château et les *vélites grenadiers*, déjà arrivés, faire l'exercice. C'étaient les jouissances qui nous attendaient, et après lesquelles nous courions presque en poste.

L'ARRIVÉE A PARIS

Le 7 juillet 1804, à 4 heures du soir, nous entrâmes à Paris par la rue du Faubourg-Saint-Victor, où nous descendîmes de voiture. Une fois sur le pavé, nous prîmes un portemanteau, et nous nous dirigeâmes sur la rue Grenelle-Saint-Honoré, où l'on nous avait désigné un hôtel. L'arrivée de vingt-sept gaillards, fatigués de la course qu'ils venaient de faire à travers Paris, la valise sur le dos et la faim dans le ventre, de très mauvaise humeur par conséquent, épouvanta l'hôtelier, qui déclina l'honneur de loger tant de jeunes héros en herbe. Fort embarrassés de trouver une maison assez vaste pour nous loger tous, car le lieutenant ne voulait pas que nous nous séparions, nous fûmes éconduits dans plusieurs lieux. Enfin, nous trouvâmes un asile dans l'hôtel de Lyon, rue Batave, près les Tuileries.

J'étais donc à Paris, dont je rêvais depuis tant d'années ! Il me serait impossible de rendre compte du plaisir que j'éprouvai, quand j'entrai dans la capitale de la France, dans cette grande et superbe ville, l'asile des beaux-arts, de la politesse et du bon goût. Tout ce que je vis dans ces premiers moments me frappa d'admiration et d'étonnement. Pendant les quelques jours que j'y restai, je fus assez embarrassé pour définir les sentiments que j'éprouvais, et me rendre compte des impressions que me causaient la vue de tant de monuments, de tant de chefs-d'œuvre, et cet immense mouvement qui m'entraînait J'étais souvent dans une espèce de stupeur, qui ressemblait à de l'hébétement.

Cet état de somnambulisme ne cessa que lorsque je pus définir, comparer, et que mes sens se furent accoutumés à apprécier tant de merveilles. Que de sensations agréables je ressentis ! Il faut sortir comme moi d'une petite et laide ville, quitter pour la première fois le toit paternel, n'avoir encore rien vu de véritablement beau, pour comprendre et concevoir toute ma joie, tout mon bonheur.

8 juillet (19 *messidor*). — Notre lieutenant, très empressé de se débarrasser de nous, et de terminer sa pénible mission, nous conduisit de très grand matin à l'École militaire, pour nous faire incorporer dans la garde impériale. Après avoir pris nos signalements, et nous avoir toisés, nous fûmes répartis dans les deux corps de vélites, d'après la taille de chacun : treize furent admis aux grenadiers, et sept, dont je faisais partie, aux chasseurs. Nous nous séparâmes alors avec de vifs regrets, d'autant plus pénibles qu'il s'était établi pendant le voyage une intimité que rien n'avait altérée. Quant au lieutenant, il ne put s'empêcher de manifester une satisfaction qui ne faisait pas notre éloge.

Nous fûmes autorisés à rentrer dans Paris, pour y vivre comme nous l'entendions, sans être astreints aux appels, jusqu'au lendemain dans l'après-midi.

A notre retour de l'École militaire, nous passâmes par les Tuileries, pour tâcher de voir l'Empereur, qui devait passer la revue de la Garde dans la cour du château et sur la place du Carrousel. Je fus assez bien placé pour voir ce beau spectacle et contempler à mon aise l'homme puissant, qui avait vaincu l'anarchie, après avoir vaincu les ennemis de la France, et substitué l'ordre aux déplorables et sanglantes actions de la Révolution.

J'entrais et je logeais, pour la première fois, dans une caserne. Je ne trouvai rien de bien séduisant dans cette nouvelle existence ; mais comme je savais depuis longtemps qu'étant militaire, je devais renoncer à une grande partie de ma liberté et au bien-être qu'on trouve dans sa famille, je ne m'en préoccupai pas trop.

Je fus habillé dans la journée, et pourvu des effets de linge et de chaussure dont je pouvais avoir besoin. On me donna un habit frac bleu, dont la doublure et les passepoils étaient écarlates, boutonnant sur la poitrine, avec des boutons aux faisceaux consulaires (ceux à l'aigle n'étaient pas encore frappés), avec cette légende : *garde consulaire ;* une culotte et une veste en tricot blanc, assez grossier ; un chapeau à corne, avec des cordonnets jaunes ; des épaulettes en laine verte, à patte rouge ; fusil, giberne, sabre, etc. Il nous fut recommandé de laisser pousser nos cheveux, pour faire la queue, et de vendre ceux de nos effets qu'on ne nous avait pas enlevés. Enfin, on nous permit comme faveur d'aller au spectacle, si nous le désirions, jusqu'à l'époque de notre départ pour Écouen.

Je restai à Paris jusqu'au 12 juillet inclus. Pendant ces cinq jours d'assez grande liberté, je visitai tous les monuments et les curiosités.

13 *juillet*. — Partis de Paris en détachement, le sac sur le dos, le fusil sur l'épaule, pour la garnison qui était affectée aux *chasseurs vélites* et où s'organisait le bataillon, je fus placé dans la 4e compagnie, commandée par le capitaine Larrousse. Le chef de bataillon s'appelait Desnoyers. Il y avait cinq compagnies, fortes alors de trente-six hommes chacune, mais s'augmentant tous les jours par l'arrivée des vélites qui venaient de toutes les parties de la France. J'avais le n° 234 sur le registre matricule du corps.

Notre solde était de 23 sous et 1 centime par jour. On mettait 9 sous à l'ordinaire, 4 étaient versés à la masse pour la fourniture des effets de linge et de chaussure, et les 10 autres étaient donnés, tous les dix jours (par décade), à titre de sous de poche. L'ordinaire était bon, et la solde suffisante pour satisfaire à tous les besoins de première nécessité, mais on exerçait souvent des retenues, qui n'étaient pas toujours justifiées très scrupuleusement et dont on n'osait se plaindre, car les sergents-majors étaient tout-puissants dans les compagnies.

Le magnifique château d'Écouen, qui, après Austerlitz, allait devenir une maison d'éducation pour les filles des membres de la Légion d'honneur, venait d'être disposé pour loger notre bataillon de vélites.

Deux jours après que nous y étions, c'est-à-dire le lundi 15 juillet, je fus très surpris de voir, à la boutonnière des officiers et de plusieurs sous-officiers, une belle décoration suspendue par un ruban rouge moiré. J'appris que c'était l'ordre de la *Légion d'honneur*, dont la première distribution avait été faite la veille par l'empereur Napoléon en personne, dans le temple de Mars, aux Invalides.

17 *juillet*. — L'Empereur passa à Écouen ; il se rendait à Boulogne, pour donner des croix au troupes campées sur les côtes de France et qui for-

maient l'armée destinée à une descente en Angleterre. Nous bordions la haie, sur la hauteur avant de
descendre dans le bourg. L'Empereur ne s'arrêta
pas pour nous voir, ce qui blessa notre amour-
propre de conscrits.

Les mois de juillet, août, septembre et octobre
se passèrent en faisant l'exercice, à nettoyer
nos armes et nos effets, à passer des inspections de
tenue, à apprendre la manière de servir dans toutes
les positions. Avant la fin de septembre, nous
manœuvrions parfaitement bien en ligne, et sem-
blions déjà être de vieux soldats. Le bataillon, à
cette époque, avait déjà dépassé 700 hommes, et
il en arrivait tous les jours. Mais je fus atteint, dans
ces premiers jours, d'une ophtalmie qui me fit beaucoup souffrir et languir, et, en vendémiaire, je dus
aller un mois à l'hôpital du *Gros-Caillou*, pour rétablir ma santé.

15 *août*. — Ce jour de la fête de l'Empereur,
je fus à Paris avec plusieurs camarades, sans permission. Nous partîmes à pied, à onze heures, après
l'appel et l'inspection du matin ; arrivés à Saint-
Denis, nous prîmes une voiture qui nous porta jusqu'à la porte de ce nom. Suivre le boulevard,
gagner l'emplacement de la fête, assister à quelques
jeux, faire une ou deux visites, dîner au Palais-
Royal, prendre le café en société de dames, retourner à Écouen, faire dix lieues de la même manière et arriver pour l'appel du soir, ce fut dix heures
consacrées à exécuter cette fantastique escapade.
Quelques-uns furent punis, d'autres malades ; je ne
fus ni l'un ni l'autre, grâce à ma santé et à la bien-
veillance du sergent de semaine, qui retarda un peu

de rendre le billet d'appel, espérant que je ren-
trerais avant le délai de grâce.

Les dimanches, après l'inspection, nous visitions
les environs, qui sont très intéressants à parcourir,
et très animés dans la belle saison, ou bien nous
allions aux fêtes patronales de *Montmorency, Vil-
liers-le-Bel, Sarcelles, Gonesse, Saint-Denis, Saint-
Ouen*, etc. Ces fêtes très courues et fort gaies me
plaisaient beaucoup et me délassaient des ennuyeuses fatigues de la semaine.

Le temps passait vite, parce qu'il était bien employé ; je pensais peu à la terre natale, au berceau
de mon enfance, parce que j'étais arrivé à cette
position, de mon gré, et sans contrainte. Cependant
un dimanche, d'assez bon matin, promenant assez
tristement mes pensées dans les allées les plus soli-
taires du bois, j'entendis parler assez vivement à
quelques pas de moi. Je me rendis de ce côté, et,
avant d'arriver au lieu d'où partaient ces voix, je
fus réveillé de mes préoccupations par un coup
d'arme à feu, suivi d'un autre. Je cours, tout ému,
je vois un de nos officiers baigné dans son sang,
près duquel était l'aide-major du bataillon, M. Mau-
gras, et un officier qui le soutenait, tandis que
deux autres fuyaient à cheval dans la direction de
Paris. Je venais d'être témoin, sans m'en douter, d'un
duel à mort. Les conventions étaient telles, dit-on.
Ce douloureux événement m'affecta sensiblement.

Un soir, c'était le 11 novembre, pendant que nous
fêtions la Saint-Martin, qui est la fête des soldats
d'infanterie, un nouveau vélite entra dans la salle
du festin, sac sur le dos, et son ordre d'incorporation
dans la compagnie à la main. Courir à lui, l'aider à

se débarrasser de son attirail militaire, et le placer à table fut l'affaire d'un instant. Assis à mes côtés, et ayant appris qu'il était Auvergnat, je demandai au sergent-major, qui était invité à ce repas de chambrée, de me le donner pour camarade de lit, le mien étant à l'hôpital. Cette demande me fut accordée, à ma grande satisfaction. Le choix était d'autant plus agréable que c'était un jeune homme parfaitement bien élevé, qu'il était mon compatriote, et que tout en lui annonçait des manières distinguées. (Ce jeune homme, appelé Tournilhac, des environs de Thiers, était capitaine dans la campagne de Russie, où il eut deux doigts gelés, ce qui ne l'empêcha pas, quand on abandonna, à la montée de Kowno, les trésors de la Grande Armée, de prendre de l'or à pleines mains dans les tonneaux défoncés et de rejoindre les débris de son régiment. Là, il vint au secours de tous ses camarades, en leur donnant généreusement tout l'argent dont ils avaient besoin pour traverser la Prusse et gagner les bords de l'Oder. Il ne voulut pas reprendre de service sous la Restauration.)

27 *novembre.* — Depuis plusieurs jours, nous étions prévenus que nous assisterions au sacre de l'empereur Napoléon, et que nous devions nous tenir prêts à partir. Nous dûmes à cette grande cérémonie de recevoir nos habits de grande tenue, avec des boutons à l'aigle, nos énormes bonnets d'oursin, qui couvraient nos petites figures imberbes, et d'autres vêtements qu'on ne nous avait pas encore donnés.

Casernés à l'École militaire, on nous distribua, nous vélites, dans chaque chambrée des vieux chasseurs, comme une ration, avec ordre de prendre une place dans les lits qui étaient déjà occupés par deux titulaires, qui se seraient bien passés de cette augmentation importune. Il fallut se résigner à coucher trois et à habiter des chambres où l'on ne pouvait pas circuler, tant elles étaient encombrées. Combien cela nous promettait de plaisir !

LA CÉRÉMONIE DU SACRE

2 *décembre* (15 *frimaire an XIII*). — A peine le jour se dessinait, que nous étions en bataille sur le Pont-Neuf, en attendant qu'on eût désigné l'emplacement que nous devions occuper. La compagnie borda la haie dans la rue Notre-Dame. Obligée de rester en place, sur un sol glacé, par un froid vif et un ciel gris, cela nous annonçait une journée pénible et de privations. Cependant, quand les petits et grands corps constitués arrivèrent, quand le Corps législatif, le Tribunat, le Sénat, le Conseil d'État, la Cour de cassation, la Cour des comptes, etc., commencèrent à défiler, on eut du plaisir à se voir bien placés, à n'avoir devant soi rien qui pût vous priver du charmant tableau qui se déroulait. Et quand la riche voiture du pape arriva, attelée de huit chevaux blancs magnifiques, précédée de son chapelain monté sur une mule ; quand l'état-major de Paris, ayant à sa tête le prince Murat, précédé et suivi d'une immense colonne de cavalerie de toutes les armes, quand enfin le magnifique cortège impérial se montra dans toute sa splendeur, alors on oublia le froid, la fatigue, pour admirer ces resplendissantes grandeurs.

Le cortège étant entré dans l'église, il fut permis de se promener pour se réchauffer. Me trouvant près d'une porte de l'immense basilique où s'accomplissait une si étonnante cérémonie, j'entrai à la suite du prince Eugène. Une fois dans l'intérieur, je n'aurais été guère plus avancé, si un vélite de mes amis, dont la compagnie était de service dans l'église, ne m'eût facilité les moyens de pénétrer dans une tribune haute. Je pris une assez bonne place sans beaucoup de peine, parce qu'on pensa que j'étais envoyé pour y faire faction. De là, je vis au moins les deux tiers de la cérémonie, tout ce que l'imagination la plus féconde peut imaginer de beau, de grandiose, de merveilleux. Il faut l'avoir vu pour s'en faire une idée. Aussi le souvenir en restera-t-il gravé dans ma mémoire, toute ma vie. Avant la fin de la messe, je me retirai pour reprendre ma place.

A la nuit, nous rentrâmes au quartier, et après avoir mangé la portion du soir, je fus voir la brillante illumination des Tuileries et des monuments des environs. La journée fut bien remplie, mais aussi elle offrit à l'imagination de bien puissants souvenirs.

LA DISTRIBUTION DES AIGLES

6 décembre. — Ainsi que pour la précédente prise d'armes, nous nous levâmes avant le jour pour nous rendre au Champ-de-Mars, où nous étions établis dès 8 heures du matin, pour recevoir nos aigles, et entourer le trône de tout l'éclat que la troupe prête à ces cérémonies. De grands préparatifs avaient été faits, pour donner à cette nouvelle consécration toute la majesté, toute la pompe qu'exigeait une aussi imposante solennité. En même temps que nous, les autres régiments de la garde, les troupes en garnison à Paris et celles qui étaient arrivées pour assister au sacre, les députations des gardes nationales de France et de toutes les armes de l'armée de terre et de mer, vinrent prendre leur place de bataille. Le Champ-de-Mars, tout vaste qu'il est, ne pouvait contenir tout ce qui avait été convoqué ou qui était venu volontairement, pour recevoir et jurer fidélité au drapeau qu'on devait distribuer dans cette grande journée.

Après la remise des aigles à chaque chef de corps et la prestation de serment, le défilé commença. Ce fut très long et ne se termina qu'à la nuit. Nous fûmes les derniers à nous retirer. Ç'aurait été vraiment beau, si le temps eût favorisé cette majestueuse solennité. Mais le dégel, la pluie, le froid avaient glacé, sinon l'enthousiasme et le dévouement de l'armée à son glorieux chef, du moins les bras et les jambes. On était dans la boue jusqu'aux genoux, surtout en face de l'immense et magnifique estrade où se tenait l'Empereur, entouré de sa cour et de tout l'état-major général de l'armée.

Je vis, dans cette immensité armée, le sergent du 46e de ligne qui portait dans une petite urne en argent, attachée sur le côté de sa poitrine, le cœur du premier grenadier de France, le valeureux La Tour d'Auvergne, mort au champ d'honneur.

UNE SOIRÉE AU PALAIS-ROYAL

Quelques jours après notre rentrée à Écouen, je retournai à Paris, avec mon nouvel ami Tournilhac, pour faire mes adieux à plusieurs de mes compatriotes, et chercher quelque argent chez l'un d'eux. Après avoir pris un très léger déjeuner, que je payai du dernier argent qui me restait, nous nous séparâmes pour aller chacun de notre côté à nos affaires, et recevoir ce que nous espérions toucher. Il fut convenu qu'on n'accepterait aucune invitation et qu'on se réunirait, à 5 heures précises, sous les galeries de bois du Palais-Royal.

Je fus exact au rendez-vous, ayant l'estomac aussi vide que la bourse. J'attendis longtemps, bien longtemps, sans voir arriver celui que j'appelais intérieurement mon sauveur. Ma position était critique. Sans argent, sans pain, sans asile, je tremblais de peur et de froid, car le temps était rigoureux. Je craignais que mon étourdi, placé devant une succulente table et près d'un bon feu, ne m'eût oublié. Je faisais de bien tristes réflexions. Enfin il arriva, aussi pauvre que moi, mais plus résolu. Il me dit : « Allons chez un capitaine de hussards de ma connaissance. C'est un bon et brave militaire, retenu chez lui par la goutte ; il sera enchanté de donner à dîner à deux héros affamés. »

En effet, nous fûmes parfaitement et cordialement accueillis. Après un excellent dîner, donné de bon cœur et mangé de même, près d'un bon feu, mon monsieur sans gêne dit : « Ce n'est pas tout, capitaine. Il faut que tu me donnes cent sous pour aller au spectacle et payer notre lit dans un hôtel. » Le capitaine, en homme qui sait vivre, nous donna la pièce et nous souhaita beaucoup de plaisir. Je fus émerveillé de cette réception presque paternelle, et de la joie que ressentait ce digne homme d'obliger deux étourdis.

Après notre sortie du Vaudeville, nous fûmes au café des Aveugles dépenser encore ; toutefois, avec assez d'argent de reste pour payer un lit ; mais il était plus de minuit, les hôtels étaient fermés, nous nous trouvions encore une fois sur le pavé. Fatigués, grelottants de froid, nous nous réfugiâmes dans un corps de garde, où l'on voulut bien nous recevoir. Ah ! je me promis bien de ne plus me retrouver dans une semblable position par ma faute.

Le lendemain, nous rentrâmes à Écouen, le gousset plus garni, et satisfaits d'avoir pu témoigner tous nos remerciements à ce bon capitaine que, dans ma reconnaissance, je comparais à Bayard, le chevalier généreux, sans peur et sans reproche. —

DÉPART POUR L'ITALIE

15 *janvier* 1805. — Le 14 janvier 1805, l'ordre arriva de prendre dans les compagnies tous les hommes valides qui étaient à l'école de bataillon, et d'en former deux détachements qui allaient être dirigés sur Paris. Je fus placé dans le premier.

Nous ignorions pour quelle expédition nous étions désignés, mais nous avions la certitude de ne plus retourner dans cette garnison d'Écouen, où nous avions été rondement menés, — je ne dis pas rudement, car la discipline y était douce, — mais où nous avions fait tant d'exercice !

Nous étions prodigieusement chargés, et, pour surcroît d'embarras, nous portions sur nos sacs, attachés avec des ficelles, nos monstrueux bonnets à poil, renfermés dans des étuis de carton, semblables à ceux des manchons des dames. La pluie nous prit en route ; les cartons se ramollirent et devinrent de la pâte ; bientôt nos bonnets roulèrent dans la boue et firent horreur. Qu'on se figure des soldats portant à la main ou sous leurs bras quelque chose d'aussi hideux ! C'était une vraie marche de bohémiens que la nôtre.

Enfin on arriva à l'École militaire, mouillés jusqu'aux os et exténués de fatigue, à cause de la pesanteur de nos sacs, du mauvais état des chemins et de la gêne de notre marche. Pour nous délasser, nous couchâmes à *trois*, et reçûmes l'ordre de nous préparer pour passer la revue de l'Empereur, dès le lendemain.

Après une nuit très laborieuse, nous prîmes les armes, dès le jour, pour nous rendre dans le jardin des Tuileries. Là, on versa dans chaque compagnie de chasseurs (les vieux) une portion du 1er détachement des vélites, on les plaça par rang de taille, et on nous annonça qu'à partir de ce jour nous faisions partie de ces compagnies. Je me trouvai dans la 2e compagnie du 2e bataillon. Encadrés dans les rangs de ces vieilles moustaches, qui avaient tous un chevron au moins, nous avions l'air de jeunes filles auprès de ces figures basanées, la plupart dures, envieuses mécontentes de ce qu'on leur donnait des compagnons aussi jeunes. Cette opération terminée, nous entrâmes dans la cour du château, où l'Empereur passa la revue de la partie de la Garde qui devait se rendre en Italie. Ses cadres organisés, nous défilâmes et rentrâmes à l'École militaire pour nous préparer au départ du lendemain.

JE DÉCIDE DE TENIR MON JOURNAL

17 janvier. — Avant notre départ, le maréchal Soult nous passa en revue dans le Champ-de-Mars. Il tombait du verglas, ce qui nous incommoda beaucoup. La revue de cette portion de la garde qui se rendait en Italie, composée d'un régiment de grenadiers et de chasseurs à pied, d'un régiment de grenadiers et de chasseurs à cheval, de la légion de la gendarmerie d'élite et des mameloucks, étant terminée, nous partîmes pour aller coucher à Essonnes. Partis tard, nous arrivâmes tard, cruellement fatigués, à cause de la longueur de l'étape, du mauvais état des chemins, du poids de mon sac, et surtout du manque d'habitude de la marche militaire. Avant de nous distribuer les billets de logement, on maria un vélite avec un vieux chasseur. A la première vue, au ton brusque de mon conjoint, je n'eus pas à m'applaudir du choix que me donnait le hasard.

C'est dans cette journée (en causant avec un vélite de mes amis sur les prodigieux événements dont nous avions été témoins depuis dix mois que nous étions en service, et sur le bonheur que nous avions de voir cette belle Italie, si célèbre dans l'histoire, et surtout depuis les immortelles campagnes de 1796, 1797 et 1800), que l'idée me vint de tenir note de tout ce que je verrais d'intéressant dans ce voyage, et d'enregistrer la date du jour où j'arriverais dans une localité, grande ou petite, en un mot de tenir un journal de mes voyages. Mon ami partagea mon idée, et me dit qu'il en ferait autant,

J'ai toujours tenu ce journal avec régularité, inscrivant presque jour par jour, sur un cahier à ce destiné, les observations dont je croyais devoir conserver le souvenir, sans me préoccuper de l'insignifiance des dates et des faits, et de la manière dont elles étaient rédigées, et du peu d'intérêt que ce travail presque quotidien pouvait présenter. C'était pour moi que je le faisais : il m'importait alors très peu que cela fût bon ou mauvais, insignifiant ou intéressant. L'essentiel était de persévérer et de conserver. J'y suis parvenu après bien des contrariétés et des soins.

Si je le transcris à nouveau, c'est pour réunir les nombreux cahiers dont ce journal se compose, cahiers devenus malpropres, déchirés et effacés dans bien des pages, par suite des nombreux voyages et déplacements qu'ils ont été contraints de subir. Je l'écris aussi pour me remettre dans la mémoire les divers souvenirs qu'il contient. En m'occupant de ce long travail, je trouverai l'occasion d'employer mes journées et mes longues soirées d'hiver, de manière à me les faire paraître moins ennuyeuses. Sortant peu et vivant presque seul, cela me sera un remède contre l'oisiveté et les amères réflexions de la triste vieillesse.

Je n'apporte aucun changement important dans sa rédaction primitive. Tel que je l'écrivis dans mes veillées de voyage ou de garnison et dans mes soirées de bivouac, tel il se trouvera dans son nouveau format. Si mon fils parcourt un jour ce journal, il se convaincra que je n'ai manqué ni de constance dans ma résolution de le tenir, ni de patience pour le remettre au net, travail bien laborieux et fastidieux pour un homme âgé et peu habile à écrire...

18 *janvier*. — En partant d'Essonnes, nous mîmes nos sacs sur des voitures, ne conservant que nos oursins, que nous portions en bandoulière. Ils étaient renfermés dans des étuis en coutil, qu'on nous avait délivrés la veille de notre départ. Pour pouvoir les attacher sur nos sacs, on nous avait prescrit de nous procurer des courroies, sans fixer leur longueur ni leur couleur, de sorte que c'était une vraie bigarrure. Les frais de transport étaient à notre charge, et devaient coûter 20 centimes par jour. Chaque compagnie avait sa voiture ; nous étions libres de retirer nos sacs, à l'arrivée au gîte.

21 *janvier*. — Sens. — Séjour. A mon arrivée au logement, mon camarade de lit me dit brusquement qu'il fallait, avant toute chose, nettoyer mon fusil, mes souliers, etc. Je l'envoyai promener, en lui disant que je n'avais pas d'ordre à recevoir. Il s'ensuivit une querelle, qui devait avoir son dénouement le lendemain, lorsqu'un vélite entra avec son camarade, pour nous proposer de nous associer pendant la route et de vivre ensemble. Leur intervention calma nos irritations communes, et la proposition fut acceptée. Dès le soir même, nous nous réunîmes pour souper, et jusqu'à présent nous avons continué de le faire, soit à la halte qui a lieu habituellement à moitié route, soit au lieu d'étape, où l'on prépare le dîner dans le logement le plus commode. En général, nous vivons bien, en ne dépensant que notre solde.

Ce vélite s'appelait Journais. Devenu capitaine, il fut fait prisonnier en Espagne et conduit en Angleterre. L'ennui de sa captivité le porta au suicide,

26 *janvier*. — Depuis Paris, j'avais pris l'habitude d'aller lire dans un café un journal politique, pour me tenir au courant du nouveau du jour. C'est ainsi que j'appris, à Avallon, que nous nous rendions à Milan pour assister au couronnement de Napoléon comme roi d'Italie.

3 *février*. — Le matin, à Mâcon, avant le départ du régiment, je demandai et obtins la permission de m'embarquer sur le coche, pour me rendre à Villefranche. J'arrivai avant le régiment, quoiqu'il fût déjà tard. Journée froide, neigeuse et meilleure à naviguer sur la Saône qu'à piétiner dans la boue.

5 *février*. — A Lyon : — Le jeune prince Eugène Beauharnais, beau-fils de l'Empereur, commandant en chef de toute la garde, nous passa en revue sur la place de Bellecour, encore encombrée des décombres qu'avait faits le marteau révolutionnaire. En grand costume de chasseur à cheval de la garde, il portait une plaque en argent sur la poitrine et un large ruban rouge ponceau en bandoulière, où était attachée une énorme croix en or. Ce nouveau grade ou cette dignité venait d'être créée, tout récemment, sous le nom de grand'croix de la Légion d'honneur...

Le 13 février, à mon départ de Lyon, j'avais des housiers neufs qui me blessèrent cruellement. Forcé de rester en arrière, j'arrivai longtemps après le régiment, harassé de fatigue, et les pieds dans un état déplorable, à Bourgoin.

Avant d'atteindre Pont-Beauvoisin, le 14, on traversa la petite ville de Latour-Dupin. Je m'y arrêtai pour acheter une paire de souliers, ne pouvant plus marcher avec ceux que j'avais aux pieds.

16 *février*. — A Chambéry : — Avant d'entrer en ville, un vélite, Baratier, qui en était originaire, régala tous les militaires du régiment, en leur offrant du vin et quelques légères pâtisseries. On avait placé, de distance en distance des tonneaux défoncés remplis de vin, et des paysans à l'entour pour nous donner au passage des verres remplis et de cette pâtisserie dont j'ai parlé. La marche avait été ralentie, pour donner le temps de prendre et de boire.

24 *février*. — Passage du mont Cenis : — Le chemin, difficile, à peine tracé sur la neige, était si glissant que, tous les cent pas, lorsque nous descendîmes sur la pente rapide qui conduit à la Novalèse, je tombais sur le dos. Heureusement que mon sac me servait de parachute, car sans lui, je crois que j'aurais été cent fois brisé avant d'arriver au bas de cette pénible et longue descente. Ces fréquentes chutes provenaient de ce que mes souliers étant sans talons, étaient unis et polis comme du verre. Dès notre départ du gîte, nous éprouvâmes un froid assez vif, mais lorsque nous eûmes dépassé le hameau de la *Ramasse*, et que nous nous fûmes élevés sur les dernières hauteurs, il devint d'une rigueur excessive. Je vis, en passant, l'hospice du Mont-Cenis, mais rapidement et mal, à cause du brouillard et de la rapidité de la marche. Moins d'une heure après avoir passé ce lieu habité, nous approchions du beau ciel de l'Italie. Nous laissions derrière nous les frimas, les tempêtes, et commencions à respirer l'air chaud

de cette contrée, qu'on a hâte de voir pour se croire heureux.

La compagnie fut détachée à *Bussolino*, petite ville à une lieue en avant de Suze, sur la route de Turin. Mon camarade de lit et moi, nous couchions dans une écurie, en société d'un âne et d'une chèvre. Le matin, j'avais lavé et blanchi mon cordon de bonnet, pour passer l'inspection du capitaine. Lorsque je voulus le prendre pour l'attacher à ma coiffure de grande tenue, je trouvai la chèvre qui le mangeait, et qui en avait déjà avalé plus de la moitié. Je le retirai presque en totalité, mais si sale, si détérioré, qu'il me valut deux jours de salle de police. Depuis Lyon, nous avions l'avantage de porter nos sacs, mais j'étais dès lors habitué à la marche.

27 février. — A Turin ; — Séjour jusqu'au 2 mars inclus. Le soir de notre arrivée, une neige très épaisse couvrit la ville et la campagne, de manière à rendre l'une et l'autre impraticables. Malgré sa continuité et le peu d'agrément qu'il y avait à sortir, je ne voulus pas me priver du plaisir de parcourir tous les quartiers, visiter les monuments, connaître les curiosités que cette belle et jolie ville renferme. Je vis à peu près tout ce qu'il était possible de voir.

Pendant ces trois jours de repos, notre capitaine, M. Bigarré, reçut l'avis qu'il était nommé major au 4e régiment de ligne, commandé par le prince Joseph Bonaparte. Comme Son Altesse Impériale n'était jamais à la tête de son régiment, le major Bigarré put se considérer comme colonel du 4e de ligne ! Avant de quitter le régiment, il donna à tous les officiers un plumet d'uniforme en plumes de héron et un grand dîner. C'était faire ses adieux d'une manière courtoise et distinguée.

9 mars. — A Abbiategrasso : — C'est là que les Français furent forcés, en 1524, ce qui coûta la vie au Chevalier Bayard.

10 mars. — A Milan terme de notre voyage et de nos fatigues : — J'étais bien portant, bien satisfait de goûter un peu de repos, et de me trouver dans la capitale de la riche Lombardie, caserné dans la citadelle ou château de Milan. Dès notre arrivée, les officiers, sous-officiers et soldats de la garde royale italienne vinrent nous inviter à dîner, pour le jour même. Nous, chasseurs, nous fûmes avec les chasseurs à leur caserne, où nous trouvâmes, dans une vaste cour, de nombreuses tables, très bien servies pour un repas de soldats. Ce banquet donné par nos cadets fut gai et très brillant, par la multitude de personnes de haute distinction qui y assistèrent comme spectateurs. Elles voulurent jouir de ce beau coup d'œil, de la franche concorde qui y régna, et de cette joyeuse et belle réunion qui devait cimenter l'alliance des deux peuples.

(Quelques jours avant de rentrer en France, nous rendîmes à la garde royale sa politesse. Le banquet eut lieu dans les cours de la citadelle, avec moins de pompe, mais autant de cordialité.)

8 mai. — Deux mois après notre arrivée, l'Empereur Napoléon fit son entrée solennelle dans la capitale de son nouveau royaume. Cette prise de possession fut magnifique. Les troupes d'infanterie bordaient les rues où il passa, à cheval, au milieu des gardes d'honneur, brillamment costumées, que toutes les villes du royaume avaient envoyées. Deux divisions de cavalerie et une de cuirassiers précédaient et suivaient qui réunissait tous les officiers généraux et d'état-major de l'armée française en Italie. Je vis à la tête des troupes le général en chef de cette armée, le vainqueur de Fleurus, le maréchal Jourdan, ainsi que beaucoup de généraux qui, quoique jeunes, comptaient de hauts faits d'armes.

26 mai. — Le couronnement n'eut pas l'éclat de celui de Paris, mais n'en fut pas moins beau. Nous bordâmes la haie dans deux quartiers différents sur le passage de l'Empereur : lorsqu'il se rendit à l'église Saint-Ambroise, pour poser la couronne de fer sur sa tête, et lorsqu'il rentra au palais après la cérémonie terminée. Le couronnement se fit le matin dans l'église métropolitaine. La troupe resta massée autour de la cathédrale, l'Empereur s'étant rendu à pied de son palais à l'église par une élégante galerie construite exprès pour cette grande solennité. La cérémonie du soir eut principalement pour but de le montrer au peuple dans tout l'apparat de la majesté royale. Avec l'Empereur étaient l'Impératrice, les princes Joseph et Louis Napoléon, le prince Murat, le prince Eugène, plusieurs maréchaux et généraux, les ministres du royaume, les grands et les personnes des deux cours qui précédaient, suivaient ou entouraient les voitures du cortège. Un temps superbe favorisa cette imposante cérémonie et en augmenta l'éclat.

Il y eut ensuite une succession de fêtes brillantes ; je vis Garnerin s'enlever dans les airs ; des courses en chars me donnèrent une idée des célèbres Olympiades ; un feu d'artifice immense occupait tout le sommet de la façade de la citadelle du côté de la ville. L'illumination du dôme de la cathédrale surpassa toutes les autres, qui furent nombreuses, par son éclat et l'immensité de ses feux ; des jeux de toute espèce eurent lieu sur la place plantée d'arbres et entourée de magnifiques palais. Je vis là le plan de la bataille de Marengo, à une heure donnée de la journée, en relief et sur une grande échelle : tous les corps des deux armées y figuraient sur l'emplacement qu'ils occupaient au moment de l'action que le tableau représentait. Ces brillantes fêtes durèrent plusieurs jours et furent très suivies.

3 juin. — Ce matin, la générale fut battue dans les cours de la citadelle, bien longtemps avant l'heure et la batterie du réveil. S'habiller, s'armer et se former, tout cela fut l'affaire d'un instant. On se rendit sur la place de l'Esplanade, où se trouvait Napoléon. Après quelque temps d'exercice, il ordonne de charger les armes réellement, pour faire l'exercice à feu. On lui observe qu'on n'a que des cartouches à balle : cela ne fait rien, on les déchirera du côté de la balle. Les manœuvres commencent ; des feux de tous genres sont exécutés, devant des milliers de personnes venues pour être témoins de ce spectacle matinal, qui avait lieu devant les premières maisons de la ville. Eh bien ! malgré la précipitation qu'on y mettait, on n'eut pas à déplorer un seul malheur ; pas un soldat n'oublia d'exécuter l'ordre qui lui avait été donné de déchirer la cartouche du côté du projectile. Ce fait prouve la confiance de l'Empereur dans le dévouement de sa garde, le sang-froid et l'adresse des militaires qui la composaient, car l'Empereur était souvent en avant des feux et surveillait l'exécution des mouvements.

Dans les premiers jours de juin, le doge de Gênes, Gérôme Durazzo, vint apporter à l'Empereur le vœu du Sénat et du peuple de Gênes pour la réurion de la République ligurienne à l'Empire français. Je faisais partie de la garde d'honneur qui lui fut envoyée. Mais cette puissance déchue refusa cet honneur et renvoya sur-le-champ cette garde. Il fit remettre à chacun de nous trois francs et une bague en brillant à l'officier qui nous commandait.

Les quatre-vingt-douze jours que je restai à Milan, je les employai à visiter la ville et ses monuments. J'allais souvent à la bibliothèque de Brera passa quelques heures. Je fus une fois au grand théâtre de la Scala, qu'on dit un des plus beaux de l'Italie. J'allais lire, tous les jours, dans un café, le *Journal de l'Empire* et, dans un cabinet de lecture, les romans en vogue. Je fus voir plusieurs fois, au couvent de Sainte-Marie, M. l'abbé Depradt, mon compatriote et ami de mon père, aumônier de l'Empereur. (Il a été ingrat par la suite envers son bienfaiteur.) J'allais souvent, avec d'autres vélites, parcourir les environs de Milan, admirables par leur belle culture et leur vigoureuse végétation. J'ai vu, dans ces courses, de belles campagnes, et particulièrement celle où est le célèbre *écho* qui répète jusqu'à quarante fois. C'est dans la cour du château de la *Simonette* que se fait entendre ce remarquable phénomène naturel. Dans ces promenades, quelquefois assez longues, nous nous arrêtions pour goûter dans une des nombreuses guinguettes que nous rencontrions ; mais on n'y trouvait jamais d'autres choses que des œufs durs, de la salade et du gros vin.

Le service et les exercices y furent très peu fatigants. Une augmentation de solde et quelques autres avantages contribuèrent à nous faire trouver charmant le séjour de Milan. Pour mon compte, je regrettai beaucoup d'en partir. La vie animale y était chère et peu variée : si je n'oublie jamais les heureux moments que j'y ai passés, je n'oublierai pas non plus que, pendant trois mois, notre repas du soir a toujours consisté en riz, ce qui avait fini par me rendre ce farineux insupportable.

Enfin, après plusieurs parades et revues, passées soit par l'Empereur, soit par des maréchaux, nous quittâmes Milan le 22 prairial (11 juin) pour retourner à Paris.

RETOUR EN FRANCE

13 juin. — Nous avons passé le Lésin, en bateau, à sa sortie du lac Majeur. Je regrettai bien de ne pouvoir aller visiter les célèbres îles Borromées, surtout l'Isola Bella ; la distance n'était pas très grande, mais la nécessité de faire sécher mes effets, qui avaient été à la pluie pendant presque tout le temps de la route, m'en empêcha. Les rives du lac sont admirables de fraîcheur, de beauté et de sites pittoresques. C'est un pays enchanteur.

15 juin. — A Domo d'Ossola, petite ville au pied des Alpes, on nous logea dans une église où nous entrâmes tout mouillés : pas de feu pour nous sécher, pas d'emplacement pour suspendre nos effets. La position du soldat, dans de pareilles circonstances, est bien triste.

17 juin. — Au Simplon, village à moitié chemin du faîte de la montagne, on parle allemand. Dans cette journée, nous parcourûmes trois régions différentes. Dans la plaine, c'était l'été, on y faisait la moisson; voilà pour le matin. Avant d'arriver au gîte, c'était vers midi, le gazon vert et frais, couvert de primevères, de violettes et de narcisses, nous offrait l'image du printemps, avec d'autant plus de vérité que l'air était doux et parfumé. Au village, nous étions dans les frimas et environnés d'images froides et sévères qui nous rappelaient presque — moins la neige — la traversée du mont Cenis. Il semblait que nous touchions aux glaciers. Je cherchai, avec un camarade, à les atteindre, mais après avoir marché plus d'une heure dans la direction du plus proche, nous renonçâmes à notre tentative, car il semblait s'éloigner au fur et à mesure que nous avancions.

27 juin. — A Coulanges, petite ville du département du Léman : — Jour anniversaire des adieux à ma famille. Nous célébrâmes cette journée avec tout le respect qu'une époque, si remarquable dans la vie d'un jeune homme, inspire à celui qui est élevé dans des sentiments de vénération pour les auteurs de ses jours. Nous étions quatre réunis, pour remplir ce respectable devoir.

SÉJOUR A PARIS (1)

Nous sommes arrivés à Paris le 18 juillet, heureux de nous reposer d'une longue route, faite très précipitamment dans les plus grosses chaleurs. Un séjour dans la capitale, avec tous les désirs possibles de la connaître ! J'en profitai avec délire.

Les monuments, les cabinets de curiosités, les bibliothèques, le Muséum, quelquefois le spectacle, étaient mes courses favorites. Je fréquentais quelques cours publics ; malgré que ce ne fussent que des notions superficielles que j'acquérais, mon esprit ne se rassasiait pas d'entendre ces immortels professeurs. J'aurais désiré pouvoir disposer de tout mon temps, pour tout voir, tout entendre et prendre une idée de tout. Le service était pénible ; les appels fréquents et rigoureux ne me permettaient guère de courir où mes désirs me portaient ; j'étais

____

(1) Tandis que ces souvenirs paraissaient dans la *Revue des Deux Mondes*, j'ai retrouvé un des cahiers qui en contiennent la première version, écrite sur les lieux mêmes, au cours de la campagne de 1805. Je l'ai retrouvé, avec une masse de lettres, dans un tiroir assez difficile du secrétaire sur lequel, sans doute, J.-B. Barrès écrivait. Je n'avais plus le temps d'employer ces notes dans la *Revue*. J'ai tenu, du moins, à les substituer ici à leur rédaction postérieure.

Mes deux textes sont assez pareils, mais celui-ci plus naïf et plus douloureux. Vers 1840, J.-B. Barrès a supprimé ou atténué les ardeurs et les désillusions du jeune homme de 1805, dont il est curieux de voir avec quelle rapidité, sous un rayon de soleil, il se réchauffe et rebondit à toutes les curiosités. Malheureusement, ce cahier original ne va que du 29 messidor an VIII au 28 brumaire de la même année (Note de M. B.).

cependant satisfait de mon sort. J'en souhaitais la continuation, lorsque le son du clairon vint rompre cet échafaudage de projets.

Nous reçûmes l'ordre de partir pour le camp de Boulogne, pour y faire partie de l'armée destinée à être jetée sur les côtes d'Angleterre.

Après avoir reçu les effets nécessaires pour un embarquement, passé et repassé plusieurs revues, plus fatigantes que des journées de marche par leur longueur et leur minutie, nous étions enfin sac au dos, et déjà hors de l'enceinte de l'École militaire ; on n'attendait plus que le général Soulès, pour faire par le flanc droit, marcher en avant et crier : « Vive la gloire ! » Mais ce fut tout le contraire. Un courrier extraordinaire arriva de Boulogne, porteur d'un ordre de l'Empereur. Nous fîmes par le flanc gauche, et rentrâmes dans nos chambres, avec injonction de ne pas s'absenter et de se tenir prêts pour une nouvelle destination.

Alors, ce ne fut, pendant une quinzaine, qu'inspections, revues, manœuvres. On aurait dit que nos chefs avaient pris à tâche de nous harasser, pour nous faire désirer d'entrer en campagne ! Aussi était-ce le cri de tout le monde.

Enfin les bruits de guerre avec l'Autriche s'accrurent, et au lieu d'aller sur cette côte de fer, où une armée intrépide se réjouissait de passer le détroit, pour attaquer corps à corps cette perfide Albion, comme disaient les journaux, nous fûmes dirigés sur le Rhin, où tant de glorieux souvenirs appelaient l'armée française. Nous étions restés à Paris quarante-quatre jours,

DÉPART DE PARIS
POUR LA CAMPAGNE D'ALLEMAGNE

31 août. — Nous partîmes de Paris, tous satisfaits d'entrer en campagne plutôt que d'aller à Boulogne. Moi surtout, qui ne désirais que guerre. J'étais jeune, plein de santé, de courage, et je croyais que c'était plus que suffisant pour lutter contre tous les maux possibles ; j'étais en outre rompu à la marche ; tout s'accordait pour me faire envisager une campagne comme une promenade, où malgré qu'on y perdît tête, bras et jambes, on devait trouver du délassement. Je désirais en outre de voir du pays : le siège d'une place forte, un champ de bataille. Je raisonnais alors comme un enfant. Et, au moment que je jette ceci sur le papier, l'ennui qui me consume dans mon cantonnement (à Schönbrunn) et quatre mois de courses, de fatigues, de misères, m'ont prouvé que rien n'est plus affreux, plus triste que la guerre. Et encore nos maux, dans la Garde, ne sont pas à comparer avec ceux de la troupe de ligne.

Notre route jusqu'à Strasbourg fut belle, mais longue. Pour ne pas nous heurter avec les colonnes qui descendaient de Boulogne, jusqu'à Châlons-sur-Marne, on nous fit passer par Provins, Langres, Vesoul et Colmar. Le temps fut, à quelques jours près, constamment beau. Tout coïncidait pour me faire trouver ce commencement de campagne agréable. Mes désirs y correspondaient, mais la santé s'y refusait. J'avais perdu l'appétit, je brûlais de fièvre ; la crainte de rester dans un hôpital me donnait des forces ; je ne voulus même pas aller aux voitures. La variété des scènes, le désir de suivre et un bon tempérament me soutinrent, et j'arrivai à Strasbourg toujours enivré de gloire. Plusieurs de mes camarades, pas plus malades que moi, restèrent aux hôpitaux et y trouvèrent la mort. Le vieux proverbe : « il faut surmonter le mal », doit être suivi principalement par les militaires. Malheur à ceux qui, en campagne, entrent dans les hôpitaux ! Ils sont isolés, oubliés, et l'ennui les tue plutôt que la maladie.

Depuis Belfort jusqu'à notre destination, les routes étaient encombrées de troupes et surtout de voitures de fourrage, que tous les habitants du Haut-Rhin, des Vosges et de la Meurthe avaient dû donner par réquisition. Après vingt-trois jours, nous arrivâmes devant Strasbourg. Avant d'y entrer, nous fîmes une petite toilette. Nous mîmes nos bonnets d'oursin et nos plumets, et la garde d'honneur vint à notre rencontre. Nous fûmes logés dans le quartier Feinck-Mack.

26 *septembre*. — L'Empereur, parti de Saint-Cloud le 24 septembre (2 vendémiaire), arriva à Strasbourg le 26. On avait élevé à la porte de Saverne un arc triomphal, avec des inscriptions présageant ses victoires. Son entrée fut annoncée par des salves d'artillerie et des sonneries de cloches. La garde d'honneur, brillante de jeunesse et de tenue, ouvrait la marche majestueuse. Elle fut accueillie par des acclamations mille fois répétées. Les habitants de l'Alsace s'étaient portés comme un torrent sur son passage. Le soir, au milieu des illuminations, la flèche de la cathédrale était une colonne de feu suspendue dans les airs.

J'étais de garde au palais impérial. J'eus l'occasion de voir les présents et les curiosités que l'on fit à l'Empereur, notamment une carpe monstrueuse du Rhin.

Depuis le 20, une partie des troupes du camp de Boulogne, celles venant de l'intérieur, et la garde impériale arrivaient à Strasbourg par toutes les portes, prenaient les approvisionnements qui leur étaient nécessaires et se dirigeaient sur le Rhin, qu'elles passaient à Kehl. Elles s'organisaient définitivement sur la rive droite, en attendant l'ordre de marcher en avant. Les hommes et les chevaux bivouaquaient dans les rues; les voitures de l'artillerie, des équipages et des approvisionnements les encombraient : c'était un pêle-mêle à ne pas s'y reconnaître.

27 septembre. — Il ne restait presque plus de troupes, à Strasbourg, que nous. Nous attendions, pour partir, la Garde, qui devait venir de Boulogne. Elle arriva dans la journée du 27 septembre. Ce fut un jour de fête, pour tout le monde, de se revoir après une longue absence, et surtout pour les jeunes gens. On s'occupa tout de suite de nous amalgamer. Tous les vélites changèrent de compagnie. Je regrettai sincèrement la mienne, et j'entrai dans la 9e du 1er bataillon du 2e régiment.

Il fut délivré à chacun de nous cinquante cartouches, quatre jours de vivres et des ustensiles de campagne. J'eus l'extrême avantage d'être désigné le premier pour porter la marmite de mon escouade, comme étant le moins ancien de service.

ENTRÉE EN ALLEMAGNE

29 *septembre*. — Nous partîmes de Strasbourg avant le jour, et fûmes nous réunir en avant de Kehl. Je vis pour la première fois le Rhin, à 10 heures du matin, et je ne passai point le majestueux fleuve sans éprouver un secret contentement, quand ma mémoire me rappela tous les beaux faits d'armes dont ses rives avaient été témoin. Ces souvenirs belliqueux me faisaient désirer quelques glorieux combats, où je pourrais satisfaire ma vive impatience.

Toute la Garde arrivée, nous nous mîmes en marche, le maréchal Bessières en tête. Jamais la Garde ne s'était vue aussi nombreuse. La colonne était immense. La journée fut longue et fatigante, à cause du soleil, de la poussière et des munitions qui nous écrasaient, moi surtout, avec ma pesante marmite. Si je m'étais laissé tomber, je n'aurais pas pu me relever, tant mes forces étaient anéanties. Je ne marchais plus, je me traînais. Quand on arriva à 10 heures du soir dans un village, près de Rastadt, j'étais si fatigué, que je ne pus ni manger, ni dormir. Je commençais à regretter Paris.

1er *octobre*. — Nous étions sous les armes avant le jour, bien fatigués de la veille. Il nous fut lu, avant de nous mettre en marche, une proclamation de l'Empereur aux soldats. Elle nous annonçait l'ouverture de la campagne contre les Autrichiens, qui venaient d'envahir la Bavière ; elle nous annonçait aussi des marches forcées et des privations de toute espèce ; elle fut accueillie par des cris de « Vive l'Empereur ! » On nous prévint en outre

qu'il n'y aurait plus de grande halte, ni de journées
d'étape réglées comme en France, et qu'il fallait, en
conséquence, conserver des vivres pour la marche.
Et puis, défense de manquer aux appels, de rester
en arrière, etc.

Dans la journée, on marchait d'un soleil à l'autre.
Nous couchâmes dans un village, à trois lieues
d'Ettlingen. (Dans les débuts, je puis citer mal,
parce qu'alors je ne pouvais pas bien entendre la
langue.) On était nourri chez l'habitant, suivant
des arrangements pris avec les maisons de Bade, de
Wurtemberg et de Bavière. Il y eut un village, situé
sur la rivière d'Ems, à une petite lieue d'Enswei-
hingen, en Souabe, où tous les habitants étaient
assemblés sur la place, nous attendant, et quand
nous arrivâmes, chaque paysan emmena le nombre
de soldats qu'il pouvait, pour les loger et les nourrir
parfaitement. Depuis le passage du Rhin jusqu'au
Danube, nous avons trouvé beaucoup de fruits ; les
soldats s'en trouvaient très bien. La fraîcheur et l'aci-
dité des pommes tempéraient la soif ardente qui nous
consumait. Pas de vin, peu de bière et mauvaise.

Le 7, à Nordlingen, dans la nuit, on battit la
marche de nuit du régiment (sorte de batterie ou
de générale particulière à chaque corps). En peu
de temps, le régiment fut sac au dos et sous les
armes. C'était pour partir immédiatement pour
Donawerth. Cette intempestive alerte nous priva
de quelques heures de bon sommeil, dont nous avions
bien besoin. Mais les événements militaires se dé-
veloppaient rapidement et nécessitaient le rapprochement des troupes sur le théâtre de la guerre. On
s'était battu le 7 sur le Tech, pour prendre le pont

et marcher sur Augsbourg. Le 8, nous arrivions à Donawerth. Dans la soirée, nous entendîmes le canon : c'était la victoire de Wertingen, que les maréchaux Lannes et Murat remportaient sur les Autrichiens du général Auttemberg.

Le 9, nous passâmes le Danube à Donawerth, sur le pont que l'ennemi, en se retirant, n'avait pas eu le temps de couper. A peu de distance de ce fleuve, dans l'immense et riche plaine que nous traversions pour nous rendre à Augsbourg, le lieutenant de la compagnie, avec qui je causais souvent, me fit voir l'emplacement où l'on avait élevé un monument à la mémoire du brave La Tour d'Auvergne, premier grenadier de la République, tué d'un coup de lance au combat de Neubourg, le 27 juin 1800. La nouvelle de l'occupation d'Augsbourg n'étant pas encore parvenue, on nous fit bivouaquer près d'une heure, pour le malheur des houblonnières des environs, dont les perches servirent à nous chauffer et à nous sécher.

Les 10 et 11 octobre, nous avons séjourné à Augsbourg. Pendant ces deux journées qui furent détestables par la quantité de neige et de pluie qui tomba, l'armée acheva son grand mouvement de conversion autour d'Ulm, avons-nous su depuis, et coupa définitivement la retraite à l'ennemi. L'Empereur arriva le 10.

Le 12, nous partîmes d'Augsbourg dans l'après-midi, et, peu d'heures après, nous étions dans les ténèbres. Nous marchions difficilement, à cause de la boue qui était gluante, tenace dans ces terres noires et fortes. Déjà embarrassé de m'en tirer, j'eus la douleur de sentir qu'un de mes sous-pieds venait de se casser. Dans l'impossibilité où j'étais de pouvoir continuer la marche, je m'arrêtai pour en remettre un autre, mais pendant ce temps-là arrivent l'infanterie, la cavalerie, l'artillerie de la garde (mon bataillon était d'avant-garde). Je fus forcé d'attendre que toute cette masse de troupes fût passée pour ne pas être écrasé, bousculé, perdu dans cette foule, perdue elle-même dans la boue, qui était horriblement triturée, délayée. Cela fut long, parce qu'on était beaucoup. Enfin, je me jetai dans un peloton de nos gens. Avec eux, j'arrivai au gîte et couchai dans un chenil qui était donné pour corps de garde.

Le lendemain, 13, dès le jour, je voulus rejoindre ma compagnie, mais cela me fut impossible, elle était trop en avant sur la route, et la route elle-même était trop encombrée de troupes. Je continuai de marcher avec le détachement de la veille. Les chemins étaient encore plus impraticables, par la masse énorme de neige qui était tombée toute la nuit.

Arrivé à Guntzbourg, à la nuit close, je demandai et cherchai ma compagnie. Impossible de la trouver, elle était sur le bord du Danube. La ville était sens dessus dessous, les maisons pleines de morts, de blessés, de malades et de vivants, pressés, serrés, entassés. Ne pouvant trouver à me mettre à l'abri en aucun lieu, je me réfugiai à l'hôtel de ville, où je fus assez heureux pour trouver un coin près d'un fourneau bien chaud, où je pus me réchauffer, me sécher et mettre ma tête à couvert des intempéries de la saison. Je me résignais à mon triste sort, quoique je fusse sans vivres et sans camarades pour me consoler, et entouré de soldats autrichiens blessés et encore plus malheureux que moi. Séparé de ma compagnie, qui était ma famille militaire, je trouvais ma situation très déplorable.

Au jour, je me mis de nouveau en quête de mes compagnons d'armes. Enfin je les découvris sur les bords de la rive droite du Danube, près du pont et dans un bon bivouac, avec des vivres en abondance. Après avoir rendu compte des motifs de mon absence, je trouvai chez tous mes amis, de douces preuves de leur amitié, et particulièrement chez un vieux chasseur de mon pays, ancien grenadier d'Égypte, blessé sur la brèche de Saint-Jean-d'Acre, que mon absence avait bien inquiété. Il me fit part de sa provision de vivres, qu'il avait mise en réserve pour moi. A la manière dont je fis honneur au déjeuner qu'il m'offrait, il jugea des privations que j'avais éprouvées dans cette triste circonstance. Des larmes de joie coulaient sur ses joues fatiguées de me voir manger de si bon appétit. Ah ! c'est une triste chose que d'être perdu au milieu d'une armée qui manœuvre.

Le soir du 14, la compagnie passa sur la rive gauche du Danube, pour garder la tête du pont qui avait été brûlé par les Autrichiens, mais sur lequel on pouvait passer par le moyen de quelques planches.

Pendant deux heures, je fus en faction sur le bord d'un ravin, sur l'autre rive duquel était une sentinelle ennemie. Nous nous observâmes mutuellement, sans tirer, pour ne pas troubler le repos de la partie de l'armée qui se trouvait dans les environs.

Vers le milieu de la nuit, nous repassâmes le Danube, et toute l'infanterie de la garde remonta la rive droite, à peu près une lieue, pour prendre position sur une hauteur, où nous passâmes le reste de la nuit, sans feu et sans abri, sous une bise hyperboréenne.

Ce fut là, pour la première fois, que je fus témoin d'un échantillon des horreurs de la guerre. Comme le froid était extrêmement vif, on se détacha pour se procurer du bois, afin d'établir des bivouacs. Le village où l'on allait le prendre fut, dans un instant, entièrement dévasté ; on ne se contentait pas d'enlever le bois, on emportait les meubles, les instruments aratoires, les effets et le linge. Les chefs s'aperçurent, mais trop tard, de ce torrent dévastateur. Il fut donné des ordres sévères qui condamnaient à la peine de mort tous les soldats qui seraient trouvés avec des effets, linge, etc. Si cet ordre eût été exécuté dans tout le courant de la campagne, toute la Grande Armée eût été fusillée. Plusieurs subirent cette peine.

Ce spectacle, nouveau pour moi, me déchirait le cœur ; je versai des larmes sur le sort de ces pauvres habitants qui, dans un clin d'œil, perdaient toutes leurs ressources. Mais ce que j'ai eu l'occasion de voir, depuis cette époque, me les a fait trouver encore heureux dans leur malheur. Comme j'étais nouveau dans l'art militaire, tout ce qui contrariait les principes que j'avais reçus me surprenait ; mais j'ai eu le temps de m'y accoutumer par la suite, tant par satiété que par besoin. Un chasseur vélite, étant allé comme les autres au village pour quérir du bois, trouva une oie qu'on avait tuée. Sans défiance, comme un nouveau, il la rapporta au camp, et fut rencontré par M. Grosse, le colonel major de notre régiment, qui, après lui avoir donné quelques coups de canne, ordonna qu'il resterait quinze jours à l'avant-garde et que l'oie serait attachée à son col, jusqu'à ce qu'elle fût en putréfaction. Le jeune homme eut beau protester de son innocence, le jugement fut exécuté, plus pour donner l'exemple aux autres que pour le punir.

Toute la journée nous entendîmes la canonnade et la fusillade dans la direction d'Ulm. C'était le beau succès d'Elchingen, que le corps du maréchal Ney (6e) remportait, après un combat des plus opiniâtres.

15 octobre. — Au jour, le régiment partit de Guntz-bourg et se fut mettre en bataille, à une petite lieue de cette ville, pour garder un pont du Danube. On avait placé plusieurs pièces de canon, pour empêcher le passage, au cas que l'ennemi voulût tenter une trouée. Notre compagnie était la plus avancée et la première à soutenir le choc. Nous restâmes toute la journée sous les armes, à attendre si l'ennemi avait quelque désir de troubler notre sécurité. J'étais à portée de voir le succès de nos colonnes ; le bruit du canon fut terrible toute la journée et celui de la mousqueterie bien garni. Peu accoutumé au bruit, j'en étais étourdi, sans cependant craindre de l'entendre de plus près. J'aurais désiré au contraire que l'on se battît, pour prouver que, malgré que l'on fût nouveau dans un pareil service, on avait autant l'amour de la gloire que les anciens.

L'ennemi nous laissant tranquilles, on s'occupa une partie de la journée à faire des baraques en paille. Tout ce qui fut trouvé dans le village, tant

en bois qu'en comestibles, fut enlevé. Les horreurs
se renouvelèrent, mais j'y fus moins sensible;
d'ailleurs le besoin l'ordonnait. Un compatriote
me céda du pain, sans quoi je m'en serais passé
toute la journée. Le soir, je fus de garde de l'autre
côté du Danube, en faction à dix pas des Autrichiens. Il n'y avait qu'un petit canal qui me séparait
du factionnaire ennemi; il me laissa tranquille,
j'en fis de même.

A peine ma faction était-elle terminée, à minuit, que
nous fûmes enlevés de nos superbes bivouacs pour
nous porter plus loin, dans la nuit la plus obscure
et la plus froide, pour nous rapprocher de l'Empereur. Dans ce nouvel endroit, nous ne trouvâmes
rien : pas de paille pour se coucher à terre, peu de
bois à brûler et le vent du nord comme en Laponie.
Je passai une triste nuit. Brûlé d'un côté, gelé de
l'autre, tel fut mon repos.

Quelqu'un qui n'aurait eu que le désir de s'amu-
ser, de jouir d'un spectacle aussi nouveau qu'agréable,
pouvait se satisfaire : plusieurs lignes immenses
de bivouacs, à perte de vue, offraient un coup d'œil
ravissant; des milliers de feux répandus sur le
vaste horizon; les étoiles vives et scintillantes con-
trastaient trop fort avec notre position, qui n'était
rien moins que brillante. Ce fut ce jour-là que je
couchai pour la première fois au bivouac; je n'y
trouvai rien de bien engageant; c'est un triste
couchage. J'ai dit, bien des fois depuis, que le plus
beau des bivouacs ne vaut pas la plus misérable
cabane.

16 *octobre*. — A la pointe du jour, nous partîmes
du bivouac pour nous diriger sur Ulm. La journée

commençait à être très mauvaise ; les routes étaient encombrées de boue et obstruées par l'artillerie. La pluie tombait avec force. Nous arrivâmes dans un bois, où l'on trouva, sur le bord de la route, une clairière. Nous étions tellement gênés par l'artillerie et la cavalerie qu'on nous y laissa, pour attendre qu'elles eussent filé. Quatre heures après, nous étions encore là, sous des torrents de pluie, dans la boue jusqu'aux genoux, n'ayant rien mangé de la journée, et tous nos membres engourdis de froid. Ce qui ralentissait la marche de l'armée, c'était le pont d'Elchingen, à un quart de lieue de là, qui avait été coupé par l'ennemi, et si mal réparé par nous, à cause de la hâte, qu'on craignait à tout instant qu'il ne se rompît. Un aide de camp du maréchal Bessières vint nous tirer de ce lieu de mort, en donnant l'ordre de nous porter de suite à Elchingen, au quartier général de l'Empereur. Chacun suivit la route qui lui parut la plus convenable pour arriver plus vite. Quand j'eus passé le pont, je vis pour la première fois un champ de bataille.

Ce spectacle me glaça d'effroi, mais l'état que j'avais embrassé devait me faire oublier tout cela. La plaine était couverte de cadavres, presque tous Autrichiens. Dans le village, dans les rues, dans les maisons, dans les jardins, tout était garni de morts. Pas un coin qui ne fût arrosé de sang. Nous fûmes logés militairement. Je n'ai pu me coucher de la nuit, faute d'espace pour m'asseoir sur le plancher. Les maisons étaient pleines de blessés, sans habitants, et dévastées. Je ne mangeai rien de la journée ; je ne pus même pas faire sécher mes habits, qui étaient pourris d'eau. Quatre jours après, ils ne l'étaient pas encore entièrement.

Tel fut le résultat de la journée du 23, qui fut une des plus cruelles de la campagne. L'Empereur ne s'était pas débotté depuis huit jours. Mais le mouvement de nos corps d'armées avait tellement dérangé les plans de campagne de l'ennemi, qu'il commença des pourparlers de capitulation que nous n'acceptâmes pas.

17 octobre. — C'est alors que l'Empereur donna l'ordre de battre en brèche pour tenter l'assaut.

Aussitôt qu'il fit jour, chacun s'empressa de se procurer des pommes de terre ; quelques instants après, il nous fut délivré un biscuit, qui ne pouvait arriver plus à propos. La générale battit, et dans un instant nous fûmes en bataille au-dessus du village d'Elchingen. Nous y restâmes toute la journée pour contenir l'ennemi, en cas qu'il eût fait une sortie de notre côté. On se battit toute la journée, à peu de distance de nous, sans que nous prissions part à l'action. Le bruit de l'artillerie qui battait la brèche d'Ulm était si fort et si terrible qu'on aurait dit la destruction du monde entier. Au soir, étant allé chercher du bois, aux environs de notre position, pour nous chauffer un peu, les ténèbres étaient si profondes que je chargeai sur mes épaules un kaiserlick mort, que j'avais pris pour une bûche. Cela m'effraya beaucoup. Nous ne nous retirâmes que le soir, vers dix heures, en ayant toutes les peines du monde pour nous dégager de la boue.

Je fus logé dans la superbe abbaye où était l'Empereur. Dans toutes les salles, chambres, corridors, cellules, on avait allumé des feux pour cuire nos pommes de terre. On ne peut se faire une idée de la beauté de cette abbaye.

La canonnade ne cessa de se faire entendre, jusqu'au soir du 17, où elle cessa tout à coup. Nous apprîmes peu de temps après que le général Mack, renonçant à l'espoir de se faire jour l'épée à la main, venait de capituler, en remettant aux mains de l'Empereur toute son armée et la place qu'il n'avait pas défendue.

18 *octobre.* — Nous ne sortîmes pas de la journée, ce qui nous fit beaucoup de bien, tant pour nous reposer que pour approprier nos armes, qui étaient rongées de rouille. Dans la nuit, au milieu d'un ouragan terrible, le Danube déborda et entraîna les cadavres qui n'étaient pas encore inhumés. Ils durent faire connaître à Vienne les malheurs de l'armée de Souabe, car ils flottaient sur le fleuve comme les débris d'un vaisseau.

20 *octobre.* — L'Empereur passa toute la journée à Ulm, sur une hauteur, pour voir défiler l'armée autrichienne, qui sortit avec les honneurs de la guerre et déposa les armes devant lui. L'Empereur, entouré d'une partie de la Garde, fit appeler les généraux autrichiens, et les traita avec les plus grands égards. Ensuite, nous fûmes coucher à Augsbourg.

L'Empereur arriva à Augsbourg, précédé des grenadiers à pied qui portaient les quatre-vingt-dix drapeaux pris dans cette première campagne. Cette entrée brillante et martiale produisit sur les habitants un étonnement difficile à décrire; ils ne pouvaient se persuader qu'en si peu de jours on eût détruit une aussi grande armée.

A l'appel du troisième jour, il fut lu, à l'ordre des

compagnies, une proclamation de l'Empereur aux soldats de la Grande Armée, qui énumérait tous les combats et les trophées qu'ils avaient conquis en quinze jours, et l'annonce d'une deuxième campagne contre les Russes, qui approchaient. Un décret impérial, daté d'Ulm, faisait compter pour campagne le mois de vendémiaire an XIV, indépendamment de la campagne courante.

24 octobre. — A Munich : — Le régiment des chasseurs partit d'Augsbourg, le 23 octobre, de très grand matin, coucha à Schwabhausen, après une journée pénible, et arriva le lendemain 24 à Munich, à 3 heures de l'après-midi. Une route superbe dans ses dernières parties. Nous fîmes notre entrée en grande tenue ; une foule immense s'était portée sur notre passage. Les habitants paraissaient prendre plaisir à voir la Garde et leurs protecteurs. Ils nous reçurent avec la plus grande joie. Il n'y a pas d'endroit où nous ayons été aussi bien traités. Ils nous embrassaient, tant ils étaient contents de se voir à l'abri des vexations des Autrichiens. Ils avaient décoré leurs maisons d'emblèmes exprimant le bonheur qu'ils éprouvaient de posséder leur régénérateur et leurs sauveurs. Les vivres étaient en abondance, la volaille pour rien. Il n'y avait de cher que le pain.

A mon arrivée, je fus commandé de service pour monter la garde au palais électoral. L'Empereur arriva à 9 heures du soir. Tous les grands de la cour se portèrent au-devant de lui. Ils étaient chamarrés de décorations, de cordons et d'épaulettes. Ce qui me divertit le plus dans cette soirée, ce fut la garde de l'Électeur. Elle est d'une mine grotesque ; son

costume tient beaucoup aux troupes du temps
d'Henri IV ; elle est composée de beaux hommes,
extrêmement grands, tous armés d'un sabre et d'une
pique.

Pendant deux heures, je ne fis que porter et présenter les armes, tant le nombre des grands personnages qui furent admis à offrir leurs hommages à
l'Empereur fut considérable. Je n'avais jamais
autant vu de décorations de toute espèce et de tous
les pays qu'il en passa devant moi pendant cette
fatigante faction. Je crois avoir reçu le salut très
profond de tous les princes, ducs, barons de la Bavière reconquise et reconnaissante. Dans cette circonstance, un soldat de l'Empereur, un guerrier de
la Grande Armée, avait des titres à mériter les grands
saluts qu'on lui faisait.

25 *octobre.* — Une prostration presque complète,
une nuit passée sans sommeil, me faisaient vivement désirer un bon lit et du repos de douze heures
au moins. Je me couchai avec cet espoir, mais, vers
dix ou onze heures, un bruit discordant de sonnettes
nous réveilla brusquement, cinq ou six que nous
étions dans ce logement. C'était un adjudant major,
du régiment, qui nous donna l'ordre de nous rendre
avec armes et bagages, dans un corps de garde qu'il
nous désigna.

Arrivés là, avec quelques autres chasseurs qu'on
avait recrutés de la même manière, on nous envoya
sur la route de Landshut, à une lieue de Munich,
pour garder le grand parc de l'armée. La nuit était
profondément noire, la pluie tombait à torrent ; il
faisait si mauvais que, dans tout autre moment, on
n'aurait pas mis un chien à la porte. J'eus beau

observer que je descendais de garde, on me répondit qu'on en tiendrait compte une autre fois. Il fallut marcher, le devoir et le service l'exigeaient.

Nous voilà dix à douze, pataugeant dans une profonde boue, marchant à l'aventure, et regrettant tous, de bien bon cœur, l'excellent coucher qu'il nous avait fallu quitter. Arrivés à notre destination, les camarades du 1er corps (maréchal Bernadotte), que nous relevions, nous laissèrent une très bonne baraque en planches garnie de bonne paille, un feu de bivouac en très grande activité et beaucoup de bois pour l'alimenter. C'était du moins une compensation à notre infortune et un dédommagement qui nous était bien dû, mais malheureusement cette faveur inespérée nous échappa bientôt. A peine avait-on placé les sentinelles sur les points indiqués, et le reste du poste pris possession de cette baraque qui promettait de nous être si utile, que le feu s'y déclara avec tant d'intensité que les hommes qui s'y trouvaient à l'abri eurent beaucoup de peine à en sortir sans être atteints par les flammes. Les efforts qu'on fit pour l'éteindre furent sans résultat, car elle s'abîma en peu de minutes. Malheureusement, on n'avait pas eu le temps de retirer tous les fusils, les sacs et les bonnets à poil qui s'y trouvaient. Les deux fusils qui manquaient étaient chargés, comme tous les autres des hommes du poste. Une fois atteints par le feu, ils partirent. Placé en faction sur la route, une balle atteignit mon bonnet au-dessus de la tête, et le perça de part en part, sans trop m'en apercevoir. Ces longues flammes, ces deux coups de feu portèrent l'alarme dans tous les postes d'alentour. On cria partout « aux armes »; l'inquiétude fut générale parce qu'on craignait que ce fût une attaque pour enlever le grand parc, ou qu'on le fît sauter.

Après des reconnaissances faites, et qu'on se fut assuré de la cause de cette chaude alerte, tout rentra dans l'ordre matériellement parlant, mais la crainte d'être punis, et le désagrément de notre fâcheuse position nous tinrent sur le qui-vive le restant de notre garde.

Rentrés à Munich sur les deux heures, nous fûmes, tous ensemble, rendre compte de ce fâcheux événement à l'adjudant-major de semaine qui, après avoir pris les ordres du général, envoya le sergent et le caporal à la garde du camp, et les chasseurs à leur logement jusqu'à nouvel ordre. Ainsi se termina une nuit pleine d'anxiété et de fatigue, et qui aurait pu avoir des suites extrêmement fâcheuses, si le feu avait pu communiquer au grand parc, ce qui fut rendu impossible à cause de la pluie torrentielle.

Le 26, mon indisposition, la fatigue et les émotions de la veille ne me donnèrent pas l'envie de visiter Munich.

Les 5, 6 et 7 novembre, sur les bords du Danube, nous prîmes plusieurs fois les armes, surtout la nuit, pour veiller à la sûreté du quartier général impérial, car une portion très forte de l'armée russe occupait encore la rive gauche. Les patrouilles, sur la rive, par ce temps très froid et ce brouillard épais, étaient peu récréatives.

Le 8 novembre, à Strenberg, bourg où nous fûmes tous logés si à l'étroit, que plus de la moitié des hommes de la garde furent contraints de bivouaquer. Malgré la neige qui tombait par avalanche,

les fureteurs des compagnies (et le nombre en était
grand) découvrirent des caves d'excellents vins de
Hongrie. On en but pour se réchauffer, pour se
restaurer, pour dissiper l'ennui qu'on éprouvait
d'être empilés, étouffés dans ces chambres, où l'on
ne pouvait pas remuer ni bras, ni jambes ; enfin,
on but tant et tant que, s'il avait fallu faire le coup
de feu dans la nuit, on n'aurait pas su où prendre les
cartouches... Spectateur bénévole de cette gigantesque orgie, ne buvant pas, ou du moins très
peu, j'admirai, sans en être ébloui, la surprenante
consommation qu'en faisaient certains hommes.
C'étaient de véritables Gargantuas.

Le lendemain 9, dans une longue et fatigante
marche, la plupart des hommes, obligés de se coucher sur les bords du chemin, faute de jambes pour
suivre leurs camarades, prouvaient suffisamment
que ce vin était plus nuisible que favorable à la
santé.

Dans la journée, nous passâmes sur le champ de
bataille du terrible combat d'Amstetten (5 novembre) entre les grenadiers d'Oudinot, réunis à la
cavalerie du prince Murat, et les Russes, et ensuite
dans la petite ville de ce nom. On eut à passer plusieurs rivières, dont les ponts, coupés et rétablis à
la hâte, retardèrent beaucoup la marche.

Le 12 novembre, à moitié chemin entre Saint-
Poelten et Burkesdorf, nous rencontrâmes les magistrats de Vienne, qui venaient implorer l'Empereur
de ménager la capitale et leur souverain, et lui offrir
les clefs de la ville. L'Empereur nous suivait de
près. Il passa donc au milieu de nous avec ces
Viennois. Ils furent alors témoins d'une scène qui

dut leur prouver combien l'Empereur était aimé par ses troupes.

Nous montions une côte extrêmement rapide. Nous bordâmes la haie de chaque côté de la route. Le 4ᵉ corps, qui montait la montagne en même temps, fit le même mouvement que toute la Garde. Dans un instant, les cris de « Vive l'Empereur » se communiquèrent sur toute la ligne, les chapeaux au bout des baïonnettes ; les voitures de l'Empereur allant au petit pas, les députés eurent tout le temps de recueillir les applaudissements que la Garde et l'armée témoignaient à leur souverain. L'Empereur était dans une des voitures de la cour ; c'était la première fois qu'il s'en servait depuis son départ de Paris.

Depuis le Rhin, toutes les fois que Sa Majesté nous rencontrait en route, nous nous arrêtions pour lui rendre les honneurs militaires, et la saluer de nos acclamations. Tous les corps de l'armée en faisaient autant, à moins d'ordre contraire. Souvent, dans ces revues inattendues, l'Empereur complimentait les régiments qui s'étaient distingués dans une affaire récente, complétait les cadres et distribuait des décorations. C'était une circonstance fortuite, qui était vivement désirée et qui satisfaisait bien des désirs.

13 novembre. — A une petite demi-lieue de Vienne, au lieu de continuer notre route, nous entrâmes dans un village à gauche, appelé Schœnbrunn. Ce contre-temps nous fit beaucoup de peine, car nous pensions loger en ville. Ce qui ne nous fit nullement plaisir, c'est que, du milieu de la place de ce village, on découvrait Vienne à travers le vallon ; cette quantité de clochers, flèches, tours, faisaient un contraste frappant avec la campagne, qui était couverte de neige. Sur cette même place s'élevait le palais impérial que l'Empereur avait choisi pour sa résidence.

Nous y fûmes logés pour faire le service du palais. Réveillé dans la nuit, sans être commandé de service, je fus contraint, avec d'autres camarades, pas plus amoureux que moi de trotter à de telles heures, de faire autour du parc des patrouilles qui exigeaient une heure de marche.

Il nous fut défendu d'aller à Vienne sans permission.

16 *novembre*. — Le régiment se disposait à passer l'inspection, lorsqu'on reçut l'ordre du départ. Cette nouvelle fut un coup de foudre. Les événements nous étaient peu connus, et on ne les savait que fort tard. Nous ne pouvions nous imaginer ce qui empêchait l'empereur d'Autriche de faire la paix. Nous entrions dans un nouveau pays, peu connu, offrant peu de ressources. Les Russes, continuant toujours de battre en retraite, nous entraînaient nécessairement dans des pays affreux, et surtout dans une saison peu propre aux marches. J'avoue franchement que ce départ me fit assez de peine. Cela ne m'empêcha pas de faire le voyage comme les autres.

Nous partîmes, à 2 heures, de Schœnbrunn, et après une demi-heure de marche, nous entrâmes dans Vienne. Je traversai cette ville avec un grand désir de la connaître, mais le moment n'était pas encore arrivé. En sortant de Vienne, mourants de froid, nous ne fîmes que courir pour nous empêcher de geler. Nous arrivâmes à Stockerau à 10 heures du soir. L'Empereur coucha à Stockerau.

17 novembre. — Partis avec le point du jour, nous marchâmes toute la journée sans nous arrêter, jusqu'à la Taya, qu'il fallut passer à 10 heures du soir, par une nuit très obscure, sur une planche très étroite, flexible et vacillante. Nos rangs très dégarnis depuis plusieurs heures, par la fatigue et la longueur de la marche, le devinrent encore bien davantage, car la moindre maladresse pouvait nous faire tomber dans l'eau. Aussi ceux qui se trouvèrent de l'autre côté furent peu nombreux, et à peine suffisants pour fournir le service du quartier général impérial. Une autre cause qui contribua à faire rester beaucoup d'hommes derrière, ce sont les nombreuses caves, remplies de vin de Moravie, qu'on trouvait sur le bord de la route. On conçoit que des hommes fatigués, vivant mal, dormant peu, marchant toujours, profitassent de ces bonnes et rares occasions pour se donner des jambes et un moment de bon temps, mais malheureusement l'abus touchait de près au bienfait (1).

(1) Ici finit cette rédaction primitive, qui fut faite, pour la plus grande part, le texte l'indique, à Schœnbrunn, en 1805. Je ne puis en donner, comme de tout l'*Itinéraire*, qu'une partie. Nous ne pouvons songer, je l'ai dit, à suivre jour par jour les vélites sous la pluie, dans la boue, dans leurs longues journées sans pain, dans tous les humbles incidents de leur héroïque endurance, mais ce que nous donnons aide à comprendre le travail qui s'était fait, trente-cinq ans plus tard, dans l'esprit du commandant Barrès, quand il reprit les notes de sa vingtième année. Ses misères, il les laissait désormais au second plan, pour se plaire dans les choses

AUSTERLITZ

Le 30 novembre, Barrès se trouve au bivouac, à deux lieues de Brunn, à gauche de la route d'Olmutz sur le penchant d'une colline peu élevée.

1er *décembre.* — En avant de la position que nous occupions, était un mamelon armé de canons. Le bivouac de l'Empereur était entre nous et ce mamelon. Après le mamelon, était une plaine de peu d'étendue, légèrement inclinée vers un ruisseau qui coulait de gauche à droite. Cette plaine, très longue dans le sens du cours du ruisseau, était dominée par des hauteurs, qui commençaient sur l'autre rive et s'étendaient, depuis des bois à gauche, jusqu'à des marais et étangs à droite.

Le soir, à la clarté des feux des bivouacs, il nous fut donné lecture de la proclamation de l'Empereur

curieuses qu'il avait vues, et dans les grands événements auxquels il avait participé. Et par exemple dans cette campagne de 1805, les souffrances de la Grande Armée étaient nécessaires pour que Napoléon débordât l'ennemi, à grande distance, par les vallées du Main et du Neckar, puis, tournant brusquement au sud, descendît de Wurzbourg à Donawerth sur le Danube. Cette marche, qui fut si dure pour J.-B. Barrès et ses camarades, les plaçait entre Ulm et Vienne, et coupait aux Autrichiens leur retraite. Ulm pris, Napoléon court sur Vienne, et entraîne les deux empereurs autrichien et russe à cent vingt kilomètres, au nord de Vienne, sur le champ de bataille d'Austerlitz, qu'il a reconnu et élu, lui-même, dix jours avant. Quel génie chez le chef ! Quelles fatigues pour les soldats ! Ces fatigues, en 1835, J.-B. Barrès veut les oublier.

qui annonçait une grande bataille pour le lendemain, 2 décembre. Peu de temps après, l'Empereur
vint à notre bivouac, pour nous voir ou pour lire
une lettre qu'on venait de lui remettre. Un chasseur
prit une poignée de paille et l'alluma pour faciliter
la lecture de cette lettre. De ce bivouac l'Empereur
fut à un autre. On le suivit avec des torches allumées pour éclairer sa marche. Sa visite se prolongeant
et s'étendant, le nombre de torches s'augmenta ;
on le suivit en criant : « Vive l'Empereur. » Ces cris
d'amour et d'enthousiasme se propagèrent dans
toutes les directions, comme un feu électrique ; tous
les soldats, sous-officiers et officiers se munirent de
flambeaux improvisés, en sorte qu'en moins d'un
quart d'heure, toute la Garde, les grenadiers réunis,
le 5e corps qui était à notre gauche et en avant de
nous, le 4e à droite, ainsi que le 3e plus loin et en
avant, enfin, le 1er qui était à une demi-lieue en
arrière, en firent autant. Ce fut un embrasement
général, un mouvement d'enthousiasme, si soudain
que l'Empereur dut en être ébloui. C'était magnifique, prodigieux. Après avoir été assez loin, je
revins à mon bivouac, après l'avoir cherché longtemps, tous ces feux m'ayant fait perdre la direction
où il se trouvait. Je ne doute pas que ce fut le hasard
qui donna la pensée de cette fête aux flambeaux, et
que l'Empereur n'y pensait pas lui-même.

2 décembre. — Longtemps avant le jour, la diane
fut battue dans tous les régiments ; on prit les
armes et on resta formé en bataille jusqu'à ce que
les reconnaissances fussent rentrées. La matinée
était froide, le brouillard assez épais, un silence
complet régnait dans toutes les lignes. Ce calme si

extraordinaire, après une soirée aussi bruyante, aussi folle, avait quelque chose de solennel, d'une majestueuse soumission aux décrets de Dieu : c'était le précurseur d'un orage impétueux, meurtrier, qui élève et abat des empires.

L'Empereur, entouré de ses maréchaux et des généraux d'élite de son armée, était placé sur un mamelon dont j'ai parlé, distribuant des ordres pour la disposition de ses troupes et attendant que le brouillard se dissipât pour donner le signal de l'attaque. Il fut donné, et, peu de temps après, toute cette immense ligne fut en feu.

Pendant ce temps-là, le 1er corps, qui était derrière, se porta en avant, en passant à droite et à gauche du mamelon. Saluant, criant : « Vive l'Empereur ! » les chapeaux au bout des épées, des sabres, des baïonnettes, le maréchal Bernadotte en tête, portant le sien de la même manière, et tout cela au bruit des tambours, de la musique, des canons et d'une vive fusillade.

Après le passage du 1er corps, notre mouvement commença ; nous formions la réserve : elle se composait de 20 bataillons d'élite, dont 8 de la Garde impériale, 2 de la garde royale italienne, et 10 de grenadiers et voltigeurs réunis. Derrière nous, marchaient la cavalerie de la Garde et plusieurs bataillons de dragons à pied. Les bataillons d'élite étaient ployés en colonne serrée par division, à distance de déploiement, ayant quatre-vingts pièces de canon dans leur intervalle. Cette formidable réserve marchait en ligne de bataille, en grande tenue, bonnets à poil et plumets au vent, les aigles et les flammes découvertes, indiquant d'un regard fier le chemin de la victoire. Dans cet ordre, nous franchîmes la plaine et gravîmes les hauteurs aux cris de « Vive l'Empereur ! » Parvenus sur le plateau que les Russes occupaient quelques instants auparavant, l'Empereur nous arrêta pour nous haranguer, après nous avoir fait signe de la main, qu'il voulait parler. Il dit d'une voix claire et vibrante qui électrisait : « Chasseurs, mes gardes à cheval viennent de mettre en déroute la Garde impériale russe ; colonels, drapeaux, canons, tout a été pris ; rien n'a résisté à leur intrépide valeur : vous les imiterez. » Il partit aussitôt après pour aller faire la même communication aux autres bataillons de réserve.

L'armée russe était percée dans son centre et coupée en deux tronçons. Celui de gauche, celui qui faisait face à la droite de l'armée française, était aux prises avec les corps des maréchaux Soult et Davoust ; celui de droite, avec les corps de Bernadotte et Lannes. La réserve liait les quatre corps, et tenait séparé ce qui avait été disjoint par les habiles manœuvres du général en chef et la bravoure des soldats. Après un quart d'heure de repos, l'infanterie de la Garde fit un changement de direction, à droite, pour aller seconder le 4ᵉ corps, en marchant sur les hauteurs.

Parvenu à la descente qui domine les lacs, je sortis un instant des rangs, et je vis, par ce moyen, dans la plaine, la lutte terrible engagée entre le 4ᵉ corps et la portion de l'armée russe qui lui faisait face, ayant les lacs à dos. Nous arrivâmes pour lui donner le coup de grâce, et achever de la jeter dans les lacs. Ce dernier et fatal mouvement fut terrible. Qu'on se figure 12 à 15 000 hommes se sauvant à toutes jambes sur une glace fragile et s'abîmant presque tous à la fois :

Quel douloureux et triste spectacle, mais aussi quel triomphe pour les vainqueurs ! Notre arrivée près des lacs fut saluée par une vingtaine de coups de canon, sans nous faire grand mal. L'artillerie de la Garde eut bientôt éteint ce feu, et tira ensuite avec une vivacité incomparable sur la glace pour la briser et la rendre impropre à porter des hommes. La bataille était complètement gagnée, une victoire sans exemple avait couronné nos aigles d'immortels lauriers.

Après quelques instants de repos, nous revînmes sur nos pas, en suivant à peu près le même chemin, et en traversant le champ de bataille dans toute sa longueur. La nuit nous prit dans cette marche ; le temps, qui avait été beau pendant toute la journée, se mit à la pluie, et l'obscurité devint si profonde qu'on n'y voyait plus. Après avoir marché long-temps au hasard, pour trouver le quartier général de l'Empereur, le maréchal Bessières, sans guides, sans espoir de le rencontrer, nous fit bivouaquer sur le terrain même où il prit cette détermination. Il était temps, car il était tard et nous étions tous très fatigués.

Après avoir formé les faisceaux par section et déposé nos fourniments, il fallut s'occuper de se procurer des vivres, du bois et de la paille. Mais où aller pour en trouver ? Il faisait si noir et si mauvais ! Rien ne pouvait nous indiquer où nous trouverions des villages. Enfin, des soldats du 5ᵉ corps, qui rôdaient autour de nous, en indiquèrent un dans une gorge. J'y fus avec plusieurs de mes camarades ; il était plein de morts et de blessés russes ; car je crois que c'était dans ces environs que la Garde russe avait été écharpée. J'y trouvai quelques pommes de terre et un petit baril de vin blanc nouveau, qui était si sûr qu'on aurait pu s'en servir en guise de verjus. Ceux qui en burent au camp eurent des coliques à se croire empoisonnés. La nuit se passa en causeries : chacun racontait ce qui l'avait le plus frappé dans cette immortelle journée. Il n'y avait point d'action personnelle à citer, puisqu'on n'avait fait que marcher, mais on parlait de l'effroyable désastre du lac, du courage des blessés que nous rencontrions sur notre passage, des immenses débris militaires vus sur le champ de bataille, de ces lignes de sacs de soldats russes déposés avant l'action, qu'ils n'avaient pu reprendre ensuite, ayant été poussés dans une autre direction, fusillés, mitraillés, sabrés, anéantis. Il fut aussi question du nom que porterait la bataille, mais personne ne connaissait ces localités, ni le lieu où s'étaient donnés les plus grands coups. Puisqu'on ne savait encore rien du résultat définitif, la question resta sans solution.

Avec le jour, mon incertitude sur la partie du champ de bataille où nous avions passé la nuit se dissipa. Je reconnus, après avoir fait une tournée dans les environs, couverts de cadavres et de blessés qu'on enlevait, que nous étions à peu près à une demi-lieue sur la droite de la route de Brunn à Olmutz et à la même distance de celle de Brunn à Austerlitz, ces deux routes se bifurquant près de la poste de Posaritz, où l'Empereur avait dû coucher.

Vers dix heures, nous partîmes pour Austerlitz ; mais avant de joindre la route à travers champs qui y conduit, on nous fit bivouaquer de nouveau pendant quelques heures. Enfin, nous arrivâmes de

nuit à Austerlitz. L'Empereur couchait au château
de cette petite ville, et y remplaçait les empereurs
Alexandre et François II, qui en étaient partis le
matin.

Dans la journée, il nous fut fait lecture de la proclamation de l'Empereur à l'armée commençant
par ces mots : « Soldats, je suis content de vous »
et finissant par cette phrase : « Il suffira de dire :
J'étais à la bataille d'Austerlitz, pour qu'on vous
réponde : Voilà un brave ! »

4 décembre. — Le matin de ce jour, deux bataillons
de grenadiers et deux de chasseurs furent réunis et
dirigés sur la route de la Hongrie. J'en étais. Après
quatre heures de marche, on nous fit prendre, à droite
de la route, position sur une hauteur avec de la cavalerie et de l'artillerie de la Garde ; plus loin, sur
la même ligne, était aussi de la troupe de ligne ;
en avant de nous, un peu plus bas, on voyait l'Empereur se chauffant à un feu de bivouac, entouré
de son état-major.

Sur la colline en face étaient des troupes ennemies
en bataille. Nous crûmes d'abord qu'une affaire
allait s'engager, mais, après quelques instants d'attente, arrivèrent deux belles voitures, entourées
d'officiers et de cavaliers, d'où je vis descendre un
personnage en uniforme blanc, au-devant duquel se
rendit l'Empereur Napoléon.

Nous comprîmes facilement alors que c'était une
entrevue pour traiter de la paix, et que le personnage descendu de voiture était l'empereur d'Autriche. Après leur conversation, qui dura moins
d'une heure, nous reprîmes la route d'Austerlitz,
où nous arrivâmes exténués de fatigue et mourant

de faim ; nous avions fait huit lieues dans la boue et par un froid très vif. Il était nuit, depuis long-temps, quand nous entrâmes dans nos logements.

Le 7 décembre commença le retour en France. A Brunn, nous longeâmes une partie du champ de bataille, sur lequel on voyait encore des morts. Le 10, après avoir repassé le Danube et traversé Vienne, nous arrivons à Freysing, en face du village et du palais impérial de Schœnbrunn, pour y séjourner jusqu'au 27 décembre.

Pendant ce long et salutaire repos, je fus plusieurs fois à Vienne pour visiter cette capitale, faire quelques emplettes et convertir en monnaie de France les florins en papier, avec lesquels on venait de régler l'arriéré de solde qui nous était dû, depuis notre passage du Rhin. C'était de l'argent bien gagné, mais les coquins de changeurs profitèrent de la circonstance, pour nous faire perdre beaucoup dessus, la guerre désastreuse que venait de faire l'Autriche ayant beaucoup déprécié ce papier-monnaie, sans compter l'ignorance où j'étais sur sa véritable valeur.

Pendant notre séjour, nous reçûmes nos capotes d'uniforme venant de France. Elles furent bien accueillies, car nos sarraux de toile avec lesquels nous avions fait la campagne n'étaient ni chauds ni beaux.

Nous eûmes, pendant les dix-sept jours de ce cantonnement, de très mauvais jours, surtout beaucoup de neige et de fortes gelées. L'Empereur nous faisait souvent prendre les armes, pour nous faire manœuvrer et défiler.

Le 26, le canon nous annonça la conclusion de la paix ; elle avait été signée le 25 à Presbourg.

Le 28, au matin, notre bataillon fut envoyé à Vienne, pour prendre et escorter le Trésor de l'armée jusqu'à Strasbourg ; il se composait de huit fourgons et de douze à quinze millions en or ou en argent. La plus grande partie venait de France, et n'avait pas été dépensée dans cette courte campagne, qui, au lieu de l'appauvrir, l'avait augmenté.

Le 20 février 1806, nous arrivions à la caserne de Rueil.

Notre absence de Paris avait été de 174 jours. Jours de marche, 110 ; jours de repos, 60. De Vienne à Paris, on marcha 46 jours pour faire 306 lieues, ce qui fait une moyenne de 6 lieues 2/3 par jour.

SEPT MOIS A RUEIL.

A Rueil, notre service se bornait à monter la garde à la Malmaison et au palais de Saint-Cloud, ces deux services n'étant pas fatigants parce que peu fréquentés. A Saint-Cloud, on était nourri des deniers de l'Empereur ; les repas étaient à peu près les mêmes qu'à la caserne. Un autre service, un peu plus pénible, c'était d'aller défiler la parade aux Tuileries, tous les quinze jours.

Les gardes qu'on montait à Saint-Cloud offraient beaucoup d'intérêt, par le curieux spectacle que présentait cette immense réunion de grands personnages, qui allaient faire leur cour au puissant monarque, au vainqueur de l'anarchie et des ennemis de la France. J'ai vu là, bien souvent, des rois, des princes, presque tous les maréchaux, les ministres, les grands dignitaires de l'Empire, les grands offi-

ciers de la couronne, les sénateurs, les généraux de
l'armée et tous les grands fonctionnaires, qui venaient saluer le maître des destinées de l'Europe.
C'était vraiment beau, le jour des grandes réceptions. Il ne passait pas un de ces personnages illustres que je ne m'informasse de son nom ; en peu
de temps, je les connus presque tous.

Ce fut pendant mon séjour à Rueil que je fus
instruit de la douloureuse perte que ma mère et
toute la famille venaient de faire en la personne de
mon père, décédé à l'âge de soixante-six ans. Cette
mort inattendue me causa beaucoup de douleur,
car je perdais en lui plutôt un ami qu'un père, tant
il avait de bonté et d'amitié pour moi. Sa correspondance si aimante, si questionneuse, me charmait et me consolait souvent.

Des bruits de guerre qui circulaient depuis quelque
temps prenaient de jour en jour plus de consistance ;
un camp d'infanterie de quatre régiments, établi
sous Meudon, faisait pressentir de prochaines hostilités, car tout s'y organisait pour la guerre. La
curiosité, le désir de voir un de mes amis, nommé
officier récemment, lors de la promotion qui avait
été faite à Vienne, m'y firent aller deux fois pour
jouir de ce spectacle militaire, aux portes de la
capitale, et témoigner à mon ami combien j'étais
satisfait de lui voir les épaulettes et l'épée, au
lieu du sac et du fusil que nous portions, nous,
ses camarades moins favorisés. A la vérité, cette promotion fut peu nombreuse, puisqu'elle ne s'étendit
que sur seize des grenadiers et chasseurs ; mais elle
fit plaisir, même à ceux qui ne furent pas au nombre
des élus, parce qu'elle prouvait que l'intention de
l'Empereur était de nous nommer, tous, successive-

ment ; mais seize sur seize cents, c'était bien peu.

Le 11 septembre (1806), toute la Garde, considérablement augmentée depuis la fin de la campagne, fut réunie dans la plaine des Sablons pour passer la revue de détail de l'Empereur. Tout y était, personnel, matériel, administration : on n'avait laissé dans les quartiers que les hommes et les chevaux qui ne pouvaient pas se tenir sur leurs jambes.

Les compagnies ayant été déployées sur un seul rang, les sacs à terre et ouverts devant chaque homme, et les cavaliers à pied tenant leurs chevaux par la bride, l'Empereur passa à pied devant le front du rang déployé, questionna les hommes, visita les armes, les sacs, l'habillement avec une lenteur presque désespérante. Il visita de même les chevaux, les canons, les caissons, les fourgons, les ambulances, avec la même sollicitude, la même attention que pour l'infanterie. Cette longue et minutieuse inspection terminée, les régiments se reformèrent dans leur ordre habituel, pour qu'il vît l'ensemble des troupes et les fît manœuvrer.

Déjà quelques mouvements avaient été exécutés, lorsque survint un orage furieux, déchaîné, épouvantable : toute cette splendeur, ces éclatantes dorures, ces brillants uniformes furent ternis, salis, mis hors de service, surtout ceux des chasseurs à cheval et de l'artillerie, si élégants et si riches. Moins d'un quart d'heure suffit pour rendre le terrain impraticable et interdire même le défilement. On se retira triste, défait comme si on eût perdu une grande bataille.

Quelques jours après, nous reçûmes l'ordre de nous tenir prêts à partir pour le 20. Cette nouvelle fut reçue avec joie. On était ennuyé, depuis longtemps, de cette vie douce et tranquille, de ce bien-être, qu'on ne sait pas apprécier, quand on ne le compare pas avec les souffrances passées et si vite oubliées.

Nous restâmes dans cette pacifique garnison sept mois juste.

GUERRE CONTRE LA PRUSSE

Nous partîmes le 20 septembre. Cette étape, déjà très longue en partant de Paris, le fut de trois lieues de plus, pour nous qui venions de Rueil. Quand j'arrivai à Saint-Marc, où la compagnie était déta-chée, je tombai sur le seuil de mon logement, comme un homme frappé par un boulet. Je fus longtemps sans reprendre connaissance. Grâce aux soins tou-chants de la respectable dame chez qui j'étais logé, et grâce à une saignée, que me pratiqua le chirurgien du village, je revins à la vie.

Le repos de la nuit et une forte constitution me donnèrent du courage et des jambes, pour le lende-main.

Le 22, au jour, nous montâmes sur les chars qui avaient porté la veille le 1er régiment. Ces voitures nous conduisirent jusqu'à Soissons, où nous prîmes ceux qu'il venait de quitter, en sorte que les mêmes voitures faisaient deux étapes, et que le 2e régiment couchait où le 1er faisait halte dans la journée et halte dans le lieu où le 1er couchait.

Le 23, nuit à Rethel; le 24, nuit à Stenay. Les 25, 26 et 27 et toute la nuit du 28, en route, sans autre repos que le temps nécessaire pour changer de voiture et manger un morceau à la hâte, quand on le permettait. Ces soixante-douze heures passées sur les voitures nous brisèrent le corps. Entassés sur des méchants chariots de paysans, sans bancs, presque sans paille, ne pouvant ni nous asseoir passablement, ni dormir quelques minutes tranquillement, nous désirions ardemment la fin de ce long voyage, où l'on était si incommodément sous tous les rapports.

Comment aurait-on pu trouver une place passable, avec l'embarras de dix à douze fusils, les sabres, les gibernes, les sacs de dix à douze hommes ennuyés, mécontents et souvent peu endurants, la moindre contrariété se changeant en querelle ! A part ces moments de mauvaise humeur, bien excusables parfois, on était gai dans le jour, parce qu'on marchait aux montées, parce qu'on causait avec les habitants, qui se portaient en foule sur notre passage. C'était un spectacle nouveau et intéressant pour eux. Dans beaucoup de villages, on jetait des paniers de fruits dans les voitures ; on nous offrait du cidre dans les Ardennes, de la bière dans les départements allemands. Quoi qu'il en soit, nous quittâmes ces voitures sans regrets, préférant marcher et porter tout notre attirail militaire.

Le 5 octobre, nous étions au soir à Closter-Brach, bourg avec une superbe abbaye. Le 1ᵉʳ régiment y resta ; le 2ᵉ fut détaché dans un fort village, sur la gauche et très loin de la route qui conduit à Bamberg. Pour y arriver, il fallait traverser une forêt très accidentée et montueuse. La nuit nous y surprit. En peu d'instants, les hommes n'y voyant plus, dans le chemin presque pas tracé qu'on suivait, heurtèrent contre les arbres et les buttes, tombèrent dans les creux, les fossés, les ravins ou les précipices. Ce furent des cris, des juremente, des gémissements épouvantables. Les chasseurs, pour éviter les accidents qui arrivaient à ceux qui les précédaient, s'écartèrent de la route, s'éparpillèrent dans la forêt et finirent par s'y égarer. C'est en vain que le général Curial, colonel en second, qui était à la tête du régiment, le fit arrêter, battre les tambours pour les rallier, cela fut sans résultat, parce qu'il y avait impossibilité. On ne faisait pas quatre pas sans trouver un obstacle ; heureusement que j'étais à l'avant-garde, où il y avait des guides et des torches éclairées, ce qui nous permit d'arriver, quoique tard, au logement, sans accident. Plus des trois quarts du régiment passèrent la nuit dans la forêt ; beaucoup étaient blessés ou contus. Tous ceux des hommes qui étaient restés en arrière rejoignirent le régiment, avant d'entrer à Bamberg ; on s'arrêta longtemps pour les rallier tous.

Le 7, à Bamberg, une proclamation de l'Empereur à la Grande Armée, lue aux compagnies formées en cercle, nous apprit que la guerre était déclarée à la Prusse.

Le 10, après avoir traversé les forêts de la Thuringe et les petites villes de Lobenstein, Ebersdorf et Saalbourg, sur la Saale, nous vîmes le 5e corps aux prises avec l'armée prussienne et la poussant vigoureusement vers Saalfeld, où elle fut battue complètement. Le prince Louis de Prusse, neveu du roi, qui se tenait à l'arrière-garde, fut tué d'un coup de sabre par un maréchal des logis du 10e hussards. Le point où nous nous trouvions et d'où était partie une division d'infanterie du 5e corps pour entrer en ligne, était couvert de nombreux effets d'habillement, que les soldats avaient jetés, pour alléger leurs sacs qui étaient trop lourds pour combattre.

En effet, nous étions tous trop chargés, ce qui rendait la marche de l'infanterie lourde et embarrassée. Nous arrivâmes à Schleitz

Tout était sens dessus dessous dans cette petite ville saxonne, tant les maux de la guerre avaient porté l'effroi et la terreur chez les habitants. A souper, notre *bauer* (paysan, comme disaient les vieux chasseurs) nous servit en argenterie. Après le repas, je lui dis que s'il voulait la conserver, je l'engageais très fort de la cacher et de la remplacer par des couverts en fer. Je pense qu'il aura suivi mon conseil.

Le 11 octobre, sur la route et dans les champs qu'avoisinaient Auma, nous voyions beaucoup de cadavres prussiens, des suites d'un combat de cavalerie. Il nous fut défendu d'entrer dans cette petite ville assez jolie ; mais, n'ayant pas de vivres, la faim qui chasse le loup du bois, comme dit le proverbe, nous fit enfreindre la consigne.

J'étais dans une cour avec plusieurs autres chasseurs, en train de dépecer un cochon que nous venions de tuer, lorsque le maréchal Lefèvre, commandant la Garde à pied, et le général Rousset, chef d'état-major général de la Garde impériale, y entrèrent. La peur nous glaça d'effroi, et nous fit tomber les couteaux des mains ; impossible de fuir, ils avaient fermé la porte sur eux. D'abord, grande colère, menace de nous faire fusiller ; mais, après avoir été entendus, ils nous dirent, moitié en colère, moitié en riant : « Sauvez-vous bien vite au camp, sacrés pillards que vous êtes ; emportez votre maraude sans qu'on la voie, et surtout évitez de vous laisser prendre par les patrouilles. » Le conseil était bon, nous le suivîmes en tous points. On rit beau-

coup, au bivouac, de la venette que nous venions
d'avoir et de la grande colère pour rire du bon maréchal.

IÉNA

13 octobre. — Au bivouac, en avant d'Iéna, sur
une montagne et sur la rive gauche de la Saale.
Pour y arriver, nous traversons la ville et prenons
position : il était déjà nuit. Ayant su que le 21º léger
du 5º corps n'était pas très éloigné, je fus voir les
nombreux compatriotes qui y servaient. Ils étaient
aux avant-postes, sans feu, avec défense de combat,
et je les quittai bientôt. De retour au camp, j'ap-
prends qu'Iéna est en feu et qu'on s'y est rendu en
foule. Je fis comme les autres, malgré la lassitude,
la distance à parcourir et le détestable chemin à
descendre, que plus de mille hommes étaient occupés à rendre praticable pour l'artillerie et la
cavalerie. Et, en effet, sur l'étroit plateau où se
trouvaient les combattants, il n'y avait encore ni
artilleurs, ni cavaliers, et cependant une portée
de fusils ne séparait pas les deux armées. Après
avoir franchi ce mauvais pas, j'entrai dans Iéna.
Grand Dieu ! quel affreux spectacle offrait cette
malheureuse ville, dans cet instant de la nuit ! D'une
part le feu ; de l'autre, le bris des portes, les cris de
désespoir. J'entrai dans la boutique d'un libraire :
les livres étaient jetés pêle-mêle sur le plancher.
J'en prends un au hasard : c'était le guide des voyageurs en Allemagne, imprimé en français. C'était le
deuxième volume ; je cherche vainement le premier,
je ne le trouve pas. (Mais le lendemain de la bataille,
quand l'ordre eut été rétabli, je retournai chez le

libraire, pour le prier de me vendre ce premier volume. C'était un peu lourd à porter dans un sac, mais j'étais si content d'avoir cet ouvrage qu'il me semblait que son poids ne devait pas m'incommoder.) En sortant de cette librairie, j'entrai dans la boutique d'un épicier; on se partageait du sucre en pains. On m'en donna cinq ou six livres, que je portai de suite au camp. Je n'eus que cela à manger pendant toute la journée du lendemain.

Peu d'heures après mon retour au camp, on prit les armes, on se forma en carré et on attendit en silence le signal du combat.

14 *octobre*. — Un coup de canon tiré par les Prussiens, dont le boulet passa par-dessus nos têtes, annonça l'attaque. Un bruit de canon et de fusils se fit aussitôt entendre sur les lignes des deux armées; les feux d'infanterie étaient vifs, continuels, mais on ne découvrait rien, le brouillard étant si épais qu'on ne se voyait pas à six pas. L'Empereur était parvenu par ses habiles manœuvres à forcer les Prussiens à donner la bataille dans une position et sur un terrain peu favorables, puisqu'ils présentaient le flanc gauche à leur base d'opération, et qu'elle était tournée.

L'Empereur déjeuna devant la compagnie, en attendant que le brouillard se levât. Enfin, le soleil se montra radieux, l'Empereur monta à cheval, et nous nous portâmes en avant. Jusqu'à quatre heures du soir, nous manœuvrâmes pour appuyer les troupes engagées. Souvent notre approche suffisait pour obliger les Prussiens et les Saxons à abandonner les positions qu'ils défendaient; malgré cela, la lutte fut vive, la résistance désespérée, sur-

tout dans les villages et les bouquets de bois, mais
une fois que toute notre cavalerie fut arrivée en
ligne et put manœuvrer, alors ce ne fut plus que
désastre. La retraite se changea en déroute, et la
fuite fut générale.

L'Empereur nous arrêta sur un plateau découvert et très élevé, où il resta près d'une heure à
recevoir les rapports qui lui arrivaient de tous les
points, à donner des ordres et à causer avec les généraux. Placé au milieu de nous, nous pûmes le voir
jouir de son immense triomphe, distribuer des éloges,
et recevoir avec orgueil les nombreux trophées
qu'on lui apportait. Couché sur une immense carte
ouverte, posée à terre, ou se promenant les mains
derrière le dos, en faisant rouler une caisse de tambour prussien, il écoutait attentivement tout ce
qu'on lui disait, et prescrivait de nombreux mouvements.

Après que ces masses de prisonniers, ces innom-
brables canons eurent défilé devant les vainqueurs,
que le canon ne se fît plus entendre, ou du moins
que ses détonations furent très éloignées, l'Empereur rentra à Iéna, suivi de la garde à pied. Nous
avions plus de deux lieues à faire, il était plus de
cinq heures ; aussi nous ne pûmes arriver qu'après
sept heures du soir. On se logea militairement,
chaque caporal amenant son escouade avec lui. Une
maison d'assez belle apparence nous engagea à y
entrer ; nous étions les premiers, nous en prîmes
possession : c'était un pensionnat de demoiselles.
La cage était restée, mais les oiseaux s'étaient
envolés, en laissant leurs plumes, du moins une
partie de leurs hardes : les pianos, les harpes, les
guitares, leurs livres, de charmants dessins ou gra-

vures et des fournitures de bureau à satisfaire tous les besoins et tous les goûts. Les appartements étaient élégamment meublés et très coquets. Je profitai de cette circonstance pour écrire à mon frère aîné une longue lettre, où je lui rendais compte de notre brillante victoire.

Le lendemain, au jour, je fus flâner autour du quartier général, pour guetter le départ du courrier impérial. Je n'attendis pas longtemps. Je priai le premier courrier qui partit de mettre ma lettre à la poste, dès son arrivée à Mayence. Il s'en chargea avec plaisir, en me disant qu'on ne saurait trop répandre les bonnes nouvelles.

Le 15, nous fûmes chargés de faire cuire beaucoup de viande, qu'on fut chercher dans la campagne, pour faire du bouillon pour les blessés. Toute la journée, la Garde s'est occupée de ce pieux devoir. Mon Dieu, que de blessés ! Toutes les églises, tous les grands établissements en étaient remplis. Les fonctions d'infirmier sont bien pénibles, quand on s'identifie avec les souffrances des malheureux qu'on s'efforce de soulager !

Le 18, à Mersebourg, sur la rive gauche de la Saale, dans une situation charmante. J'étais de garde auprès de l'Empereur, qui arriva après nous, venant de Weimar.

Dans la journée, nous passâmes près du champ de bataille de Rosbach. La journée d'Iéna a bien vengé cette défaite.

L'EMPEREUR ENTRE A BERLIN

27 *octobre.* — Depuis quelques jours, nous marchions dans les sables des bords de l'Elbe et de la

marche de Brandebourg, ce qui avait singulièrement attendri et ramolli nos pieds. Une fois sur l'affreux pavé de Potsdam, fait en petits cailloux pointus, on éprouva des douleurs vraiment atroces. Ce n'était pas marcher qu'on faisait, mais sauter comme des brûlés. Si ce n'eût pas été aussi douloureux, ç'aurait été bien comique.

Au matin, nous partîmes de Charlottenbourg, en grande tenue, bonnet et plumet en tête, toute la Garde réunie et disposée à faire une entrée solennelle. Arrivé à la belle porte de Charlottenbourg, ou plutôt à ce magnifique arc de triomphe sur lequel est un quadrige d'un très beau travail, l'Empereur laissa passer sa belle Garde à cheval, et se mit à notre tête, entouré d'un état-major aussi brillant que nombreux. Les grenadiers nous suivaient ; la gendarmerie d'élite fermait la marche.

Pour nous rendre au palais du roi, où l'Empereur devait loger, nous suivîmes cette grande et magnifique allée des Tilleuls, la plus belle que l'on connaisse, et qui est supérieure en beauté, sinon en longueur, aux boulevards de Paris. La foule était si grande pour nous voir passer, que l'on aurait pu croire que toute la population de Berlin s'était portée sur ce point, pour voir passer les vainqueurs de leur pays. Ce qui prouve qu'il y a des badauds ailleurs qu'à Paris.

Je fus de garde au palais. Dans la soirée, étant en faction, dans une allée de la prairie qui se trouve en face du palais, un homme très bien mis m'offrit de la liqueur qu'il avait dans une bouteille cachée sous son habit. Je le repoussai assez rudement ; il dut penser que je ne me conduisais ainsi à son égard que parce que je craignais que la liqueur fût empoi-

sonnée. Il me dit : « Soyez sans inquiétude, elle est
salutaire. » Et, en même temps, il but un bon coup.
Je le remerciai de nouveau, en lui disant en même
temps de s'éloigner. Il partit, mais de mauvaise
humeur, et en prononçant quelques gros jurons en
allemand. Parbleu, me dis-je, voilà un Berlinois
qui n'est guère de son pays ; il semblerait qu'il est
bien aise qu'on ait donné une bonne râclée à son
roi, à ses compatriotes, et à tout ce qui porte l'uniforme prussien.

Le 28, nous habitions dans une grande rue, la
Roos-Strass, une maison belle et vaste. Il était
minuit, mes cinq camarades et moi, nous dormions
profondément, lorsque nous fûmes réveillés par les
cris : « Au feu, au feu ! » Je me mets le premier à la
fenêtre, je vois tout le dessus de notre maison, en
flammes. Nous commençons de tourner dans notre
chambre comme des égarés, cherchant à nous habiller
sans pouvoir y parvenir, nous heurtant, nous bous-
culant, sans trop songer à gagner la porte pour nous
assurer si la fuite était possible. L'escalier, fort heureusement, était intact, et nous pûmes sortir sans
accident. Nous voilà dans la rue, presque nus, sans
souliers, ayant de la neige jusqu'aux genoux, nos
effets dans des draps de lit que nous avions sur le dos,
embarrassés de nos fusils, sabre, giberne, bonnet
d'oursin, plumet, chapeau, le diable enfin, ne sachant où nous diriger, ahuris par les cris de la foule
qui débouchait de tous les coins de rue, par le galop
des chevaux qui amenaient des pompes et des tonneaux fixés sur des traîneaux, par le tocsin sonné
par toutes les cloches de la ville, par la générale qui
se battait dans toutes les sections, par l'arrivée
des premiers piquets de cavalerie, des officiers d'or-

donnance, des généraux et du gouverneur de la ville, le général Huttin, colonel des grenadiers à pied de la Garde, et de tous les militaires qui pouvaient craindre que ce fût un signal, pour une insurrection contre la vie de l'Empereur et de la garnison. C'était un vacarme à ne savoir où donner de la tête.

Pendant que tout s'organisait pour arrêter les progrès de l'incendie, nous achevâmes de nous habiller au milieu de cette cohue ; mais le sauvetage de nos effets n'était pas complet, il fallut remonter dans notre chambre pour les chercher, ce ne fut pas sans danger, et en les recouvrant, nous eûmes la douce satisfaction de pouvoir faciliter la sortie de quelques personnes qui auraient pu être victimes de ce désastre. Je dois mentionner, à la louange des autorités et des habitants, que les secours furent prompts et bien dirigés.

Un mot de mécontentement, prononcé par le gouverneur, nous faisait craindre qu'il nous accusât d'être les auteurs de ce malheureux sinistre. Dans la matinée, nous nous rendîmes chez lui pour être interrogés ; quelques mots suffirent pour nous justifier. On nous logea chez un banquier de la même rue.

Il y avait tous les jours grande parade, dans la cour extérieure du château, située entre le palais et la prairie dont j'ai parlé. Le bataillon de service et les piquets de cavalerie de la Garde s'y trouvaient et restaient pour défiler les derniers. Toutes les troupes qui arrivaient de France, toutes celles qui étaient restées en arrière pour poursuivre les débris de l'armée prussienne ou pour bloquer les places fortes, que l'ennemi cédait tous les jours, étaient passées en revue par l'Empereur, qui les gardait longtemps sous les armes. Il faisait à l'instant même toutes les promotions nécessaires pour compléter les cadres des régiments, distribuait des décorations aux militaires qui lui étaient signalés comme ayant mérité cette glorieuse récompense, adressait des allocutions aux corps, les faisait manœuvrer pour s'assurer de leur instruction pratique, enfin ne négligeait rien de ce qui pouvait intéresser leur bien-être ou les enflammer du désir de voler à d'autres combats.

Ces parades et revues étaient très curieuses à observer ; on aimait à suivre du regard celui qui foudroyait les trônes et les peuples. Nous fûmes deux fois exécuter de grandes manœuvres dans les environs de Berlin, sous les yeux de l'Empereur.

J'étais un de ceux qui tenaient les drapeaux pris à l'ennemi, à la bataille d'Iéna, quand l'Empereur les présenta à la députation du Sénat, qui vint jusqu'à Berlin pour les recevoir. C'était un cadeau que l'Empereur faisait à son Sénat conservateur.

Pendant les vingt-sept jours pleins que je restai à Berlin, je visitai tous les monuments, toutes les collections importantes, tous les beaux quartiers de cette belle ville. Je fus plusieurs fois au spectacle, pour voir jouer des grands opéras français, traduits et arrangés pour la scène allemande.

Le lendemain de son entrée à Berlin, l'Empereur fit mettre à l'ordre de l'armée une nouvelle proclamation, pour annoncer que les Russes marchaient à notre rencontre, et qu'ils seraient battus comme à Austerlitz. Elle se terminait par cette phrase : « Soldats, je ne puis mieux exprimer les sentiments que j'éprouve pour vous, qu'en disant que je porte dans mon cœur l'amour que vous me montrez tous les jours. »

A LA RENCONTRE DES RUSSES

Entré en Pologne le 29 novembre, Barrès arrive le 3 décembre à Posen, où il restera jusqu'au 15.

A notre arrivée, on nous lut la nouvelle proclamation que l'Empereur fit mettre à l'ordre de l'armée, le 2 décembre, pour annoncer l'anniversaire de la bataille d'Austerlitz, la prise de Varsovie que les Russes n'avaient pas pu défendre, et l'arrivée de la Grande Armée sur les bords de la Vistule.

Cette belle proclamation était suivie d'un décret qui érigeait l'emplacement de la Madeleine à Paris en un temple de la gloire, sur le frontispice duquel on devait placer cette inscription en lettres d'or : *l'Empereur Napoléon aux soldats de la Grande Armée.* Ce décret prouvait à l'armée combien l'Empereur avait soin de sa gloire et l'encourageait à de nouveaux triomphes...

Le 24 décembre, nous arrivâmes à Varsovie. Depuis le passage de la Wertha, le 29 novembre, nous étions dans la Pologne prussienne. Notre marche rapide ne nous donna pas une très bonne opinion de sa richesse. Que de pauvres et tristes villages nous rencontrâmes, que de misères nous eûmes sous les yeux, sans compter la nôtre ! Toujours dans la boue ou la neige fondue, jusqu'aux genoux, marchant toute la journée et n'ayant ni abri ni feu. Arrivé au gîte, la nourriture répondait à tout ce que nous voyions, à tout ce qui nous entourait.

Le 25, le passage de la Vistule à Varsovie s'opéra

sur un pont de bateaux, qui avait été rétabli après la
retraite des Russes. Le fleuve charriait considérablement, la gelée ayant repris depuis deux jours, avec
assez d'intensité pour faire craindre pour sa sûreté.
Après le pont, nous traversâmes obliquement une
partie du *faubourg de Prague*, célèbre par son importance, mais bien plus encore par ses malheurs, la
presque totalité de la population ayant été massacrée
par les Russes de Souvarow, en 1794. A l'autre
extrémité des faubourgs sont les frontières autri-
chiennes, qu'on dut respecter, ce qui obligeait à se
jeter à gauche pour ne pas violer la neutralité de
cette puissance.

Le passage du Bug présentait des difficultés assez
grandes et des dangers assez sérieux. Le pont, rétabli à la hâte pour le passage de la partie de l'armée
qui opérait sur la rive droite, fut souvent emporté
par la force du courant, ou brisé par les énormes
glaçons que cette grande rivière charriait. On ne
passait que par petits détachements, et lorsque les
officiers de pontonniers jugeaient qu'on pouvait le
faire en sûreté.

Le 26, au bivouac, près d'un village appelé Lo-
parzin, quartier général de l'Empereur.

A la nuit close, en traversant une forêt de sapins
très épaisse, je fus appelé par mon nom. C'était
trois ou quatre compatriotes de Blesle, qui se trouvaient en arrière de leur corps : ce qu'on appelle
des traînards ou fricoteurs. Arrêtés près d'une can-
tine, ils m'offrirent du pain et du petit salé, que
j'acceptai avec plaisir, n'ayant rien mangé de la
journée. Après être resté quelque temps avec eux,
je cherchai à rejoindre ma compagnie. Mais je
m'égarai, avec plusieurs de mes camarades, dans

cette infernale forêt, qui semblait n'avoir pas de limites. Enfin, au jour, nous rencontrâmes un hameau, où beaucoup de militaires étaient réfugiés. J'appris avec plaisir que mon régiment n'était pas éloigné. Je m'arrêtai un instant pour me reposer, car je tombais de lassitude et de sommeil. Quand je m'aperçus que le régiment se disposait à partir, je me dirigeai dans sa direction à travers champs. La surface était gelée, mais le fond ne l'était pas, à cause du dégel qui s'était déclaré la veille, en sorte que chaque pas que je faisais, j'enfonçais dans cette terre molle à ne pouvoir plus retirer mes jambes. Mes souliers y seraient restés, si je n'avais pas pris le parti de les prendre à la main et de marcher pieds nus. Je fis ainsi plus de deux lieues sur une légère croûte de glace que je brisais à chaque pas. Je ne pus rétablir ma chaussure, à la faveur d'un repos momentané, que longtemps après que j'avais rejoint la compagnie.

Dans la journée, les chemins, ou plutôt les endroits où nous passions, étaient devenus impraticables. Deux hommes ne pouvaient pas poser le pied à la même place sans courir le risque d'être engloutis. On marchait comme si on eût été en tirailleurs. Tout restait derrière, vainqueurs et vaincus. Les canons, les caissons, les voitures, les carrosses de l'Empereur, comme la modeste carriole de la cantinière, s'embourbaient et ne bougeaient plus. Les routes, les champs étaient couverts d'équipages, de bagages russes. Si cette poursuite eût pu être continuée encore deux ou trois jours, l'armée ennemie abandonnait tout son matériel forcément sans pouvoir même le défendre. Mais les Français n'étaient pas plus en mesure d'atta-

quer. Il fallait s'arrêter sous peine de ne plus être.
Aussi l'ordre fut-il donné le même jour de faire
prendre des cantonnements à l'armée, et à la Garde
de rentrer à Varsovie, où l'Empereur fut établir son
quartier général

31 *décembre.* — Mon billet de logement était pour
Mgr l'évêque de Varsovie. Je me réjouis beaucoup
de cet heureux hasard, qui m'envoyait chez un grand
dignitaire de l'Église, sans doute pour lui voir mettre
en pratique cette charité chrétienne qui veut qu'on
soulage ceux qui souffrent ; mais il n'en fut rien.
Monseigneur ne daigna pas s'intéresser à nos estomacs délabrés, ni à nous faire oublier nos misères
de la rive droite du Bug. Au contraire, il nous fit
changer de logement, pour ne pas être obligé de
nous fournir l'air que nous consommions chez lui.

Notre bonne fortune nous envoya chez un chanoine de Monseigneur, qui parlait très bien français. Voilà tout...

Pendant notre séjour à Varsovie, le froid fut très
vigoureux. En vingt-quatre heures, la Vistule fut
prise et praticable partout pour les gens à pied.
Cela n'empêchait pas l'Empereur de passer des
revues ou de faire défiler la parade. Il se conduisait
de même qu'à Berlin, avec cette différence cependant
que ces travaux sur la place étaient moins longs,
parce que souvent il y avait impossibilité d'y rester.

De nombreux et élégants traîneaux sillonnaient
toutes les rues avec la rapidité de l'éclair. Ce
genre de locomotion que je connaissais peu m'intéressait vivement.

Varsovie est une belle ville, dans quelques-unes
de ses parties. Nous y restâmes jusqu'au 27 jan-

vier 1807. Cependant, je fus peu curieux d'en visiter les monuments et curiosités ; la saison ne s'y prêtait pas. Blotti dans un coin de ma pauvre et froide chambre, où je lisais une partie de la journée, je ne sortais que lorsque le devoir et le service m'en faisaient une obligation.

Il y eut une petite promotion de vélites au grade d'officier : c'était la deuxième. Elle ne s'étendit que sur quelques protégés des généraux en crédit ou des personnages de la suite de l'Empereur.

Le 2 février 1807, après un combat, où nous étions en réserve, on nous fit bivouaquer en avant de Passenheim. J'allai, comme de coutume, chercher du bois, de la paille ou des vivres, enfin ce que je pouvais trouver. En revenant au camp, chargé de bois, je tombai dans un ravin très profond, et restai enseveli sous 10 à 12 pieds de neige. Je fus plus d'une heure sans pouvoir sortir de mon tombeau. J'y parvins enfin, mais à moitié mort de froid et de fatigue. Le temps était affreux, le froid âpre ; la neige tourbillonnait, à nous empêcher de voir à deux pas. Je passai une bien mauvaise nuit, car j'eus trop de peine à me réchauffer.

Le 3, près du village de Geltkendorf, où l'Empereur coucha, après les terribles combats de Geltkendorf et du pont de Bergfried, nous restâmes en position jusqu'à 2 heures du matin, sur 3 pieds de neige, et à la rigueur d'une bise qui coupait la respiration. Ce fut une soirée terrible.

Depuis notre entrée en Pologne, on nous avait permis de porter le chapeau, la corne en avant, et d'ajouter de chaque côté un morceau de fourrure qu'on attachait sous le menton avec des cordons,

pour nous garantir le visage et surtout les oreilles
du froid. L'Empereur, le prince de Neufchâtel, et
la plupart des généraux avaient des bonnets en
forme de casque, faits avec des fourrures de prix,
desquels il pendait deux bandes, aussi en fourrure,
pour être attachées sous le menton, quand le froid
devenait plus piquant. Ces deux princes étaient
habillés d'une polonaise en velours gris, doublée
d'hermine ou de fourrure aussi riche, et chaussés
de bottes fourrées avec un vêtement semblable. Ils
pouvaient supporter la rigueur de la saison, mais
nous, pauvres diables, avec nos vieilles capotes, ce
n'était pas la même chose. A la vérité, nous étions
jeunes, nous marchions tout le jour, et puis on s'y
était habitué.

Le 5, c'est une journée où il n'y eut point d'affaire.
Notre camp avait été établi, près d'Arensdorf, sur
un étang, sans qu'on s'en doutât. Dans la nuit,
notre feu de bivouac fit fondre la glace et le peu de
neige qui, en cet endroit, la couvrait, et s'abîma
dans l'eau à une assez grande profondeur. Nous en
fûmes quittes pour la perte de ce que nous faisions
cuire, afin de le manger avant notre départ.

Le 6, au bivouac, autour du petit hameau de
Haff, Après le terrible combat de ce jour, où l'arrière-garde russe fut hachée et presque détruite,
nous restâmes en position sur une hauteur jusqu'à
11 heures du soir. Revenus sur nos pas, après cette
longue faction, nous passâmes la nuit sans feu, ne
nous chauffant qu'à la dérobée aux bivouacs des
autres troupes qui étaient arrivées avant nous. Les
quelques maisons de ce hameau étaient remplies
de blessés français. Le nombre en était grand, très
grand, et ils n'y étaient pas tous, les autres étant

restés sur le champ de bataille, exposés à toute la
rigueur de cette glaciale journée. Quelle nuit affreuse
je passai ! Je regrettai bien des fois de ne pas être
au nombre de ces milliers de cadavres qui nous entouraient.

EYLAU

7 février 1807. — Au bivouac, sur une hauteur, à
une demi-lieue en arrière d'Eylau.

Au départ, nous repassâmes de nouveau sur le
terrain de combat de la veille et sur la position que
nous avions occupée jusqu'à 11 heures du soir ; un
peu plus loin, sur l'emplacement où deux régiments
russes avaient été anéantis dans une charge de
cuirassiers. A cet endroit, les morts étaient sur deux
et trois de hauteur ; c'était effrayant. Enfin, nous
traversâmes la petite ville de Landsberg sur la
Stein. Après avoir laissé derrière nous cette ville,
nous arrivâmes devant une grande forêt, traversée
par la route que nous suivions, mais qui était tellement encombrée de voitures abandonnées, et par
les troupes qui nous précédaient, que l'on fut
obligé de s'arrêter pour ce motif ou pour d'autres
que je ne connaissais pas. Du reste, le canon grondait fort, en avant de nous, ce qui faisait croire à un
engagement sérieux. Je profitai de ce repos pour
dormir, en me couchant sur la neige avec autant de
volupté que dans un bon lit. J'avais les yeux malades par la fumée du bivouac de la veille, par la
privation de sommeil, et par la réverbération de la
neige qui surexcitait mes souffrances. J'étais arrivé
au point de ne pouvoir plus me conduire. Ce repos,
d'une heure peut-être, me soulagea, et me permit

de continuer avec le régiment le mouvement d'en avant qui s'exécutait.

A la sortie du bois, nous trouvâmes une plaine, et puis une hauteur que nous gravîmes. C'était pour enlever cette position que les fortes détonations, que nous avions entendues quelques heures auparavant, avaient eu lieu. Le 4e corps l'enleva et jeta l'ennemi de l'autre côté d'Eylau, mais il y eut de grandes pertes à déplorer. Le terrain était jonché de cadavres de nos gens ; c'est là qu'on nous établit pour passer la nuit. On se battait encore, quoiqu'il fît déjà noir depuis longtemps.

Une fois libre, on se mit en quête de bois, de paille, pour passer la nuit ; il neigeait à ne pas s'y voir, et le vent était très piquant. Je me dirigeai vers la plaine, avec cinq ou six de mes camarades. Nous trouvâmes un feu de bivouac abandonné, très ardent encore, et beaucoup de bois ramassé. Nous profitâmes de cette bonne rencontre pour nous chauffer et faire notre provision de ce que nous cherchions. Pendant que nous étions à philosopher sur la guerre et ses jouissances, le bêlement d'un mouton se fit entendre. Courir après, le saisir, l'égorger, le dépouiller, tout cela fut fait en quelques minutes. Mettre le foie sur des charbons ardents ou le faire rôtir aubout d'une baguette, nous prit moins de temps encore ; nous pûmes, par cette rencontre providentielle, sinon satisfaire notre dévorante faim, du moins l'apaiser un peu. Après la dégoûtante pâture que nous venions de faire, de retour au camp, on nous dit qu'on trouvait dans Eylau des pommes de terre et des légumes secs. Nous y allâmes, en attendant que le mouton que nous apportions pût être cuit. En effet, nous trouvâmes en assez grande quantité ce que nous cherchions ;

fiers de notre trouvaille et satisfaits de contribuer pour notre part à la nourriture de nos camarades, nous revenons au camp, mais on dormait à la belle étoile, presque enseveli sous la neige. Nous qui suions malgré le froid, nous pensâmes que ce repos, après une agitation et des courses si répétées, nous serait funeste. Nous résolûmes de retourner à Eylau avec tout notre fourniment, en nous disant que nous entrerions dans les rangs au passage du régiment, qui devait aller, selon nous, coucher à Kœnigsberg, le même jour.

A peine avions-nous dormi deux heures, que le jour arriva et, avec lui, une épouvantable canonnade dirigée sur les troupes qui couvraient la ville. S'armer et chercher à sortir de la ville ne fut qu'une pensée, mais l'encombrement à la porte était si grand, occasionné par la masse des hommes de tous grades et de tous les corps qui bivouaquaient en avant ou autour d'Eylau, que le passage en était pour ainsi dire interdit. L'Empereur, surpris comme nous, eut des peines inimaginables pour pouvoir passer. Pendant ce temps-là, des boulets perdus venaient augmenter le désordre. Nous arrivâmes à notre poste, avant que le régiment eût reçu l'ordre de se porter en avant. J'avais tant lutté, tant couru, que j'étais hors d'haleine.

8 *février*. — Le régiment descendit la hauteur en colonne et se dirigea à la droite de l'église où il se déploya. Déjà plusieurs boulets avaient porté dans le régiment, et enlevé bien des hommes. Une fois en bataille, et assez à découvert, le nombre en fut bien plus grand. Nous étions sous les coups d'une immense batterie, qui tirait sur nous à plein fouet

et exerçait dans nos rangs un terrible ravage. Une fois, la file qui me touchait à droite fut frappée en pleine poitrine ; un instant après, la file de gauche eut les cuisses droites emportées. Le choc était si violent que les voisins étaient renversés comme les malheureux qui étaient frappés. On donna ordre d'emporter les trois derniers à l'ambulance, établie dans les granges du faubourg qui était à notre gauche. Un de mes camarades réclama mon assistance ; c'était un vieux soldat breton qui m'était très attaché. Je souscrivis avec empressement à son désir et le portai, ainsi que trois autres de mes camarades, dans la maison où se trouvait le docteur Larrey. Nous apprîmes le lendemain, par le capitaine, qu'il nous avait donné sa montre en or, dans le cas qu'il succomberait à l'amputation de sa cuisse.

Pendant notre absence, le régiment fit un mouvement vers sa droite, et se trouva placé derrière une légère élévation qui le garantissait de quelques coups. L'Empereur, qui sentait la nécessité de ménager sa réserve pour l'employer plus tard, si les événements, qui devenaient critiques, l'y contraignaient, avait donné cet ordre. Pour rentrer dans nos rangs, nous fûmes obligés de défiler sous une grêle de boulets, dont les coups étaient si rapprochés qu'on ne pouvait faire six pas sans être arrêté par l'explosion d'un obus ou le ricochet d'un projectile. Enfin, j'arrivai sain et sauf, mais deux de mes camarades étaient tombés morts sur la hauteur.

Pendant quelque temps, une neige, dont l'épaisseur est inconnue dans nos climats, nous donna un peu de répit ; le restant de la journée s'écoula lentement, recevant de temps à autre des marques non équivoques de la présence des Russes en avant de nos lignes. Enfin, vers la fin du jour, il nous cédèrent le terrain et se retirèrent en assez bon ordre, loin de la portée de nos canons. Une fois leur retraite bien constatée, nous fûmes reprendre notre position du matin, bien cruellement décimés et douloureusement affectés de la mort de tant de braves.

Ainsi se termina la journée la plus sanglante, la plus horrible boucherie d'hommes qui ait eu lieu depuis le commencement des guerres de la Révolution. Les pertes furent énormes, dans les deux armées, et quoique vainqueurs, nous étions aussi maltraités que les vaincus.

9 février. — Même position. Dans la journée, je fus envoyé en corvée à Eylau, mais comme elle n'exigeait pas un retour immédiat au camp, j'en profitai pour visiter le champ de bataille. Quel épouvantable spectacle présentait ce sol, naguère plein de vie, où 160 000 hommes avaient respiré et montré tant de courage ! La campagne était couverte d'une couche épaisse de neige, que perçaient çà et là les morts, les blessés et les débris de toute espèce ; partout de larges traces de sang souillaient cette neige, devenue jaune par le piétinement des hommes et des chevaux. Les endroits où avaient eu lieu les charges de cavalerie, les attaques à la baïonnette et l'emplacement des batteries étaient couverts d'hommes et de chevaux morts. On enlevait les blessés des deux nations avec le concours des prisonniers russes, ce qui donnait un peu de vie à ce champ de carnage. De longues lignes d'armes, de cadavres, de blessés, dessinaient l'emplacement de chaque bataillon. Enfin, sur quelque point que la vue se portât, on ne voyait que des cadavres, que des malheureux qui se traînaient, on n'entendait que des cris déchirants. Je me retirai épouvanté.

Resté à Eylau, jusqu'au 16 inclus. Je retournai encore une fois sur ce champ de désolation, pour bien me graver dans la mémoire l'emplacement où tant d'hommes avaient péri, où seize généraux français avaient été tués ou blessés à mort, où un corps d'armée, des régiments entiers avaient succombé. Sur la place de la ville étaient vingt-quatre pièces de canon russes qu'on avait ramassées sur le champ de bataille. Un jour que je les visitais très attentivement, je fus frappé sur l'épaule par le maréchal Bessières, qui me demanda de le laisser passer. Il était suivi de l'Empereur, qui dit en passant devant moi : « J'ai été content de mes visites. » Je ne répondis rien : ma surprise avait été trop grande de me trouver si près d'un homme si haut placé, que j'avais vu trois jours auparavant exposé aux mêmes dangers que nous.

Avant notre départ, il y eut une troisième promotion de vélites. Comme je n'attendais rien encore, je m'en occupai peu. Le séjour d'Eylau devenait misérable ; nous étions sans vivres, sans abri pour ainsi dire, car nous étions entassés les uns sur les autres. Le dégel était bien prononcé, ce qui rendait encore notre position plus incommode. Enfin, le signal de la retraite nous fut annoncé par une proclamation qui nous expliquait pourquoi nous n'avancions plus et pourquoi nous allions prendre des cantonnements à trente lieues en arrière. Ce n'était qu'une trêve momentanée : la reprise des hostilités viendrait avec les beaux jours.

19 *février*. — A Liebstadt, petite ville sur la Passarge, rivière derrière laquelle l'armée se retirait

et où elle devait prendre de fortes positions pour couvrir ses quartiers d'hiver, et se préparer à reprendre
l'offensive, aussitôt que le père La Violette, nom
qu'on donnait à l'Empereur, en donnerait le signal

Notre escouade entière fut logée dans une maison
isolée, demeure de l'équarrisseur. Les approches
étaient peu récréantes, mais l'intérieur valait mieux.
On trouva dans la cave un tonneau de saumon fumé,
d'une parfaite conservation et d'un goût exquis.
C'était une découverte précieuse, pour nous qui,
depuis longtemps, ne mangions que des pommes de
terre, et en petite quantité encore. Après nous en
être régalés et avoir partagé le reste, le bourgmestre
de la ville vint avec un aide de camp du grand-duc
de Berg réclamer ce tonneau. On lui répondit que
tout était mangé. L'aide de camp nous pria, s'il
en restait encore, de vouloir bien lui en donner
pour le souper du prince, qui manquait de tout.
Nous fîmes la sourde oreille, parce que nous pensâmes qu'il était plus facile au général en chef de
toute la cavalerie de se procurer des vivres qu'à
nous, pauvres fantassins, qui ne pouvions pas nous
écarter de la route. Il se retira fort mécontent.

21 février. — A Osterode, petite ville de la Prusse
sur la route de Kœnigsberg à Thorn. L'Empereur
établit son quartier général dans cette ville et envoie
en cantonnements dans les villages environnants
toute la partie de la Garde qui n'est pas nécessaire
au service de sa personne et de son état-major.

L'annonce de l'entrée en cantonnements fut accueillie avec une vive joie. Nous avions souffert
tant de privations, éprouvé tant de fatigues, qu'il
était bien permis de se réjouir et d'aspirer à un peu

de repos. D'ailleurs, nos effets étaient dans un état de délabrement déplorable, nos pieds tout en compote, nos corps rongés par la vermine, faute de temps et de linge pour s'en débarrasser. Cette campagne que j'appellerai une campagne de neige, comme la première en fut une de boue, fut plus pénible encore par la privation de vivres que par l'intensité du froid qui cependant se fit sentir bien cruellement...

23 février. — Schildeck, village à deux lieues d'Osterode. Nous établissons notre domicile dans le château du seigneur du village, qui n'avait de seigneurial que le nom, car c'était un simple rez-de-chaussée, beau et assez vaste. Nous y logions tous, officiers, sous-officiers et chasseurs et vivions tous ensemble, à la même table, comme des frères d'armes. Nous trouvâmes dans les greniers du grain ; à l'écurie, des vaches ; à la cave, de la bière et des pommes de terre ; à la grange, de la paille : en sorte que nous pûmes nous organiser pour passer les jours de repos, qui nous étaient accordés, dans une douce et tranquille aisance.

Ce bien-être inespéré dut être souvent partagé avec des passagers, même avec des généraux, qui venaient s'asseoir à notre foyer domestique. Plus tard, quand on sut à Osterode l'espèce d'abondance dans laquelle nous vivions, on nous demanda du grain. Mais pour remplir les commandes qui nous étaient faites, il fallut battre en grange. C'était un travail peu connu de la majeure partie d'entre nous, c'était en outre bien fatigant ; nous y suppléâmes par des paysans que nous mettions en réquisition. D'abord, ils refusèrent avec obstination, mais quand ils se virent traités avec bonté, et payés en nature, nous eûmes plus de bras qu'il ne nous en fallait.

Avec le repos et la nourriture revinrent la santé, la propreté et la bonne tenue. Nos cadres, si faibles à notre arrivée, se complétèrent par la rentrée des hommes restés aux hôpitaux, par des vieux soldats et des nouveaux vélites venant des corps ou de France. On était aussi heureux qu'on pouvait l'espérer dans notre position. Moi et deux ou trois camarades de la compagnie, nous faisions exception, nous avions les pieds gelés.

Dans cette fâcheuse position, je ne pouvais faire aucun service, ni suivre la compagnie en cas de départ. Le chirurgien décida que je serais envoyé sur les derrières, au petit dépôt de la Garde, de l'autre côté de la Vistule. J'en fus bien contrarié, mais le rétablissement de ma santé l'exigeait : je dus obéir.

Le 9, je quittai le cantonnement où j'étais si bien, pour aller à Osterode, où on nous donna des voitures, car nous étions plusieurs malades ou blessés et conduits par un caporal. Le 15 mars, j'arrivai à Inowraslow ou Inowladislow.

Du 15 mars au 14 avril, à Inowraslow : — Au lieu d'entrer à l'hôpital établi pour les troupes de la Garde impériale, je reçus un billet de logement. Le hasard me servit bien, puisque j'eus un logement chaud et tranquille, ce qui accéléra ma guérison, à laquelle je donnai tous mes soins. La ville, ainsi que je l'ai déjà dit, était exclusivement affectée aux troupes de la Garde. Le nombre des blessés et des malades était considérable, dans les premiers moments, mais l'influence du printemps commençant à se faire sentir, il diminua bien vite, et le dépôt .

de convalescence ne dut pas tarder après mon départ, à devenir presque inutile.

Ce fut sur cette ville que tous nos blessés d'Eylau furent évacués. L'hôpital en était plein, quand j'arrivai, mais il ne tarda pas à se désemplir, plutôt pour cause de mort que par guérison. Le pauvre chasseur, mon bon camarade, que j'avais aidé à porter à l'ambulance, était mort en route ; un seul, sur les trois, blessés par ce boulet, allait bien et paraissait sauvé.

Le 15 avril, j'allai rejoindre ma compagnie. Pendant mon absence, l'Empereur avait transféré son quartier général à Finckenstein, superbe château au comte de Dohna, ancien premier ministre du roi de Prusse, près de la petite ville de Rosenberg. Dans cette ville, était logée la majeure partie des officiers de la maison impériale.

Le 27 avril, il y eut une grande revue de toute la Garde dans la plaine de Finckenstein ; un ambassadeur persan se trouvait à cette revue.

L'EMPEREUR GOUTE LA SOUPE DE J.-B. BARRÈS.

18 *mai*. — Sur une hauteur près de Finckenstein, pour y vivre dans des baraques que nous devions construire. Dès notre arrivée, on se mit à l'œuvre, et en peu de jours ce fut un camp de plaisance des plus intéressants. Il y eut beaucoup à travailler, bien des bois abattus, bien des maisons démolies pour construire les nôtres. C'était des actes de vandalisme qui affligeaient, mais la guerre fait une excuse.

Le 25 mai, l'Empereur vint visiter notre camp. Il dut être satisfait, car on y avait pris peine pour le rendre digne de l'auguste visiteur. J'étais ce jour-là de cuisine. Il visita la mienne comme les autres, me fit beaucoup de questions sur notre nourriture et surtout le pain de munition. Je lui dis sans balbutier, et très nettement, qu'il n'était pas bon, surtout pour la soupe. Il demanda à le goûter, je lui en présentai un. Il ôta son gant, en brisa un morceau avec ses doigts, et, après l'avoir mâché, il me le rendit en disant : « En effet, ce pain n'est pas assez bon pour ces messieurs. » Cette réponse m'atterra. Il fit ensuite d'autres questions, mais, dans la crainte que je répondisse comme je venais de le faire, le général Soulès prit la parole pour moi.

Pendant quelques jours, dans le camp, on ne m'appelait que « le monsieur ». Quoi qu'il en soit, nous eûmes le lendemain du pain blanc pour mettre à la soupe, du riz et une ration d'eau-de-vie de grain, qu'on appelle *schnaps*. Le mot « messieurs » n'avait pas été dit pour se moquer de mon audacieuse réclamation.

Le 31 mai, à Finckenstein, pour faire le service auprès de l'Empereur. Pendant les six jours que le régiment y resta, il y eut tous les jours parade et revue des troupes qui arrivaient de France. C'était long mais curieux à voir. Je fus témoin de bien des impatiences, de bien des colères, qui n'étaient pas toujours contenues, quand les manœuvres allaient mal. Plus d'un officier se retira, l'oreille basse, et d'autres avec la douleur d'être renvoyés sur les derrières. L'Empereur faisait aussi faire l'exercice à feu et à balle, par peloton, aux troupes arrivantes, dans le jardin du château, rempli de bosquets, de

jets d'eau et de statues. Il leur donnait pour point
de mire une belle fontaine en pierre sculptée qui se
trouvait à l'extrémité et à l'opposé du palais.

HEILSBERG

5 *juin*. — Reprise des hostilités : Au bivouac,
en avant de Saafeld, petite ville de la Prusse
ducale. Dans la journée, tous nos avant-postes
placés sur la Passarge et l'Alle furent attaqués
inopinément et avec vigueur par les Russes, et
repoussés sur tous les points. Cette nouvelle arriva
au quartier général impérial dans la soirée. Une
heure après, l'Empereur, sa suite et toute la Garde
étaient en marche pour Saafeld où nous arrivâmes
dans la nuit. L'Empereur passa dans nos rangs en
voiture, allant très vite ; le grand-duc de Berg avait
pris la place du cocher de la calèche où se trouvait
l'Empereur. La célérité de notre marche, l'activité
de tous les officiers attachés au grand quartier
général annonçaient que cela pressait et que de
grands coups se donnaient en avant de nous.

Quand nous arrivâmes sur les hauteurs au-dessus
de la plaine qui précède la ville de Heilsberg et
non loin de la rive gauche de l'Alle, la bataille était
vivement engagée depuis le matin. Placés en réserve, nous découvrions les deux armées engagées
et les attaques incessantes des Français pour s'emparer des redoutes élevées qui, dans la plaine, couvraient le front de l'armée russe. Les troupes en
lignes n'ayant pas pu s'en rendre maîtresses, l'Empereur y envoya les deux régiments de jeune garde,
fusiliers, chasseurs et grenadiers, organisés depuis

quelques mois et arrivés à l'armée depuis peu de jours. Les redoutes furent enlevées, après un grand sacrifice d'hommes et d'héroïques efforts. Le général de division Rousset (1), chef d'état-major qui les commandait, eut la tête emportée, et beaucoup d'officiers et de sous-officiers de la Garde qui les avaient organisés, et dont plusieurs étaient de ma connaissance, y perdirent la vie.

Pendant que ce beau fait d'armes s'accomplissait, trois ou quatre fusiliers de ces régiments traversèrent nos rangs en demandant où étaient leurs corps. L'Empereur qui était devant nous, suivant avec sa lorgnette les progrès de l'attaque, se retournant vivement, dit : « Ah ! ah ! des hommes qui ne sont pas à leur poste ! Général Soulès, vous leur ferez donner la savate ce soir et du gras encore ! » Une minute après, il dit : « Demandez-leur pourquoi ils sont restés derrière. » Ils répondirent qu'ayant bu de l'eau trop fraîche, cela leur avait coupé les jambes, etc. « Ah ! ah ! c'est différent, je leur pardonne. Faites-les entrer dans vos rangs, il fait meilleur ici que là-bas. » Par moment, quelques rares boulets envoyés de la rive droite de l'Alle venaient nous tuer des hommes et déranger l'Empereur dans ses observations. Pour détourner la direction de ces boulets, il envoya deux batteries de la Garde éteindre le feu des canons russes. Ce fut l'affaire de deux ou trois volées, et puis ce fut fini.

La journée se termina sans résultat, chacun garda ses positions et nous bivouaquâmes sur le

(1) Le général Rousset était né à Charmes et s'était marié à Strasbourg où j'ai connu sa femme et ses deux filles. (Note de J.-B. Barrès.)

terrain que nous occupions, au milieu des morts du combat de la matinée. Nous étions restés douze heures sous les armes, sans changer de place.

Le lendemain soir, l'ennemi évacua la ville d'Heilsberg, ses magasins et les retranchements dont la défense avait fait couler tant de sang.

FRIEDLAND

12 *juin*. — Nous quittâmes, à dix heures du matin, les hauteurs que nous occupions depuis l'avant-veille ; nous traversâmes le terrain sur lequel s'était donné la bataille, puis la ville d'Heilsberg et nous arrivâmes, après une longue marche de nuit, sur le champ de bataille d'Eylau, le 13, à 6 heures du matin, pour bivouaquer à peu près sur le même emplacement où nous avions été mitraillés quatre mois auparavant. Cette marche de nuit fut remarquable en ce que nous fûmes assaillis, lorsque nous traversions une immense forêt, par un orage si violent, si impétueux, que nous fûmes obligés de nous arrêter pour attendre qu'il fût passé, dans la crainte qu'on ne s'égarât. Nous arrivâmes défaits, mouillés, horriblement fatigués et hors d'état de faire le coup de feu, si cela eût été nécessaire ; mais l'ennemi était sur la rive droite de l'Alle et nous sur la rive gauche, à une assez grande distance.

13 *juin*. — Au bivouac sur le champ de bataille d'Eylau. Je revis avec une certaine satisfaction ce terrain si célèbre, si détrempé de sang, maintenant couvert d'une belle végétation et de monticules sous lesquels reposaient des milliers d'hommes. A la place de l'immense tapis de neige étaient des prairies, des

ruisseaux, des étangs, des bouquets de bois dont le
jour de la bataille on ne distinguait rien.

14 juin. — On partit de grand matin, en se dirigeant à droite, vers Friedland et les bords de l'Alle.
Le canon se fit entendre de très bonne heure, et le
bruit paraissait devenir plus fort, à mesure que nous
avancions. L'ordre fut donné de mettre nos bonnets
à poil et nos plumets ; c'était nous annoncer qu'une
grande affaire allait avoir lieu.

Nos chapeaux, en général, étaient en si mauvais
état, il était si incommode de porter deux coiffures
et d'en avoir toujours une sur le sac, qui embar-
rassait plus qu'elle ne valait, que cela fit prendre la
résolution à tous les chasseurs, et comme par un
mouvement spontané, de jeter leurs chapeaux. Ce
fut général dans les deux régiments. On eut beau le
défendre et crier, l'autodafé se fit au milieu des cris
de joie de toute la garde à pied.

Une fois prêts, on se remit en route ; peu de
temps après, on commença à rencontrer les premiers blessés. Leur nombre devenait plus grand,
d'un instant à l'autre ; ce qui nous indiquait que
l'affaire était chaude et que nous approchions du
lieu où l'armée était aux prises. Enfin nous sortons
du bois où nous étions depuis presque notre départ,
nous débouchons dans une assez grande plaine, et
voyons devant nous l'armée russe en bataille, qui
passait l'Alle sur plusieurs ponts, pour venir nous
disputer le terrain que nous occupions, et se diriger
sur Kœnigsberg pour le débloquer. Placés d'abord
en bataille, à portée de canon de l'ennemi, à gauche
de la route de Domnau à Friedland, nous restâmes
plusieurs heures dans cette position ; mais quand

une fois l'action fut bien engagée, vers 5 à 6 heures
du soir, nous nous portâmes en avant pour prendre
possession d'un plateau qui domine un peu la ville, et
appuyer les attaques des corps d'armée qui agissaient.

A 10 heures du soir, la bataille était gagnée, les
Russes enfoncés sur tous les points, jetés dans
l'Alle, et toute la rive gauche déblayée de leur présence. Leur perte fut immense, en hommes et en
matériel. Cette sanglante et éclatante défaite les
terrassa complètement.

Le 17 et le 18, l'Empereur logea au village de
Sgaisgirren, dans le château du baron. Je me trouvais
de garde auprès de sa personne. Le lendemain de
son départ, je visitai ses appartements ; ils ne méritaient pas cette attention, car ils étaient plus que
simples, mais j'y trouvai un gros paquet de journaux de Paris, d'Altona, de Francfort, de Saint-
Pétersbourg, dont je m'emparai avec joie, n'ayant
pas eu l'occasion d'en lire depuis Varsovie. Ce fut
une bonne fortune, car nous ne savions rien de ce
qui se passait à l'armée que par les journaux de Paris.

La Garde bivouaqua autour du village. L'Empereur partit avant nous ; le bruit courait d'une suspension d'armes. Le piquet de garde ne quitta le
poste que lorsque les voitures, les fourgons, les
chevaux de mains et les mulets de l'Empereur et
de sa suite furent prêts à partir, escortés par la
gendarmerie d'élite.

TILSITT

Le 19 juin, à Tilsitt, nous fûmes logés dans le
faubourg qui longe la rive gauche du Niémen,

au-dessus de la ville, mais comme l'emplacement était très borné et malpropre, on préféra bivouaquer dans les jardins et les champs d'alentour. Les habitants, avant notre arrivée, avaient caché dans la terre de leurs jardins leurs effets et des provisions considérables. Quand ils virent qu'on respectait les propriétés et les personnes, ils vinrent nous prier de leur permettre de faire des fouilles pour déterrer les objets cachés. On y consentit avec empressement, mais avec cette réserve que s'il y avait des comestibles, ils nous en feraient part. Il se trouva, en effet, tant et tant de pièces de lard et de jambon que nos ordinaires se trouvèrent pourvus, pour quelques jours, d'une denrée bien précieuse pour donner du goût à nos maigres aliments. La viande ne manquait pas, mais le pain, où il y avait plus de paille et de son que de farine, était détestable. Il fallait avoir une faim canine pour oser le porter à la bouche.

Les Russes étaient campés sur l'autre rive du fleuve, où on les voyait et les entendait facilement, surtout quand ils se réunissaient le soir pour chanter la prière. Le beau pont en bois établi sur cette rivière était brûlé ; aucune communication n'était possible entre les deux rives, car toutes les barques et bateaux avaient été emmenés ou coulés bas : cependant, quand il fut convenu qu'une entrevue entre les deux empereurs aurait lieu sur un radeau, au milieu du fleuve, il s'en trouva pour porter les matériaux nécessaires à sa construction.

Ces préparatifs nous préoccupèrent singulièrement ; on était las de la guerre, on se voyait en quelque sorte à l'extrémité du monde civilisé, à cinq cents lieues de Paris et exténué de fatigue.

C'était bien suffisant pour désirer de voir sortir de ce radeau une paix prochaine et digne des grands efforts d'une armée qui avait tout fait pour vaincre les ennemis de la France.

25 juin. — J'étais sur le rivage, quand l'Empereur s'embarqua pour rejoindre l'empereur Alexandre, et j'y restai jusqu'à son retour. Ce spectacle était si extraordinaire, si merveilleux qu'il méritait bien tout l'intérêt qu'on y attachait.

26 juin. — D'après les conventions arrêtées la veille sur le radeau, l'empereur Alexandre devait venir habiter Tilsitt, avec sa suite et 800 hommes de sa Garde. La ville fut déclarée neutre et partagée en partie française et en partie russe. Il nous fut défendu d'entrer, même sans armes, dans le quartier habité par l'empereur de toutes les Russies. Cependant, plus tard, il fut permis de le traverser pour nous rendre à notre faubourg qui se trouvait dans cette direction, mais en tenue de promenade.

Ce 26 juin, nous prîmes les armes à midi et fûmes nous former en bataille, dans la belle et large rue où habitait Napoléon : l'infanterie était à droite et la cavalerie à gauche. A un signal convenu, Napoléon se rendit sur le bord du Niémen pour recevoir Alexandre et le conduire à son logement. Peu de temps après, ces deux grands souverains arrivèrent, précédés et suivis d'un immense et superbe état-major, ayant échangé leurs cordons et se tenant par la main, comme de bons amis. Après avoir passé le front des troupes, les deux empereurs se placèrent au pied de l'escalier de l'Empereur Napoléon, et nous défilâmes devant eux.

Une fois le défilé terminé, nous rentrâmes dans nos bivouacs, et l'empereur Alexandre fut reconduit chez lui avec le même cérémonial.

27 juin. — Grandes manœuvres et exercices à feu de toute la garde impériale, sur les hauteurs de Tilsitt, devant Leurs Majestés Impériales. Napoléon tenait beaucoup à ce que sa Garde justifiât la haute renommée qu'elle s'était acquise, car, dans les feux, il passait derrière les rangs pour exciter les soldats à tirer vite, et dans les marches, pour les exciter à marcher serrés et bien alignés. De la voix, du geste, du regard, il nous pressait et nous encourageait. De son côté, l'empereur Alexandre était bien aise de voir de près ces hommes qui, soit qu'ils chargeassent sur sa cavalerie, soit qu'ils marchassent sur son infanterie, suffisaient par leur seule présence pour les arrêter ou les contenir. Il arriva un moment qu'il s'était placé devant nos feux. Napoléon fut le prendre par la main, et le retira de là, en lui disant : « Une maladresse pourrait causer un grand malheur. » Alexandre répondit : « Avec des hommes comme ceux-là, il n'y a rien à craindre. »

Après le défilé, qui fut très bien exécuté, on mit à l'ordre du jour les témoignages de la satisfaction que l'empereur Alexandre avait plusieurs fois manifestée pendant les manœuvres.

28 juin. — Arrivée de S. M. le roi de Prusse. J'étais en faction en bas des escaliers de la rue, quand l'Empereur Napoléon vint le recevoir à la descente de sa voiture. Il lui prit la main et le fit passer devant pour monter les escaliers. Ce n'était pas la réception du 26, c'était un roi vaincu qui venait demander un morceau de sa couronne brisée.

La Garde à pied donna à dîner, dans la plaine située derrière notre faubourg, aux 800 gardes russes qui faisaient le service auprès de leur souverain. Pendant le dîner, les gardes prussiennes arrivèrent ; elles furent accueillies et traitées avec le plus vif empressement ; en général, on les préférait aux Russes, probablement parce qu'ils étaient Allemands. Il y eut beaucoup de soûleries, surtout chez les Russes, mais il n'y eut ni querelles, ni désordre. Du reste, les officiers des trois puissances étaient là, pour arrêter toute manifestation contraire à la bonne harmonie.

Pendant mon séjour à Tilsitt, je reçus une lettre du vieux général Lacoste, du Puy, pour son fils, général de division du génie, aide de camp de l'Empereur. Je fus très bien reçu, et il me promit de s'intéresser à moi.

Un soir que j'étais en faction sur les bords du Niémen, j'eus l'occasion de remarquer combien les nuits sont courtes dans le Nord, à cette époque de l'année. C'était le 23 juin. Placé en sentinelle à 11 heures du soir, il faisait encore assez clair pour lire une lettre, et quand on me releva à une heure du matin, la nuit s'était écoulée et le jour avait reparu.

Les entrevues et les événements de Tilsitt me firent connaître une infinité de grands personnages de l'Europe, que je remarquai avec plaisir et que j'étais bien aise d'observer. Peu d'occasions s'étaient présentées où l'on avait vu autant d'hommes marquants, réunis dans un si petit endroit.

3 *juillet.* — Les négociations pour la conclusion de la paix presque terminées, les 2⁵ régiments de

chaque arme de la Garde reçurent l'ordre de partir le lendemain pour Kœnigsberg et ensuite pour la France. Cette nouvelle fut accueillie avec une grande démonstration de joie. La glorieuse paix qui venait d'être signée à Tilsitt nous dédommageait bien de tous les maux que nous avions soufferts, pendant ces quatre grandes, rudes et vigoureuses campagnes, mais nous n'en étions pas moins désireux de nous reposer un peu plus longtemps, de laisser aux râteliers d'armes nos lourds fusils et sur la planche nos incommodes sacs, sauf à les reprendre l'un et l'autre, si l'indépendance de la France réclamait nos bras et notre vie. Pour le moment, nous en avions assez.

RETOUR EN FRANCE

Du 7 au 13 juillet, nous fûmes à Kœnigsberg. Durant ce temps, l'Empereur, son état-major et tout ce qui restait de la Garde arrivèrent de Tilsitt. Toutes les dispositions se faisaient pour quitter le Nord et reprendre le chemin de notre patrie, que nous appelions de tous nos vœux. Les distributions de vivres, qui avaient presque cessé depuis notre départ de Varsovie, reprirent leur régularité. Elles furent même abondantes et variées. L'ennemi, en évacuant la ville à la nouvelle de la perte de la bataille de Friedland, y avait laissé des magasins immenses, richement approvisionnés. Indépendamment des vivres ordinaires, ils contenaient de la morue, des harengs, du vin, du rhum, etc. Il y avait dans le port beaucoup de navires, chargés de denrées propres à la nourriture et à l'entretien de l'armée. Toutes ces causes réunies firent renaître l'abondance et le bien-être.

Durant les six jours que nous restâmes dans cette ville, il m'arriva une aventure qui aurait pu me devenir fâcheuse, si je n'avais pas été reconnu innocent de l'accusation qu'on portait contre moi. Nous étions logés six dans un petit cabaret, et confinés dans un cabinet où à peine si nous pouvions nous retourner. On réclama un appartement plus grand, sans pouvoir l'obtenir. Les plaintes se renouvelaient à chaque instant, parce que nous étouffions de chaleur, que nous manquions d'air, d'espace pour nous habiller et nous approprier. La méchante femme du cabaretier, toute jeune et jolie qu'elle était, nous fit dénoncer au gouverneur de la ville, qui n'était rien moins que le général Savary, colonel de la gendarmerie d'élite, l'officier général le plus dur, disait-on, de toute l'armée. Elle arriva avec quatre hommes et un caporal de la ligne pour nous faire arrêter. Mais faire conduire six hommes à la fois lui paraissait un peu audacieux ; elle désigna le plus jeune, comme le plus coupable. Le caporal m'invita à le suivre, en m'expliquant l'ordre qu'il avait à remplir. Je lui dis de passer devant avec les hommes, que je le suivrais et me rendrais chez le gouverneur. J'y arrive, j'explique notre position, la méchanceté de cette femme et l'absurdité de sa dénonciation. Tout ce que je disais parut si vrai, si naturel, si raisonnable, que le gouverneur fit chasser cette mégère, me renvoya sans m'adresser un seul reproche, et nous fit changer de logement.

La veille de notre départ, il y eut une grande promotion de vélites au grade de sous-lieutenant, et annoncée seulement au moment de nous mettre en marche. J'espérais beaucoup d'en faire partie, mais je fus trompé dans mon impatiente attente. J'en fus assez contrarié, et quittai sans regret une ville où j'avais éprouvé des désappointements et des vexations.

Le 14 juillet, comme nous allions arriver à Brandebourg, une partie des équipages de l'Empereur, escortés par les gendarmes d'élite, passa dans nos rangs. Un chasseur du bataillon cria : « Place aux immortels ! » Il s'en serait suivi une vive querelle, si les officiers n'étaient pas intervenus. Cette mordante épigramme était répétée à tous les passages des gendarmes depuis Iéna. C'était parce que cette troupe d'élite, étant chargée de la police militaire du quartier général impérial et de la garde des équipages de l'Empereur, ne paraissait jamais au feu, qu'on l'avait baptisée du nom d'*immortelle*. Cette insulte était injuste, mais que faire contre une opinion répandue? Cependant, après la bataille d'Eylau, l'Empereur ordonna qu'un jour de bataille les gendarmes auraient un escadron en ligne. Les hommes se firent tuer à leur poste, mais cela ne tua pas la plaisanterie.

Le 12 août, la veille de notre départ de Berlin, plusieurs de mes camarades me dirent qu'ils étaient sûrs que j'étais nommé sous-lieutenant, mais rien ne vint confirmer cette bonne nouvelle ; on me l'avait déjà dite en route. Je n'osai pas aller aux informations.

Le 25 août, nous arrivâmes à Hanovre, pour y rester jusqu'au 12 octobre, c'est-à-dire quarante-neuf jours. Ce long repos inattendu, et bien contraire à notre empressement de nous rendre à Paris, fut nécessité, dit-on, par l'apparition d'une flotte anglaise dans la Baltique, le bombardement et la prise de Copenhague par les Anglais, et peut-être aussi pour veiller à l'exécution des traités de Tilsitt, à la consolidation du royaume de Westphalie, nouvellement créé, etc. Nous aurions préféré continuer notre voyage ; nous étions trop rompus à la marche pour désirer de nous arrêter.

Je profitai de ce long relais pour visiter attentivement cette jolie ville ; je fus souvent au théâtre de la cour électorale voir jouer des opéras allemands, dans une salle fort riche de dorures. Le colonel Boudinhon, du 4º hussards, né au Puy et ami de mon frère, de passage à Hanovre, m'invita à déjeuner et me garda avec lui une partie de la journée. Un prêtre émigré, né en Auvergne, de la connaissance de mon père, professeur à l'université de cette ville, m'engagea souvent à aller le voir pour parler du pays. Il mit à ma disposition sa belle et riche bibliothèque ; sa connaissance me fut très précieuse par ses entretiens pleins d'intérêt. Plusieurs régiments espagnols, sous les ordres du marquis de La Romana, leur général en chef, tenaient garnison avec nous. Leur indiscipline et leurs mœurs féroces occasionnèrent de fréquentes querelles, où leurs poignards jouaient toujours le rôle d'auxiliaire. Un sergent-major et deux ou trois militaires de la Garde furent tués traîtreusement par eux. Ces Espagnols faisaient partie du corps d'armée que leur gouvernement avait mis à la disposition de l'Empereur.

Il y eut à Hanovre une cinquième promotion de vélites. Je n'y fus pas compris, malgré tous les efforts que fit mon capitaine. Mes notes étaient des plus favorables, mais il y en avait de bien plus protégés que moi.

Enfin, le 25 octobre, nous arrivâmes à Mayence, sur le sol de l'Empire français. Et, le 17 novembre, à Meaux.

La ville de Paris avait voté des couronnes d'or, pour nos aigles, et une grande fête pour l'entrée de la Garde impériale dans la capitale. Afin que tous les corps qui la composaient fussent réunis, il fallut ralentir la marche de ceux qui faisaient tête de colonne, et les faire tourner autour de Paris pour donner place à ceux qui nous suivaient. C'est ainsi que nous parcourûmes Dammartin, Louvres, Luzarches, Gonesse, Rueil, en attendant que les dernières troupes arrivassent aux portes de Paris.

ENTRÉE TRIOMPHALE DE LA GARDE A PARIS

25 novembre. — La ville de Paris avait fait élever, près de la barrière du Nord ou Saint-Martin, un arc triomphal de la plus grande dimension. Cet arc n'avait qu'une seule arcade, mais vingt hommes pouvaient y passer de front. A la naissance de la voûte, et à l'extérieur, on voyait de grandes Renommées présentant des couronnes de laurier. Un quadrige doré surmontait le monument, des inscriptions étaient gravées sur chacune des faces.

Dès le matin, l'arc de triomphe était entouré par une foule immense de peuple. Arrivés de Rueil, vers 9 heures, nous fûmes placés en colonne serrée dans les champs qui bordent la route et le plus près possible de l'arc de triomphe, en laissant la route libre pour la circulation.

A midi, tous les corps étant arrivés, les aigles furent réunies à la tête de la colonne et décorées par le préfet de la Seine. Des couronnes d'or avaient été votées par le conseil municipal, qui, avec les maires de Paris, entourait le préfet, M. Frochot et tout notre état-major général, ayant à sa tête le maréchal Bessières, notre commandant en chef. Après les discours d'usage et la rentrée des aigles à leur place habituelle, 10 000 hommes en grande tenue s'avancèrent pour défiler sous l'arc de triomphe, au bruit des tambours, des musiques des corps, de nombreuses salves d'artillerie et des acclamations d'un peuple immense, qui s'était porté sur ce point. De la barrière au palais des Tuileries, les mêmes acclamations nous accompagnèrent. Nous défilions entre les haies formées par la population de la capitale. Toutes les fenêtres, tous les toits des maisons du faubourg Saint-Martin et des boulevards étaient garnis de curieux. Des pièces de vers où nous étions comparés aux dix mille immortels, et des chants guerriers étaient chantés et distribués sur notre passage. Des vivats prolongés saluaient nos aigles. Enfin l'enthousiasme était complet, et la fête digne des beaux jours de Rome et de la Grèce.

En arrivant aux Tuileries, nous défilâmes sous le bel arc de triomphe qui avait été construit pendant notre absence. A la grille du Carrousel, après avoir déposé nos aigles au palais, où elles restaient habituellement pendant la paix, nous traversâmes le jardin des Tuileries et y laissâmes nos armes, formées en faisceaux.

On se rendit ensuite aux Champs-Élysées, où une table de dix mille couverts nous attendait. Elle était placée dans les deux allées latérales. Au rond-point était celle des officiers, présidée par le maréchal. Le dîner se composait de huit plats froids, qui se

répétaient indéfiniment ; tout était bon ; on était
placé convenablement, mais malheureusement la
pluie contraria les ordonnateurs et les héros de cette
magnifique fête.

Après le dîner, nous fûmes déposer nos armes à
l'École militaire, où nous étions casernés, et rentrâmes dans Paris pour jouir de l'allégresse générale,
des illuminations, des feux d'artifices, des danses
publiques et jeux de toute espèce. Les pauvres
eurent aussi leur part dans ce gigantesque festin.

Nous venions d'être absents de Paris ou de Rueil
un an, deux mois et cinq jours.

Durant plusieurs jours, les fêtes continuèrent.
Le 26, tous les spectacles de la capitale furent
ouverts à la Garde. On avait réservé pour elle le
parterre, l'orchestre et les premières loges, ainsi
que les premiers rangs des autres. Je fus du nombre
de ceux qui furent désignés pour le grand Opéra.
On joua le *Triomphe de Trajan*, pièce de circonstance et pleine d'allusions à la campagne qui venait
de se terminer. La beauté du sujet, les brillantes
décorations, la pompe des costumes et le gracieux
des danses et du ballet m'enivrèrent de plaisir.
Quand Trajan parut sur la scène, dans son char de
triomphe, attelé de quatre chevaux blancs, on jeta
du centre du théâtre des milliers de couronnes de
laurier, dont tous les spectateurs se couronnèrent
comme des Césars : ce fut une belle soirée et un
beau spectacle.

Le 28, le Sénat conservateur nous donna ou voulut
nous donner une superbe et brillante fête. Tout
était disposé pour qu'elle fût digne du grand corps
qui l'offrait, mais malheureusement le mauvais
temps la rendit fort triste, et même désagréable.

On avait élevé un temple à la Gloire, où toutes les victoires de la Grande Armée étaient rappelées sur des boucliers, entourés de couronnes de laurier et entremêlés de trophées qui réunissaient les armes des peuples vaincus ; des inscriptions évoquaient les grandes actions que la fête avait pour objet de célébrer ; des jeux de toute espèce, des orchestres et une infinité de buffets bien garnis remplissaient ce beau jardin. La neige qui tombait en abondance, l'humidité du sol et le froid noir de l'automne glacèrent nos cœurs, nos estomacs et nos jambes. Beaucoup de militaires demandèrent à se retirer, mais les grilles étaient fermées ; il fallut parlementer avec le Sénat ; tout cela entraînait des longueurs qui irritaient. Enfin, la menace d'escalader les murs s'étant répandue, la consigne fut levée, les portes ouvertes et tous les vieux de la Garde s'échappèrent comme des prisonniers qui recouvrent la liberté. Il n'y resta, je crois, que les fusiliers et ceux qui, n'ayant pas d'argent pour dîner en ville, trouvaient qu'il valait encore mieux manger un dîner froid que de ne pas dîner du tout. Ils durent s'en donner, car il y avait de quoi et du bon. Les officiers étaient traités dans le palais. Je fus, avec plusieurs de mes camarades, dîner chez Véry, ensuite aux Français.

Peu après, l'Impératrice nous donna à dîner à la caserne, par escouade : c'était l'ordinaire, mais considérablement augmenté, et arrosé d'une bouteille de vin de Beaune par homme.

Enfin, le 19 décembre, la Garde donna une grande fête à la ville de Paris. Elle eut lieu le soir, dans le Champ de Mars et le palais de l'École militaire ; les apprêts furent longs, parce qu'ils furent grandioses et tout militaires. Dans la vaste enceinte du Champ de Mars, on avait placé, sur des fûts de colonnes, des vases remplis de matières inflammables, ou des aigles avec des foudres ailés remplis d'artifice. Les vases et les aigles alternaient et se communiquaient par un dragon volant, qui devait les embraser tous en même temps. Au-dessous des aigles étaient les numéros des régiments qui formaient la brigade, avec le nom du général qui la commandait, et sous les pots à feu, les noms d'une affaire et du général de division qui y commandait les deux brigades. Au milieu, une immense carte géographique du nord de l'Europe faisait voir en lettres énormes les principales villes et le lieu de nos grandes batailles ; et le chemin suivi par la Grande Armée, dans les campagnes de 1805, 1806 et 1807, était tracé par des étoiles blanches sous lesquelles, ainsi que sous le nom des villes, il y avait un feu gras coloré, qui devait brûler, pendant que l'artifice qui entourait la carte serait lui-même en feu. Au-dessus de la carte, on voyait des Victoires ailées aussi garnies d'artifice, etc. —

La Garde à pied se rendit en armes dans cette enceinte, pour faire l'exercice à feu avec des projectiles d'artifice. Quand la nuit fut tout à fait close, l'Impératrice mit le feu à un dragon volant qui, au même instant, le communiqua à toutes les pièces d'artifice. Au même instant aussi, les 4 000 à 5 000 hommes à pied de la Garde firent, avec les cartouches artificielles, un feu de deux rangs des plus nourris. Cette voûte des cieux éclairée par des milliers d'étoiles flamboyantes, ces épouvantables détonations qui retentissaient dans tous les points du Champ de Mars, les cris de la multitude qui encombrait les talus, tout concourait à donner à cette fête militaire les plus grandes proportions, la plus noble opinion du vouloir des hommes, quand ils déploient toutes leurs facultés pour faire du beau et du sublime.

La Grande Armée tenait sa place dans cette fête de la Garde impériale, puisque tous les corps d'armée, les divisions, les brigades et les régiments y figuraient par leurs numéros.

Les feux et les salves d'artillerie terminés, nous rentrâmes au quartier. Le bal commença ensuite et se prolongea fort tard dans la nuit. Plus de quinze cents personnes de la cour et de la ville y assistèrent ; on dit qu'il fut magnifique...

Dans les premiers jours de notre arrivée, on renouvela complètement toutes les parties de notre habillement. La coupe des habits fut améliorée et calquée sur celle des Russes. Nos bonnets à poil, qui étaient devenus hideux, furent aussi remplacés. J'eus la satisfaction de tomber sur un oursin qui était aussi beau que ceux des officiers. Quant aux chapeaux, il était de toute nécessité qu'on nous en donnât d'autres, puisque nous n'en avions plus depuis la bataille de Friedland.

JE SUIS NOMMÉ SOUS-LIEUTENANT

Quelques jours après mon arrivée, je fus faire une visite à M. le général La Coste, qui m'accueillit bien et me témoigna toute sa surprise de voir que je n'étais pas officier. A quelques questions qu'il me fit, je crus remarquer qu'il pensait peut-être que ses recommandations n'avaient pas fait effet parce

que ma conduite pouvait n'être pas régulière. Je le
désabusai, et me retirai assez mécontent.

Le 31 décembre, le général Soulès, notre colonel
en premier, me fit dire de me rendre chez lui...
Après m'avoir demandé mon nom, il sortit d'un
tiroir de sa table plusieurs nominations de sous-
lieutenant, où je distinguai sur-le-champ la lettre
qui était pour moi. Il me demanda alors : « Avez-
vous fait toute la campagne? Étiez-vous à Iéna, à
Varsovie, à Eylau, à Kœnigsberg, à Berlin, au
retour? » Je répondis oui à toutes les questions,
parce que cela était vrai... « Mais alors, comment se
fait-il que, lorsque j'ai fait demander après vous en
différentes fois, on m'ait répondu que vous étiez
inconnu au régiment? — Cela tient à deux faits,
mon général : le premier, c'est que ce ne sont pas
mes prénoms. Le décret porte Pierre-Louis, tandis
que je m'appelle Jean - Baptiste - Auguste ; le
deuxième, c'est plus grave : j'ai le malheur de n'être
pas aimé du sergent-major. — Ah ! ah ! pourquoi
cela? — En voici la cause, mon général : à la bataille d'Eylau, un boulet coupa en deux le fusil
du sergent-major, qui était alors reposé sous les
armes et le bras gauche appuyé sur la douille de la
baïonnette, ce qui lui fit faire une si singulière
pirouette, que je ne pus contenir un éclat de rire
qui m'échappa bien involontairement, sans malice
et sans penser qu'il pouvait être blessé ; il l'était,
en effet. En se retirant pour aller se faire panser,
il me dit : « Je me souviendrai de votre rire. » Je
compris de suite combien sa menace pourrait m'être
préjudiciable, car je le connaissais haineux et ran-
cunier ; aussi je me tins sur mes gardes pour ne
pas être puni par lui. A Kœnigsberg, à Berlin et

ailleurs, quand on appelait mon nom au rapport, pour me faire remettre ma lettre de service, il répondait : « Il y a bien un Barrès, à la compagnie, mais ce n'est pas celui-là. » Il se gardait bien de m'en parler, de crainte que je ne fisse des démarches pour prouver que nous n'étions pas deux de ce nom dans les deux régiments. Voilà pourquoi, mon général, on m'a fait passer pour inconnu... »

Après quelques instants de réflexion, il me dit : « Mettez-vous à mon bureau, et écrivez. » C'était une lettre au ministre de la Guerre, pour lui demander un duplicata de ma lettre et la rectification des prénoms. Après l'avoir signée, il me la remit en me disant : « Portez-la vous-même au bureau de l'infanterie, et pressez-en le résultat. Quant à vous, vous êtes maintenant officier ; je vous dispense de tout service, jusqu'au moment de votre départ. » Ma nomination était du 13 juillet, datée de Kœnigsberg, pour le 16e régiment d'infanterie légère.

Je rentrai tout joyeux à ma chambrée, où je reçus les félicitations de mes camarades et donnai de bon cœur un coup de pied à mon sac, qui m'avait tant pesé sur les épaules... J'entrai chez un coiffeur pour faire couper ma queue, ornement ridicule que l'infanterie de l'armée ne portait plus, excepté un ou deux régiments de la Garde. Quand je fus débarrassé de cette incommode coiffure, je me rendis chez un ami de mon père, pour lui faire part de mon changement de position et lui souhaiter une bonne année. Je dînai chez lui et ne rentrai au quartier qu'à dix heures du soir. Ainsi, dès le premier jour, je profitai des avantages de mon nouveau grade.

Je restai à Paris jusqu'au 6 février 1808 au soir. Je mis à profit avec délices les quelques jours de liberté que je me donnai, pour mieux connaître cette immense ville, passer les soirées aux spectacles et voir plus souvent quelques amis que j'y avais. Quel heureux changement je venais d'éprouver ! Il faut avoir fait trois campagnes et même quatre, le sac sur le dos, et avoir parcouru à pied la moitié de l'Europe, pour apprécier toute ma félicité. J'avais servi dans la Garde réellement trois ans, six mois et dix-sept jours.

Ma feuille de route me fut donnée, sur ma demande, le 2 février, pour Neuf-Brisach, dépôt du 16e léger, et ma place fut retenue le 5, pour partir le 7 au matin, aux Vélocifères de la rue du Bouloi.

DIX-NEUF MOIS EN FRANCE

De Neuf-Brisach, où il est très heureux, J.-B. Barrès en mai 1808 est brusquement envoyé à Rennes.

14 juin. — Pour gagner Rennes, j'eus trente-cinq jours de marche ou de séjours. Le voyage fut heureux, tranquille et sans incident, les hommes se conduisirent bien, mais je m'ennuyais beaucoup, à cause de mon isolement, surtout dans les lieux d'étape, où j'étais obligé de vivre et me promener seul.

Aussitôt arrivé à Rennes, je fis les visites d'usage, pour connaître les personnes avec qui je devais vivre. A mon âge, les rapports de bonnes relations s'établissent vite, surtout quand on est à peu près du même grade et qu'on a les mêmes années de service. Le soir du deuxième jour, j'étais comme en famille et me réjouissais du repos que j'allais prendre. Mais mon étoile ou les événements voulaient que tous ces projets ne fussent qu'illusoires. Le lendemain 16, on reçut l'ordre de faire partir, dans les vingt-quatre heures, toutes les troupes valides de la légion pour Napoléonville (Pontivy).

Je fus désigné pour être officier-payeur du bataillon, faire provisoirement les fonctions d'adjudant-major et prendre le commandement d'une compagnie. C'était beaucoup trop pour un jeune sous-lieutenant de quatre mois, mais je fus tellement pressé d'accepter par le chef de bataillon, le commandant du dépôt et le commissaire des guerres chargé de l'administration de la légion, que je me laissai accabler d'honneurs et d'ouvrage. Le chef de bataillon, M. Dove, sortait de la Garde, où je l'avais connu capitaine. Cette circonstance et quelque chose en moi qui lui plut me valurent cette préférence et la confiance qu'il m'accordait. Tout le restant de cette journée et une partie de la nuit furent employés à habiller et armer nos jeunes conscrits, établir les contrôles, faire la situation, les bon-comptes, toucher une quinzaine de solde, etc. La nuit fut pour moi une nuit de travail.

Le 3 juillet, je reçus l'ordre de partir le 4 avec tout mon bataillon, pour Belle-Ile-en-Mer.

Le 6 juillet, arrivé à Quiberon, qui est un triste et sale village dans les terres, je vis pour la première fois la mer, dans toute son étendue, sa beauté et ses divers aspects. Je passai une partie de la soirée sur les bords, pour la contempler dans toute son immensité et étudier quelques-unes de ses merveilles et de ses productions.

Le lendemain 7, le détachement fut embarqué sur des chasse-marée, stationnés dans le port de Portaliguen, qui est à peu de distance du bourg de Quiberon. Quand on se fut assuré que le passage était libre, que la traversée pouvait se faire sans danger, la mer et la marée étant bonnes, on hissa les voiles et on mit le cap sur Palais, chef-lieu et port de l'île. Après trois heures de navigation, nous abordâmes, sans avoir été remarqués par les Anglais et sans accident. Je craignais d'être malade du mal de mer, mais j'en fus quitte pour la peur. Il n'en fut pas de même chez les soldats ; ils étaient presque tous dans un état de prostration si complet, que si nous avions été abordés par une chaloupe ennemie, ils n'auraient pas pu faire usage de leurs armes, que j'avais eu la précaution de faire charger avant l'embarquement.

Notre arrivée étant connue, je trouvai tous les officiers du 3ᵉ bataillon sur le quai pour me recevoir. Leur accueil fut très cordial.

Dix-sept jours après, le 3ᵉ bataillon partit en entier pour l'Espagne. On me prit une centaine d'hommes pour le compléter. Je restai seul avec mes deux compagnies, fortes encore de 220 hommes, pour les instruire, les discipliner et les administrer. L'embarras que cela me donnait, et le désir que j'avais de faire campagne comme officier, me firent bien regretter de ne pas pouvoir suivre mes camarades. Je me séparai d'eux et surtout de quelques-uns, dont les caractères me plaisaient, avec une véritable affliction. (De ces vingt officiers, je n'en ai plus revu que deux, le commandant, qui était devenu colonel, et un sous-lieutenant, capitaine. Tous les autres étaient morts en 1814.)

Peu de jours suffirent pour me mettre en bonnes relations avec les officiers de ces corps, et avec presque toute la bourgeoisie de la ville, et cela dans de si bons termes que, chez eux,, je me croyais chez moi. Ce fut une existence bien douce, dont j'appréciais tout le charme. Pas un dîner de famille ou d'amis, pas une partie de campagne ou de pêche dont je ne fisse partie.

Les généraux ne furent pas moins bien pour moi. Je mangeai souvent chez eux et surtout chez le général de division Quentin, original, bizarre, capricieux, mais au fond excellent homme. Il m'avait pris en amitié, me choyait, me boudait, et, quand j'étais un jour sans aller chez lui, il m'envoyait chercher, en me disant, quand j'arrivais à son quartier général, comme il appelait sa maison : « Monsieur, j'ai un meilleur caractère que vous ; j'oublie bien vite les torts des autres, comment se fait-il que vous n'oubliez pas les miens, si j'en ai ? » Je fus, trois mois, son aide de camp par intérim. Ce fut souvent plus qu'une corvée. La première fois qu'il m'invita à dîner, c'était peu de jours après mon arrivée. J'étais de garde au poste. Sur le port, l'aide de camp M. de Bourayne, vint me dire que le général m'invitait à dîner pour 2 heures précises et de m'y trouver exactement, car il se mettait à table, sans attendre cinq minutes ses convives. J'observai que j'étais de service, que je ne m'appartenais pas. Il me répondit : « Venez quand même, j'en préviendrai le général Roulland. » A 2 heures, j'étais dans sa salle à manger. Il me dit d'un ton assez sec : « Que venez-vous faire ici ? — Dîner, mon général. — Comment dîner ? N'êtes-vous pas de service ? Pensez-vous que je sois capable de détourner un officier de remplir ses devoirs? — Mais je ne suis venu que parce que vous me l'avez fait dire par votre aide de camp. — Mon aide de camp a trop de tact pour avoir exécuté une semblable mission. »

Je ne savais plus que répondre. Je commençai à gagner la porte, fort mécontent de cette réception, lorsque je m'écriai, moitié riant, moitié boudant : « Puisque je suis invité, je reste. — Voilà qui est bien audacieux pour un sous-lieutenant, me dit-il, mais puisqu'il est un des braves d'Austerlitz, qu'il a été à Iéna, Eylau, Friedland, il faut bien lui pardonner. »

Il me plaça à son côté et me fit toutes sortes d'amitié. Il se moqua beaucoup de mon embarras et de la piteuse figure que je fis pendant un moment. Du reste, cette réception presque brutale était bien faite pour intimider un jeune officier qui ne connaissait pas encore les allures de son chef supérieur. Dans d'autres circonstances, il voulut bien renouveler ce genre de pasquinades, mais cela ne prenait plus.

Dans le courant du mois de septembre, plusieurs officiers venant de la réforme arrivèrent pour prendre le commandement des compagnies et du détachement. Le capitaine, qui eut cet avantage à cause de son ancienneté, était l'être le plus étrange au moral et au physique, le plus ivrogne, le plus triste militaire que jusqu'alors j'avais vu. Heureusement que mes fonctions d'officier-payeur me plaçaient en quelque sorte au-dessus de lui. C'était un septembriseur. Dans un de ses moments d'ivresse, il m'avait parlé de ces affreux événements comme un témoin actif. C'était un grand maigre, sec, vieux,

à la figure à moitié coupée par une tache de lie de
vin, d'un dégoûtant aspect. Sa femme, car il était
marié, n'était ni plus jeune, ni plus sobre, ni moins
hideuse que lui. Ah ! l'affreux couple, l'ignoble ménage, le honteux chef !

Dans ce temps-là, je fus envoyé en cantonnement
avec une section dans le village de Bangor, au centre
de l'île. Je profitai de mon isolement pour inviter
une bonne partie de mes connaissances du chef-
lieu à venir dîner dans ma triste solitude. Je leur
annonçai l'arrivée d'une caisse de vin de Bordeaux
que le père d'un conscrit de ma compagnie, que
j'avais fait caporal, m'avait envoyée. Ils furent
exacts au rendez-vous, et le dîner fut bon pour la
saison et la localité, mais ce qui fut mieux, c'est
qu'on y but non seulement le contenu de ma caisse,
mais autant de vin ordinaire, qui était encore du
bordeaux, du frontignan, du punch, etc. Et alors,
je dus louer des charrettes, les camper dessus, et
puis, fouette cocher. Ils arrivèrent chez eux dans
un état déplorable, ensevelis dans une couche de
boue à les rendre méconnaissables. Je fus plusieurs
jours sans oser aborder leurs femmes, qui étaient
furieuses contre moi. On rit beaucoup de la colère
des unes et de la triste figure des autres. Ce repas
pantagruélique me fit beaucoup d'honneur, parce
qu'on ne pouvait pas s'imaginer qu'un jeune sous-
lieutenant ait pu faire perdre la raison à des têtes
si vénérables, à des hommes si recommandables
par leur position et leur âge.

Janvier 1809. — J'étais encore dans ce village,
quand une grosse tempête se fit sentir sur les côtes
de l'île et probablement dans bien d'autres lieux

du continent. La mer bouleversée était effrayante à voir ; les vagues, monstrueuses. Leur choc contre les rochers de la mer sauvage, au sud de l'île, ressemblait à des décharges incessantes de batterie ; les flots brisés s'éparpillaient dans les airs et faisaient sentir leur amertume à plus d'une demi-lieue. Les plus vieux marins ne se rappelaient rien de semblable. C'était le 6 janvier, jour des Rois ; j'étais invité à dîner en ville chez un capitaine des canonniers garde-côtes sédentaires. Au moment où j'allais me mettre en route, mon toit de chaume fut enlevé ; je fis transporter mes effets dans une maison voisine et partis avec un sous-officier. En nous cramponnant mutuellement, nous arrivâmes en bon port à notre destination, mais en entrant dans la maison où j'étais attendu, je trouvai toute la famille et beaucoup d'étrangers en larmes. Une des cheminées de la maison avait été renversée et était arrivée presque en bloc dans la salle à manger, avait écrasé la table où le couvert était mis, et nous nous serions trouvés dessous, si j'étais arrivé quinze à dix-huit minutes plus tôt, car on n'attendait que moi pour servir. Personne ne fut atteint, mais la maison n'était presque plus habitable. La façade avait été fortement ébranlée, deux planchers étaient enfoncés, les meubles brisés, etc.

Cette tempête, qui avait ébranlé l'île, se fit aussi sentir, jusqu'aux couches les plus profondes de la mer ; le lendemain et les jours suivants nos postes retirèrent de la mer plus de cent pièces doubles et ordinaires de vin de Porto. Ces beaux et forts tonneaux cerclés en fer étaient recouverts d'une couche très épaisse de madrépores, huîtres,

bernicles et autres coquillages de ces parages.
Après les avoir débarrassés de cette enveloppe
marine, on lut sur tous le mot « Malborough ».
On se rappela alors qu'en 1794 un vaisseau de
guerre anglais de ce nom avait coulé dans la baie
de Quiberon. Il est probable que la carcasse était
restée intacte jusqu'à la tempête du 6 janvier,
qu'elle fut brisée ce jour-là, et que les tonneaux
n'étant plus retenus furent jetés non seulement
sur les côtes de Belle-Ile, mais aussi sur toutes
celles de la Bretagne, car on opéra le sauvetage
à douze ou quinze lieues de la baie. Ce vin était
parfait et se vendait bien. Le détachement eut,
pour sa part de prise, plus de 300 francs, qui lui
furent payés par l'Administration des douanes.
J'eus aussi la mienne comme officier de détachement.

Après être rentré en ville et avoir habité quelque
temps la citadelle, je fus détaché à la batterie de
la Belle-Fontaine, peu éloignée du Palais, où je
venais prendre mes repas et passer une partie de
mes journées. Le logement que j'habitais ne pouvait contenir que mon lit, une chaise et une petite
table ; mais il était situé dans un site charmant,
précédé d'un délicieux petit parterre, et battu par
la mer, où je descendais de ma petite chambre
pour prendre des bains à marée basse. Quand
elle était haute et agitée, elle arrivait jusqu'à la
croisée.

Le 1er septembre, nous reçûmes l'ordre de partir
le 6 pour Locminé, et j'entrevis que j'irais en
Espagne. Malgré tout le plaisir que je trouvais
dans cet aimable et excellent pays, qui m'avait

fait connaître tant de braves gens, je ne fus pas
fâché de le quitter. J'étais blasé de cette vie
molle, tranquille et assoupissante. Mon âme avait
besoin de se retrouver dans une sphère d'activité
plus en rapport avec mon âge, et de prendre
un peu de la gloire et des périls de mes camarades.

Ces jours derniers furent employés à régler les
comptes avec un chacun, à emballer les effets des
magasins, à faire la remise des lits, des fournitures diverses, du casernement, et autres détails
aussi fastidieux que nécessaires, et puis à faire
des adieux touchants, sincères et bien sentis par
moi et par tous ceux avec qui je vivais depuis
longtemps dans cette douce intimité. Le général
Quentin, toujours extraordinaire dans tout, me
vit partir avec regret. Je me séparai aussi de
lui avec peine, malgré que son originalité ne fût
pas toujours agréable; à la fin, je m'étais tellement habitué à ses folles bizarreries, que je ne
m'en occupais plus et que je vivais avec lui comme
presque avec un de mes égaux. Il enrageait de ne
pas être comte ou baron; de ne pas être à la tête
d'une division active, en Espagne ou ailleurs. Le
ministre de la Guerre avait beau lui dorer la
pilule, en lui disant que l'Empereur l'avait placé
à l'avant-garde de l'Empire, cela ne lui suffisait
pas. Que de lettres il m'a dictées, pour se plaindre
de l'oubli où on le laissait! Que de fois il m'a fait
part de l'insulte qu'on lui faisait, en méconnais-
sant ses capacités militaires. Un jour, il reçoit
un paquet où l'adresse portait : à M. le général de
division Quentin, à l'armée d'Espagne. Il se croit
nommé, se fait couper la queue qui avait deux pieds

de long, vend sa batterie de cuisine, prend pension dans un hôtel et se dispose à partir. « Aussitôt ma nomination arrivée, me disait-il, j'écrirai pour te faire nommer mon aide de camp. » Je le remerciai bien sincèrement de cet honneur, auquel je ne tenais pas du tout... Je le laissai bien découragé et sentant, sa fin ou sa disgrâce. Au fond, c'était un excellent homme, mais, avec beaucoup d'esprit, manquant de tenue et de jugement.

Il était un autre homme que je voyais moins souvent, mais qui m'était aussi très attaché, c'était le père du général Bigarri, mon capitaine dans la Garde. Parler à ce bon vieillard, qui était commissaire des guerres, de son fils et de son gendre, quartier-maître au 16e léger, c'était le faire revivre, c'était lui rappeler toutes ses affections. Aussi étais-je un de ses bons amis.

J'ai beaucoup parlé de Belle-Ile, mais si j'avais voulu consigner dans ce journal toutes les particularités de ma vie militaire et privée, pendant ces quatorze mois de séjour, il y faudrait un volume. Le souvenir de cet heureux pays ne s'effacera jamais de ma mémoire. Ses fêtes, ses rochers, ses bons habitants y tiendront toujours une très bonne place.

ESPAGNE ET PORTUGAL

Décembre 1809. — Je venais d'être nommé lieutenant, quand l'ordre arriva de faire partir le bataillon, le 10 décembre, pour l'Espagne. Le 31 décembre, j'étais à Bordeaux. Le matin du 4 janvier, avant le départ du bataillon pour Saint-André-de-Cubsao, je fus prendre à la citadelle de Blaye cent conscrits réfractaires, pour être incorporés dans le corps après notre entrée en Espagne. De crainte qu'ils désertassent encore une fois, ils devaient marcher réunis, sous la conduite d'une escorte et être enfermés tous les soirs dans un local fermé.

8 janvier 1810. — Un bataillon du 46e de ligne, commandé par un chef de bataillon plus qu'original, faisait route avec nous depuis Bordeaux. Les officiers des deux corps mangeaient ensemble aux étapes. A Tartas, à la fin du dîner, l'aubergiste vint annoncer qu'il manquait douze à quinze couverts d'argent. Cette insolente réclamation souleva les murmures d'indignation de tous les convives. La porte fut sur-le-champ fermée, on ordonna à l'hôtelier de fouiller tous les officiers ; il s'y refusa ; le commandant le fit, en sa présence. La visite était près d'être terminée, quand on vint dire que les couverts étaient retrouvés. Alors le commandant tomba sur cet homme, le battit horriblement, malgré les cris et les prières de sa femme. Il fallut intervenir, pour empêcher qu'il ne le laissât mort sur la place. Il partit immédiatement après pour Mont-de-Marsan, déposer sa plainte chez le procureur impérial. Je ne sus pas ce que cela devint, mais il y eut de l'exagération dans la vengeance, un emportement déplacé, et surtout un manque de tenue dans la conduite de ce chef.

Le 15 janvier, nous étions à Ernani, petite ville de la province de Guipuscoa (Biscaye). Je procédai à la répartition dans les compagnies des cent conscrits réfractaires qui m'avaient été remis à Blaye. Il n'en manquait point ; il s'en trouva au contraire un de plus! Je ne puis m'expliquer cette erreur, qu'on n'avait pas remarquée pendant la route, parce qu'on ne faisait pas l'appel et qu'on se contentait de les compter comme des moutons, qu'en pensant que cet homme s'était faufilé dans les rangs des autres au moment du départ, pour recouvrer sa liberté et essayer de la gloire. Quoi qu'il en soit, il fallut en rendre compte, écrire à bien des autorités pour expliquer ce mystère, et mettre les parents de ce soldat à l'abri des rigueurs qu'on exerçait contre eux, lorsque leur enfant était déclaré déserteur.

Le 16 à Tolosa, au matin en me levant, je m'aperçus que ma chemise était garnie de vermine. C'était un triste début, qui me donna une bien mauvaise opinion de la propreté espagnole.

Le 20 janvier, l'ordre portait que nous devions tenir garnison à Durango. Je fus désigné pour commander la place. On logea les officiers et la troupe dans un couvent. Moi, je crus devoir prendre un beau logement en ville, avec sentinelle à ma porte. Dans la nuit je fus réveillé par un sale paysan couvert de guenilles, que je pris d'abord pour un guérilla mal intentionné, mais qui n'était autre qu'un agent du général Avril, commandant à Bilbao, qui m'envoyait l'ordre de nous rendre à Vittoria. Je quittai sans regret mon noble logement et mes honorables fonctions, pour redevenir simple lieutenant.

26 janvier. — J'arrivai à Burgos, pour y rester jusqu'au 27 février. Ces trente-deux jours se passèrent fort tranquillement et même agréablement. Nous avions besoin de repos. Les quarante-huit journées de marche que nous venions de faire nous avaient rudement fatigués. Le général de division Solignac, gouverneur de la vieille Castille, donna plusieurs grandes soirées, fort remarquables par leur éclat, leur affluence et la rage du jeu. Le duc et la duchesse d'Abrantès, arrivés quelques jours après nous, se trouvèrent à quelques-unes de ces soirées dansantes. Il y avait en outre beaucoup d'autres généraux et de grands personnages des deux nations. Ces réunions étaient gaies, vives, opulentes. Les dames espagnoles, qui s'y trouvaient en grand nombre, ne se faisaient généralement remarquer que par leur gaucherie et le mauvais goût de leur toilette française. Celles qui avaient eu le bon esprit de étaient conserver le costume national beaucoup mieux.

Dans ce pays arriéré, on ne connaît pas les cheminées, ni les fourneaux. On chauffe ses appartements avec des braseros, alimentés avec du charbon de bois, chauffage insuffisant et qui occasionne des maux de tête, quand il n'asphyxie pas. Pour échapper au froid et à l'ennui de notre triste intérieur, nous allions au café, tenu par un Français et constamment plein, malgré la vaste étendue des nombreuses salles. On y jouait tous les soirs des masses d'or. L'appas du gain, le besoin de réparer de grandes pertes, entraînèrent quelques officiers à commettre des actions honteuses, qui amenèrent de fréquents duels et des mesures de rigueur. Quelques-uns furent chassés de leur régiment.

20 mars. — A Gradefès, bourg près des frontières du royaume des Asturies, sur l'Elza. Le 4e bataillon fut logé plus loin, en remontant le cours de la rivière. Quelques grenadiers et une cantinière, étant restés derrière, s'arrêtèrent dans un village pour y passer la nuit. Le lendemain, on leur donna un guide qui les conduisit dans une embuscade préparée ; ils y furent tous égorgés, avec un raffinement de cruauté. Le chef de bataillon, instruit de cet affreux guet-apens, marcha sur ce village, le fit cerner, s'empara de tous les hommes valides, et leur annonça qu'il les ferait tous passer par les armes, s'ils ne faisaient pas connaître les assassins. Déjà quatre étaient tombés sous les balles des grenadiers, sans avoir rien avoué, enfin le cinquième les fit connaître. Ils étaient présents ; ils furent fusillés. Cette dure représaille donne une idée de ce qu'était la guerre d'Espagne.

Nous restâmes dans ce village, avec un escadron de dragons, jusqu'au 5 avril.

8 *avril.* — A Léon. Dans la matinée, j'avais reçu l'ordre de rejoindre mon bataillon. En route, étant à quelque cent pas du détachement et dans une position à ne pas être aperçu de lui par la forme du terrain, je fus accosté par un homme à cheval, armé jusqu'aux dents, en costume espagnol, dans le genre de celui de Figaro, avec un ample manteau par-dessus. A peine l'eus-je vu, qu'il était sur moi. Il ouvre rapidement son manteau, cherche dans ses poches comme pour prendre ses pistolets, et me présente une attestation pour indiquer qu'il était au service de la France, je ne sais à quel titre. Ma contenance fut assez embarrassée, croyant bien avoir à faire à un guerilla, avec d'autant plus de raison que je n'avais que mon épée pour me dé-

fendre, pauvre arme contre des pistolets, un trom-
blon et une lance. Cette surprise inattendue me fit
penser qu'il n'était pas prudent de s'éloigner de sa
troupe, dans un pays où chaque arbre, buisson ou
rocher cachait un ennemi.

Le 4e bataillon était parti dans la matinée pour
le blocus d'Astorga. Nous restâmes dans Léon
jusqu'au 13 avril, avec le 5e bataillon de notre
division.

14 avril. — Au pont d'Orbigo, bourg à deux lieues
d'Astorga... Nous restâmes dans ce bourg, pour
assurer les communications avec Léon et avec le
derrière des troupes employées au siège d'Astorga,
pour escorter les convois de vivres et de munitions
de guerre, pour soigner les malades et les blessés
des troupes du siège, et pour fournir des détachements armés aux tranchées.

Le duc d'Abrantès étant arrivé, le blocus d'Astorga fut converti en siège. L'artillerie nécessaire
pour battre en brèche l'avait précédé. Les travaux
de sape commencèrent immédiatement. Le 20 avril
(vendredi saint), la batterie fut démasquée, et tira
pendant trente-six heures, sans discontinuer, sur le
mur d'enceinte. Mais pas assez armée ou peut-être
trop éloignée, son effet fut médiocre ; malgré cela,
l'assaut fut déclaré praticable.

Il eut lieu le 21, à cinq heures du soir. Six compagnies d'élite, dont deux de notre 4e bataillon,
furent chargées de cette terrible mission. Il fut long,
meurtrier et incomplet. A cinq heures du matin, les
assiégeants étaient retranchés sur la brèche, sans
que nous pussions pénétrer dans la ville par la difficulté des obstacles que notre troupe rencontrait sur

son passage. Toutefois, le commandant, quand le jour fut venu, demanda à capituler.

On accéda à ses propositions, et il fut convenu que la garnison sortirait le jour de Pâques, à midi, avec les honneurs de la guerre, et qu'elle serait prisonnière de guerre.

La matinée de Pâques fut employée à perfectionner les travaux, pendant qu'on parlementait, et à donner la sépulture à toutes les victimes de cette triste nuit. A midi, la garnison sortit avec ses armes, qu'elle déposa hors des murs ; elle était encore forte. Dans le nombre, il se trouvait cinq à six déserteurs français, qui furent reconnus et fusillés sur-le-champ, sans même prendre leurs noms.

Les pertes des Français furent très considérables, beaucoup trop, eu égard à l'importance de la place. Mais le commandant du 8e corps d'armée voulait faire parler de lui ; il voulait conquérir, sur les murs de cette bicoque, un bâton de maréchal d'Empire. Nos deux compagnies eurent plus de cent hommes tués ou blessés, dont trois officiers de voltigeurs, tués sur la brèche, et deux de grenadiers blessés.

Pendant le siège, je fus escorter un convoi de poudre pour Astorga. Les dix à douze voitures de paysans, traînées par des bœufs, étaient de celles dont les essieux en bois tournent avec les roues. En route, le feu prend à un de ces essieux ; pas d'eau pour jeter dessus, la position était critique. Je veux faire marcher les voitures qui étaient en avant de celle qui brûlait, et rétrograder celles qui étaient derrière, mais les conducteurs qui ont peur de l'explosion se sauvent, quelques soldats en font autant. Cependant, il m'en reste assez pour faire exécuter ce que j'avais prescrit. Pendant ce temps-là, quelques hommes lestes étaient descendus dans le vallon, et m'apportèrent de l'eau dans leur shakos ; cela nous sauva. Le convoi continua sa marche sans autre accident.

Nous restâmes au pont d'Orbigo jusqu'au 29 avril. Puis vingt jours à Morias, petit village à une demi-lieue d'Astorga, sur la route et à l'entrée des montagnes de la Galice. C'était un très pauvre village où nous fûmes plus que mal.

Je fus plusieurs fois à Astorga, par désœuvrement et aussi pour dîner chez un restaurateur français. Dans toutes les villes occupées par les Français, il s'établissait, dès le lendemain de leur installation, au moins un restaurateur et cafetier de notre nation. Ils étaient chers, ces empoisonneurs à la suite de l'armée, mais du moins, ils nous rendaient service avec notre argent.

Le 1er juin, à Zamora, où je séjournai sept jours, je trouvai plusieurs officiers de ma connaissance et, entre autres, le général Jeannin, qui avait été mon chef de bataillon dans la Garde. Ma visite lui fit plaisir, et il m'engagea à aller manger sa soupe. Le général Jeannin avait épousé une des filles du fameux peintre David.

Du 7 juillet au 31, je restai à Salamanque. Quelques lieues avant d'y arriver, le bataillon, qui traversait un bois considérable, fut assailli par un troupeau de bœufs sauvages, qui nous mit en déroute. Il fallut tirer des coups de fusil, pour les forcer à rentrer dans le taillis. Il y eut trois ou quatre hommes terrassés et blessés. Quand ce hourra d'un nouveau genre fut passé, on rit beaucoup de cette charge à fond, aussi imprévue qu'impétueuse. Les officiers, une fois le danger connu, avaient rallié une partie de leurs hommes, fait mettre la baïonnette au bout du fusil et marcher contre eux, en leur tirant quelques coups de feu qui les dispersèrent.

Logé sur la grande place de Salamanque, si belle par son architecture uniforme, ses portiques couverts, ses galeries et ses balcons continus à tous les étages, je fus témoin, de la croisée de mon logement, de plusieurs courses de taureaux qui m'intéressèrent vivement.

Je montai deux fois la garde chez le prince d'Essling (Masséna), commandant en chef de l'armée du Portugal. Ces deux gardes me mirent en relation d'amitié avec le fils aîné du prince et le fils unique du maréchal duc de Dantzick (Lefebvre), et avec plusieurs autres officiers de son état-major général.

Le 3 avril 1810, nous partîmes pour Ciudad-Rodrigo. Le terrain qui sépare Salamanque de Ciudad-Rodrigo est un pays désert, stérile, sans culture et cependant couvert de chênes verts et d'une autre espèce qui produit des glands doux. Ces arbres sont beaux, vigoureux, épais, ce qui prouve que ce n'est pas la faute du sol, mais bien le manque de bras, s'il est pour ainsi dire inhabité.

Le soir de mon arrivée à Rodrigo, mon sous-lieutenant et moi, nous ne trouvâmes que deux chambres : une occupée par un gendarme et l'autre par un valet du prince d'Essling. Nous dîmes à la maîtresse de la maison que nous prenions une des deux chambres, et que l'autre resterait aux deux individus que je viens de désigner. Brisé de fatigue par la marche, la chaleur et la maladie, je me couchai aussitôt, sans manger, tant le besoin de repos se faisait sentir. Quelques instants après, deux grands coquins de laquais vinrent me chercher querelle, parce que j'avais pris le lit de l'un d'eux. Après leur avoir expliqué les arrangements qui avaient été pris, dans l'intérêt des quatre ayants droit au logement, je les priai de se retirer, mais j'avais à faire à des insolents galonnés, et de bonnes raisons n'étaient pas capables d'arriver à leur intelligence égoïste. Ils m'insultèrent, me menacèrent du prince et du grand prévôt de l'armée, et de leurs poignets, si on ne leur rendait pas justice. Ils sortirent, et je me rendormis, mais une ou deux heures après, je fus mandé chez le grand prévôt. Un maréchal des logis de gendarmerie m'apportait cet ordre.

Arrivé près du colonel de gendarmerie Pavette, je lui expliquai ce qui s'était passé. « Comment, colonel, lui dis-je à la fin de ma narration, un officier de l'armée qui expose tous les jours sa vie pour la défense de la patrie, qui use sa santé sur les routes à la poursuite de l'ennemi, qui passe souvent les jours sans pain et les nuits sans sommeil, sera mandé à la requête d'un valet devant un prévôt, comme un criminel. Est-ce ainsi qu'on respecte l'épaulette, l'honneur de l'armée, les soldats dont le sang est demandé tous les jours? » Après une conversation assez longue, où le colonel mit autant de politesse que de mesure, je sortis et fus reprendre ma place dans ce misérable lit qu'on m'avait disputé.

Le lendemain, en causant de cette affaire avec les aides de camp du prince, j'appris que sur le rapport du grand prévôt, l'audacieux valet et son digne acolyte, le piqueur, avaient été mis en prison. Peu auparavant, une pareille scène, pour le même motif, était arrivée à un capitaine d'un régiment de notre division, mais plus violent et armé dans ce moment-là de son sabre, il avait fait une blessure grave à un domestique du duc d'Abrantès. Celui-ci, après avoir puni des arrêts forcés l'officier, voulait le faire destituer. Les officiers du corps, instruits de cette inconvenante rigueur, lui firent dire que si cela arrivait, ils donneraient tous leur démission motivée. Le duc eut peur, l'affaire en resta là.

Pendant le siège d'Almeida, je fus deux fois en détachement vers cette ville, depuis Rodrigo, pour escorter des convois. J'y étais, le soir où le feu de nos pièces commença et occasionna l'épouvantable explosion du magasin à poudre. On ne peut se faire une juste idée de l'intensité de la détonation, de l'ébranlement général de l'air, de l'énorme colonne de feu, de fumée, de pierres qui s'élevèrent dans les airs. Des pierres et des cadavres furent jetés jusque dans nos lignes. Cet événement eut lieu le 26 août, la ville fut occupée le 27.

Le 15 septembre Barrès passe la frontière du Portugal, où notre armée, forte de 50 000 hommes, était commandée par Masséna.

16 septembre. — Dans la matinée, ayant laissé Almeida à notre droite, nous passâmes le torrent de la Coa, dont l'abord est horrible, les pentes presque à pic, et la profondeur énorme.

Tous les jours qui suivirent, il me fut le plus souvent impossible de me faire dire le nom de la ville ou du village que nous traversions, car nous ne rencontrions pas un seul habitant. Toute la population avait fui, en détruisant tout ce qui aurait pu nous être utile. Les Anglais avaient composé cette émigration générale, sur notre passage, pour créer de plus grands obstacles à notre marche et nous rendre plus odieux aux Portugais.

25 *septembre.* — Dans cette journée, nous fûmes attaqués assez vivement par un parti ennemi; mais, vivement repoussé, il se retira, après nous avoir tué et blessé plusieurs hommes.

Le lendemain, nous eûmes une alerte qui nous donna autant d'ouvrage que d'inquiétude. Le matériel que nous escortions était parqué sur une lande, calcinée par les grandes chaleurs que nous éprouvions, depuis notre entrée dans ce royaume désert. Le feu se mit à cette bruyère, et fit de si grands progrès, malgré tous les moyens employés pour l'arrêter, qu'on fut obligé de faire venir les chevaux et d'atteler à la hâte pour les parquer sur un autre terrain. Le danger était grave; la perte eut été immense pour l'armée, car toutes ses ressources pour la continuation de la guerre étaient dans ce parc de réserve.

27 *septembre.* — Au bivouac, assez près du lieu où se donna, le même jour, la bataille de Bussaco et d'Alcoba, où nous fûmes sinon battus, du moins repoussés de tous les points dont on cherchait à s'emparer. Cette funeste journée, qui coûta à l'armée plus de 4 000 hommes tués ou blessés, la découragea beaucoup. Cependant, le maréchal Masséna ne renonça pas au projet de marcher sur Lisbonne. Ayant reconnu un peu trop tard, et quand le mal était fait, que la position de l'Alcoba était inexpugnable de front, il résolut de tourner par la droite, en s'emparant des défilés de Serdao, que Wellington

avait négligé d'occuper. Cette faute obligea le général anglais de battre en retraite, de repasser le Mondego, d'évacuer Coïmbre et de nous abandonner tout le pays entre les montagnes et la mer. Ainsi, malgré notre grave échec, nous continuâmes à poursuivre une armée victorieuse, abondamment fournie de tout, ayant la sympathie des populations pour elle, tandis que nous, nous ne vivions que de maraudes, qu'il fallait aller chercher loin, ce qui augmentait les fatigues et les dangers des soldats.

2 octobre. — Dans la matinée, nous finissons de sortir du long défilé de Serdao, où nous étions depuis cinq jours, et enfin des montagnes que nous traversions depuis notre départ de Rodrigo. Nous découvrons au loin la mer et, à nos pieds, un beau pays. Nous voici dans une plaine riche, fertile, couverte de nombreux villages, déserts à la vérité, comme tous ceux que nous avions trouvés, mais plus abondamment pourvus de vivres.

Le 4 octobre dans la matinée, nous restâmes quelques heures à Coïmbre, belle et grande ville, sur le Mondego qui la divise en deux parties. La cathédrale et les fontaines sont magnifiques, les environs couverts de vignes, d'orangers, d'oliviers. Les Anglais en l'abandonnant avaient forcé les habitants à quitter la ville. L'armée y fit de précieuses provisions en riz, morue, café, sucre, thé, chocolat dont les magasins étaient abondamment fournis. On laissa tous les blessés et les malades dans un couvent situé sur une hauteur de la rive gauche du Mondego, avec une garde armée pour les faire respecter, mais, vingt-quatre heures après, la garde était prisonnière et les malades dangereusement exposés à être massacrés.

Le 8 octobre, en avant de Leiria, par une pluie torrentielle, la compagnie ne trouva d'autre gîte disponible que l'église, dont elle prit possession avec joie. La place et le bois ne manquant pas, nous eûmes bientôt établi un bivouac assez bon pour ne pas regretter les maisons qui regorgeaient de militaires. On y trouva d'excellent vin, et comme le sucre et la cannelle abondaient dans les sacs et bagages, on fit beaucoup de vin chaud, qui restaura tous ces corps accablés de fatigue et mouillés jusqu'à la moelle des os.

12 *octobre.* — Depuis trois jours, nous marchions dans des forêts d'oliviers sans discontinuité et qui semblaient n'avoir pas de limites, quand nous atteignîmes la petite ville d'Alemquer, quartier général du maréchal prince d'Essling.

Nous étions enfin arrivés dans la vallée du Tage, après laquelle nous soupirions depuis longtemps, pensant que nous trouverions sur ses bords le bien-être, un peu de repos, ou du moins de meilleurs chemins et plus d'abri. Je vis, pour la première fois de ma vie, autour de cette jolie petite ville, beaucoup de palmiers, qui me parurent d'une beauté et d'une venue remarquables.

Avant notre arrivée au gîte, le général de cavalerie Sainte-Croix, officier d'un très grand mérite, tout jeune, fut coupé en deux, au milieu de nos rangs, par un boulet de canon parti d'une canonnière anglaise stationnée sur le Tage. Le lit de ce magnifique fleuve était couvert de bâtiments armés, destinés à nous en défendre l'approche.

Le lendemain, par une délicieuse matinée, j'allai me promener avec plusieurs officiers sur les coteaux environnants, couverts de vignes, qui n'étaient pas encore vendangées, et de figuiers qui ployaient sous le poids des fruits.

14 *octobre*. — A Villafranca, petite ville sur les bords du Tage. Nous restons dans les maisons de campagne qui l'entourent jusqu'au 28 octobre inclus.

Les majestueuses et riantes rives du Tage, les magnifiques maisons de campagne qui bordent ses bords enchanteurs, les jardins délicieux qui couvrent la plaine située entre la colline élevée et le fleuve, pleine d'orangers plantés régulièrement, de citronniers, de lauriers roses et d'autres arbres aussi intéressants ; les coteaux tapissés de vignes, de figuiers, d'oliviers, un ciel d'une beauté ravissante, une route magnifique, rendaient la position de Villafranca une des plus belles qu'il m'eût été donné d'admirer jusqu'alors. Ce beau pays me parut un séjour de délices, un nouveau paradis terrestre, malgré les effroyables détonations de la flottille anglaise, et les sifflements lugubres des énormes boulets qu'ils nous envoyaient.

En arrivant à Villafranca, nous pensions en partir le lendemain pour nous rendre à Lisbonne, mais des obstacles invincibles que nous, machines mouvantes et obéissantes, nous ne connaissions pas, nous arrêtèrent.

La compagnie fut envoyée aux avant-postes, sur un petit ruisseau qui séparait les deux armées dans cette direction. Nous restâmes huit jours dans cette position, où nous pûmes, malgré le voisinage de l'ennemi, que le cours du ruisseau seul séparait de

nous, prendre quelque repos et assurer nos subsis-
tances. Nous occupions cinq ou six belles maisons
de campagne, richement meublées, luxueuses, dans
lesquelles nous trouvâmes quelques provisions et
un peu de blé caché. Dans une de ces maisons, il
y avait un moulin à farine, qui marchait par le moyen
d'un ou plusieurs chevaux. Les voltigeurs servirent
de bête de somme, et nuit et jour, ils le faisaient
tourner. La farine était grossière, brute, mais avec
elle on faisait du pain sans levain, des galettes, de la
bouillie. Enfin, nous vivions tant bien que mal, et
nous nous trouvions tous très heureux, officiers et
soldats, d'avoir cette ressource, qui devait avoir
une courte durée.

Notre général en chef, le comte Regnier, envoyait,
tous les jours une ou deux fois, son aide de camp,
le capitaine Brossard, qui parlait anglais, aux avant-
postes, pour porter des lettres, recevoir les réponses
et les journaux anglais. Il me prenait, en passant,
avec un clairon, et nous allions, nous trois, à une barricade élevée sur la route. En arrivant, je faisais
sonner la trompette, un officier anglais remettait
les journaux et les plis, le capitaine en faisait autant
de son côté. On causait, on buvait du rhum, on
mangeait de l'excellent biscuit de mer, que l'Anglais
apportait, et on se retirait bons amis. Il avait été
convenu qu'on n'attaquerait point sans se prévenir
d'avance et que les sentinelles ne feraient pas feu
l'une sur l'autre ; ainsi il y avait sûreté provisoire
et suspension d'armes tacite.

Une nuit que j'étais de garde, on tira un coup de
fusil sur la ligne des postes que je commandais. Je
fis aussitôt prendre les armes à tous mes hommes
et envoyai des patrouilles en reconnaissance. Après

un temps assez long, mes hommes rentrèrent en riant et conduisant un prisonnier. C'était un de nos ânes qui, en pâturant très pacifiquement, avait dépassé les deux lignes, violé le territoire ennemi et s'était montré à une sentinelle anglaise qui l'avait repoussé de notre côté. Ma sentinelle cria « Qui vive » à son apparition et, n'ayant pas eu de réponse, tira dessus, le manqua et occasionna une prise d'armes sur toute la ligne qui dut se prolonger bien loin, car on entendait bien longtemps après cette alerte bouffonne : Sentinelles, prenez garde à vous !

Ces utiles et patients animaux, disons-le à cette occasion, ont rendu d'immenses services à l'armée du Portugal, que la misère a rendu bien ingrate envers ses sauveurs. Tous les régiments avaient au moins de cent vingt à cent cinquante ânes à la suite, pour transporter les malades et les blessés, les sacs des convalescents, les provisions de vivres, quand on était assez heureux d'en trouver pour plus d'un jour. Cette masse de quadrupèdes enlevait bien des hommes à leur rang, alourdissait bien la marche des colonnes ; mais elle sauva bien des malheureux. Peu de jours après notre arrivée devant les lignes anglaises, la misère devint si poignante, si générale, que tous ces êtres inoffensifs furent tués et mangés avec une espèce de sensualité. Ceux qui voulurent ou purent en conserver les tinrent bien cachés, et les surveillèrent, comme des chevaux de prix, car on les volait et on les tuait sans scrupules.

J'ai déjà dit que les Anglais couvraient le fleuve de leur flottille, et remontaient bien plus haut que la limite convenue entre les deux armées. Un homme ne pouvait pas se montrer sur la digue du Tage, ou passer sur la route, sans recevoir aussitôt un coup de canon. Cette tracasserie meurtrière gênait beaucoup nos mouvements. Une nuit que j'étais de garde aux avant-postes, je m'étais retiré dans la cour d'une maison avec deux ou trois hommes, pour me chauffer, car la nuit était froide et il y avait défense de faire du feu en rase campagne. La porte extérieure de la cour était ouverte : son ouverture faisait face au fleuve, et le feu face à cette porte cochère. Le feu était ardent et éclairait bien ; assis sur une chaise et causant avec ces hommes, qui étaient debout à mes côtés, un boulet arrive et en coupe un en deux qui fut jeté sur le foyer bien enflammé. Le malheureux ne prononça pas un mot, sa mort avait été instantanée. Je fis éteindre le feu, et passai le reste de la nuit avec mes hommes qui, tout en regrettant leur camarade, regrettaient aussi ce petit soulagement à leur dure existence.

A notre bivouac, au pied de la colline qui dominait Villafranca, il y avait des maisons isolées dans les vignes que nous habitions dans la journée pour nous mettre à l'abri du soleil et prendre nos repas, quand il y avait quelque chose à manger. Dans la nôtre, nous trouvâmes une cachette remplie de livres français, presque tous de nos meilleurs auteurs, bien édités et supérieurement reliés, c'étaient les deux encyclopédies, c'était Voltaire, Rousseau, Montesquieu, etc. Rien de semblable ne s'était offert à mes yeux en Espagne.

29 *octobre.* — A Ponte de Mugen, sur la route de Santarem. Dans la matinée, notre bataillon reçoit l'ordre de prendre les armes et de se disposer à partir pour remplir une mission particulière. Ce départ précipité, pour une destination inconnue,

excita vainement la sagacité des officiers qui devinaient tout. Les soldats se réjouirent de ce changement de position. Talonnés par la misère, fatigués de service, dévorés par de petites puces presque invisibles, ils ne pouvaient pas être plus mal ailleurs.

Quelques heures après notre départ du gîte, nous traversons Santarem, sur une hauteur baignée par le Tage. Nous nous arrêtâmes, à la nuit, dans une immense maison de campagne, remarquable par ses vastes magasins remplis de denrées coloniales, de caisses d'oranges, de grains, et ses caves par leurs vins. C'était l'abondance, après les privations. Nous bivouaquâmes autour, et des sentinelles furent placées aux portes pour empêcher le gaspillage.

31 *octobre*. — A Tancos, jolie petite ville sur le Tage. On nous tira, de l'autre rive, force coups de fusil auxquels nous ne faisions pas attention. Dans la journée, nous traversâmes une autre petite ville appelée Barquigny, où il y avait, comme à Tancos, des magasins de riz, café, sucre, chocolat, café, morue, rhum, etc. On en chargea les ânes qui nous restaient, et quelques autres qu'on avait déjà recrutés depuis le départ, en battant la campagne à gauche de la route. J'avais à moi, depuis notre entrée en Portugal, un très fort mulet, que j'avais payé assez cher et qui me rendit de très grands services. Je le chargeai autant que je le pus, pensant que nous allions faire le siège d'Abrantès sur lequel nous marchions. Le pays que nous avions traversé jusqu'alors était magnifique, riche, fertile ; les vignes n'étaient pas vendangées, ni les figues cueillies ; mais ce n'était plus une ressource : les fruits étaient en grande partie pourris. Quelles belles récoltes per-

dues, surtout les olives, qui étaient dévorées par des millions de vanneaux ! Je n'avais jamais vu autant d'oiseaux : c'était comme des nuages, lorsqu'ils passaient devant le soleil. Les villes et les villages étaient sans habitants ni animaux.

1ᵉʳ novembre. — A Punhète. Pour passer le Zezer, qui était rapide et assez profond, il n'y avait ni pont, ni barques. On planta des jalons dans la largeur, et on assujettit des cordes bien tendues, pour que les hommes s'appuyassent dessus, de manière à ne pas être entraînés par le courant. De bons nageurs étaient placés au-dessous, pour saisir au passage ceux que l'eau aurait entraînés. Ce fut une opération longue, difficile et même dangereuse pour la majeure partie des soldats qui, ayant de l'eau au-dessus de la ceinture, étaient soulevés et entraînés, s'ils ne se tenaient pas fortement à la corde. Beaucoup furent repêchés par les nageurs. Il y eut quelques fusils perdus, mais point d'hommes noyés. Je le passai sur mon mulet, après qu'il eut déposé sur l'autre rivage son chargement.

Le soir, le général Foy, qui nous commandait, et que nous n'avions guère vu jusqu'alors, étant toujours en avant avec la cavalerie, vint visiter nos bivouacs. A son approche, en l'absence du capitaine, je fus à lui pour le recevoir et prendre ses ordres. Après avoir causé assez longtemps avec lui sur divers sujets de service, il aperçut, en s'approchant davantage d'un de nos bivouacs, une espèce d'homme à genoux près du feu, ayant les mains jointes et une chemise sur le corps : « Mon Dieu, me dit-il, qu'a donc cet homme, qu'a-t-il fait ? — Rassurez-vous sur son compte, mon général ; cet homme est un

dieu de bois en prière, c'est un christ, qu'un voltigeur a pris à l'église pour faire sécher sa chemise. »
Il rit beaucoup, tout en la blâmant, de cette plaisanterie, peu révérencieuse, que les désordres de la guerre
excusaient. La douceur du caractère du général Foy,
son affabilité et son accueil bienveillant me char-
mèrent. C'était la première fois que je lui parlais.

Depuis Tancos, nous suivions le Tage sur ses
bords, à cause des montagnes, où son lit était très
resserré et son cours très rapide. Ses rives étaient
plus pittoresques, mais les belles plaines qui le bordaient avaient disparu.

2 *novembre*. — Comme nous étions au bivouac, la
diane fut battue plus matin encore que de coutume.
Le bataillon prit les armes, et quand il fut formé,
le général Foy réunit autour de lui les officiers,
pour leur annoncer que nous allions en Espagne
pour l'escorter, et, lui, en mission auprès de l'Empereur. L'entreprise était périlleuse ; il ne s'agissait
rien moins que de traverser un royaume en insurrection, mais avec de l'audace, de la bravoure et
une parfaite soumission à ses ordres, il se faisait
fort de nous conduire en Espagne, sans combats,
mais non pas sans fatigues. Il nous prévint qu'on
partirait toujours avant le jour et qu'on ne s'arrê-
terait qu'à la nuit, afin de dérober nos traces aux
nombreux partis qui sillonnaient le royaume. Il
nous recommanda de marcher serrés, et de ne pas
nous écarter de la colonne, sous peine d'être tués
par les paysans...

Voici l'ordre de marche qu'on devait suivre habituellement : une compagnie de dragons à la première
avant-garde ; une section de grenadiers en avant

du bataillon ; les chevaux, les mulets, les ânes, les malades et les blessés, derrière le bataillon ; les voltigeurs à l'arrière-garde ramassant les traînards, faisant serrer les hommes et les bagages ; une compagnie de dragons, plus en arrière encore, pour surveiller les derrières de la colonne ; enfin, sur les flancs, cinquante lanciers hanovriens, pour éclairer, courir et battre la campagne au loin, afin d'annoncer l'approche de l'ennemi.

Le détachement était fort de trois cent cinquante fantassins et deux cents chevaux. Le général me recommanda d'étudier le pays que nous traversions, de prendre des notes et de les lui remettre tous les soirs, quand on serait arrêté. Cette circonstance fit que je le voyais, tous les jours, deux ou trois fois, et me mit en rapport avec lui d'une manière presque intime.

Entreprendre une expédition aussi hasardeuse, avec aussi peu de monde, était bien hardi ; mais le général était actif, entreprenant, et il avait près de lui un Portugais qui connaissait le pays, plus un aide de camp qui parlait la langue pour interroger les habitants qu'on rencontrerait ou les prisonniers qu'on ferait. Pour faciliter cette course presque à travers champs, et dégager le pays des bandes qui pouvaient s'y trouver, on envoya des troupes vers la place forte d'Abrantès, avec l'idée de faire croire à un prochain siège. Cette crainte devait faire courir dans cette direction, à la défense d'Abrantès, toutes les colonnes mobiles : c'est ce qui arriva pour notre droite ; d'autres démonstrations faites à notre gauche eurent le même résultat, en sorte que nous trouvâmes le pays à parcourir presque libre.

Du reste je ne doute pas que si nous avions été

serrés de plus près, le général aurait abandonné l'infanterie, qui s'en fût tirée comme elle aurait pu, et qu'il serait parti avec la cavalerie pour remplir sa mission, qui lui paraissait plus importante que la conservation de quelques centaines d'hommes. Quelques mots qu'il me dit dans une conversation particulière me le firent penser.

Le 3 novembre, nous traversâmes un village où il y avait une manutention de pain et des magasins de vivres et de vin pour les corps de partisans. A notre approche, les magistrats de la localité mirent le feu aux magasins et défoncèrent les tonneaux. Cependant on put prendre du pain, qui n'était pas encore la proie des flammes, et les soldats se mirent à plat ventre et se désaltérèrent du vin qui coulait dans la rue, comme ils l'auraient fait de l'eau après l'orage.

Le 4, peu de moments avant d'arriver au lieu où nous devions passer la nuit, et quand il faisait déjà noir, un coup de fusil fut tiré sur la compagnie, par un homme embusqué derrière une haie, au delà d'un ruisseau à notre gauche. La balle coupa la taille de mon habit, qui était ouvert, et atteignit au bras gauche le sergent de remplacement qui était à ma droite. Les éclaireurs de la cavalerie étant rentrés sans avoir rien aperçu, nous continuâmes notre route.

Le 5, au départ, le général nous prévint que, dans quelques heures, nous traverserions une plaine, où nous pourrions rencontrer la cavalerie de Silvera, général portugais ; qu'il était dès lors prudent de marcher serrés, pour pouvoir se former de suite en carré et résister à son choc. En effet, à la sortie d'un village, nous aperçûmes une grande plaine, précédée d'un ruisseau qu'on dut passer sur une seule planche, homme par homme. Le commandant, assez pauvre militaire, continua de marcher sans reformer son bataillon, en sorte que les hommes avançaient dans cette plaine isolément et en quelque sorte éparpillés. Quand le général s'en aperçut, il revint sur ses pas au galop ; bourra le chef de bataillon et les officiers de la manière la plus violente. Il était si colère qu'il ne pouvait plus parler. Je passai le ruisseau dans ce moment-là. J'arrêtai les premiers hommes au delà, et au fur et à mesure qu'ils arrivaient, je faisais mettre la baïonnette au fusil et former sur trois rangs. Le passage terminé, je me portai en avant, dans cet ordre, et parfaitement serrés. Quand le général me vit arriver, il s'écria : « Enfin, voilà une compagnie qui connaît ses devoirs, qui comprend sa situation. Très bien, voltigeurs, très bien, lieutenant Barrès. »

Le 7, dans la matinée, nous entrâmes dans un village d'Espagne, à notre grande satisfaction, car nous étions horriblement fatigués par ces six jours de marche forcée et maintenant il nous semblait que nous étions chez nous, malgré que le pays ne fût pas plus hospitalier. Le soir, nous n'étions plus qu'à trois lieues d'Almeida et cinq de Rodrigo. Malheureusement pour moi, dans la même nuit, j'acquis la triste certitude que j'étais empoigné par une violente fièvre.

Le 8 novembre, le matin, le général nous réunit pour nous faire ses adieux. Après quelques mots obligeants, dits assez froidement, il me prit à l'écart pour me demander les dernières notes que j'avais pu prendre, et ajouta tout bas : « Je vous recommanderai au ministre. » Il partit ensuite, avec la cavalerie. En arrivant à Rodrigo, nous ne l'y trouvâmes plus ; il avait hâte d'arriver à Paris pour exposer à l'empereur l'état où il avait laissé l'armée du Portugal et la nécessité qu'il y avait de lui envoyer un renfort.

Ainsi se termina une expédition pleine de dangers, sans avoir rencontré une seule fois l'ennemi, ni même reçu de coups de fusil, sinon celui dont j'ai parlé et qui aurait pu m'être fatal. Nous eûmes fort peu de malades, malgré les fatigues et l'assez mauvaise nourriture que nous prenions. Notre marche était si irrégulière qu'il aurait été très difficile à l'ennemi de nous poursuivre, car, semblables au lièvre chassé, nous changions plusieurs fois de direction dans la journée, pour rompre la piste de ceux qui nous auraient su en route. On dit, mais je ne l'ai pas vu, que les guides que l'on prenait étaient ensuite tués par les Hanovriens, lorsqu'ils arrivaient à la gauche de la colonne.

9 *novembre*. — Ce jour-là et le suivant, je ne sortis point de mon logement, j'étais trop accablé par la fièvre pour m'occuper de service. La maladie étant bien caractérisée, et la guérison devant être longue, je me déterminai à entrer à l'hôpital de Rodrigo, malgré la répugnance que j'en avais. Je vendis alors mon mulet.

Entré à l'hôpital, le 11, j'y restai quarante jours, sans éprouver un changement favorable à ma santé. Pensant peut-être que les médicaments n'y étaient pas bons, ou que l'air qu'on y respirait était insalubre, j'en sortis aussi malade, le 21 décembre, pour me faire traiter en ville à mes frais.

Le bataillon était parti depuis longtemps pour

Almeida. Je me trouvai donc seul, à Rodrigo, avec un voltigeur qui sortait aussi de l'hôpital. Un des premiers jours de ma sortie, retenu au lit par la souffrance, je lui dis : « Tu m'as menacé un jour de me tuer, à la première occasion qui se présenterait ; tu m'en as menacé au Portugal, parce que j'exigeais que tu portes le fusil d'un camarade malade, eh bien ! tu peux le faire aujourd'hui sans crainte, car je ne me sens par la force de me défendre. — Ah ! me répondit-il en rougissant, ce sont de ces choses que l'on dit, quand on est en colère, mais qu'on ne fait pas, à moins d'être un scélérat. »

J'avais entendu dire que le quinquina de première qualité, infusé dans du bon vin, était un excellent fébrifuge ; je me procurai l'un et l'autre, le jour même de ma sortie, et j'en fis immédiatement usage. Quelques jours après, je n'eus plus de fièvre, mais une très grande faiblesse que je ne pouvais pas réparer par une nourriture abondante et substantielle, crainte d'une rechute. Il n'y avait que le temps et beaucoup de ménagement qui pouvaient me rendre mes forces.

1ᵉʳ *janvier.* — Le premier jour de l'an 1811, comme je revenais de passer la soirée chez un capitaine de mes amis, blessé, mon soldat me dit : « Il y a un officier couché dans votre lit. » Je le blâmai de l'avoir permis. Il s'excusa, en disant que ce capitaine était trop fatigué pour aller faire changer son billet de logement, qu'il partait le lendemain au jour, que c'était un jeune officier, propre dans son extérieur, enfin qu'il l'avait prié si poliment de lui permettre de coucher à mes côtés qu'il ne s'était pas senti le courage ni la volonté de l'en empêcher. Après y avoir réfléchi, sachant qu'il n'y avait que ce seul lit et cette seule chambre dans la maison, je pensai à moi en pareille circonstance. Je me mis au lit à côté de cet inconnu. Au jour, il se leva bien doucement pour ne pas me réveiller, mais ayant ouvert les yeux, je reconnus un officier du 16e léger avec qui j'avais servi, un bon camarade qui m'avait donné de grandes preuves de regrets, lorsque nous nous dîmes adieu à Belfort en 1808. Joie vive de part et d'autre, satisfaction de nous revoir, grâce à un hasard qui pourrait passer pour une rencontre de comédie.

Le 3 janvier, je me croyais assez bien rétabli pour pouvoir aller rejoindre ma compagnie ; mais la pluie et le froid de la journée me firent craindre le soir, à Galiégos, d'avoir encore commis une imprudence.

Le 4, quand je fus voir le capitaine à mon arrivée, à Almeida, il me dit : « Vous avez eu tort de venir, vous n'êtes pas encore rétabli. » Je l'assurai que je l'étais, mais mon physique et mes forces me démentaient.

Le lendemain, j'avais le délire ; on me porta dans un grenier qui servait d'hôpital. J'y restai trente-six jours entre la vie et la mort, sans connaissance, mais ayant conservé le sens de l'ouïe d'une manière remarquable. Aussi j'entendis, plusieurs matins de suite, le médecin dire : « Il n'y a plus de pouls, il n'en a pas pour longtemps. » Ou bien : « Il ne passera pas la journée. » J'en revins cependant, comme par miracle, tout le monde mourant autour de moi, grâce surtout à mon fort tempérament, car les soins et les remèdes qui me furent donnés furent trop insignifiants, s'ils ne furent pas mauvais. Pendant ma convalescence, le général Foy revint de

Paris. Ayant su que j'étais à l'hôpital, il vint m'y voir. Cette bienveillante attention me toucha jusqu'aux larmes.

J'étais resté à Almeida ou à l'hôpital soixante-dix-huit jours, quand le 23 mars, le cadre du 4e bataillon, qui rentrait en France, vint à passer. En faisant partie, je dus partir avec lui. Je n'en fus pas fâché, ma santé demeurait trop délabrée pour que je regrettasse de ne pas être d'un cadre actif.

Le 27, par Ciudad-Rodrigo, Samonios et Malitra, nous arrivions à Salamanque, où nous apprîmes la naissance du roi de Rome. Nous y restâmes jusqu'au 8 avril. Le 11 avril, nous approchions de Valladolid, quand je commis encore une imprudence qui aurait pu m'être funeste. A la halte de Valdesillas, je rencontrai plusieurs officiers de la garde impériale, que j'avais connus quand j'y servais. Ils m'invitèrent à déjeuner, ce que j'acceptai avec plaisir, tout en leur disant que je n'avais que trois quarts d'heure à rester, pour ne pas me trouver seul sur la route. On causa beaucoup, et, quand je sortis de table, la colonne était partie. J'avais deux lieues à faire dans un pays désert, sillonné tous les jours par de nombreux guérillas, qui avaient pour mission d'intercepter la route de Valladolid à Madrid et à Salamanque. Le danger était grave, la mort presque certaine, mais la pensée d'être contraint d'attendre, peut-être longtemps, un autre convoi pour rentrer en France me fit tout braver. Je partis, peu rassuré sur ma position. En route, je fus atteint par un gendarme à cheval, qui allait grand train. Je saisis la queue de son cheval, et je galopai avec lui, mais bientôt fatigué, je fus obligé d'abandonner. Cependant je gagnais du terrain ; enfin, j'étais prêt d'atteindre la colonne, quand cinq ou six Espagnols à cheval se montrèrent sur ma gauche. Soit qu'ils ne me vissent point, soit pour tout autre motif, ils n'avançaient point. Je redoublais d'effort pour me tirer de leurs griffes, lorsque j'aperçus, derrière un petit bouquet de bois, cinq ou six cavaliers français qui venaient à ma rencontre. Le bon gendarme les avait prévenus du danger que je courais. Aussitôt l'officier d'arrière-garde avait fait rebrousser chemin à ces quelques cavaliers, pour me sauver, s'il était encore temps. Sans eux, j'étais occis : ces bandes cruelles ne faisant pas de prisonniers. Je remerciai mes libérateurs, et après m'être un peu reposé, je continuai ma route avec eux jusqu'aux bords du Duero, où j'atteignis la colonne.

Le 12 avril, le maréchal duc d'Istrie nous passa en revue et nous chargea de la conduite en France de 3 500 prisonniers, venant de Badajoz. C'était une désagréable corvée, dont nous nous serions bien passés. A la visite que nous lui fîmes, il reconnut un capitaine du régiment, qui avait été fifre sous ses ordres en Égypte. « Ah, te voilà, mauvais sujet. » — « Merci, Monseigneur, je vois avec plaisir que vous vous rappelez de moi. » Le maréchal rit beaucoup, et lui dit ensuite : « Je t'attends pour dîner. »

Il y avait aussi, à cette présentation, un officier de nos amis, lieutenant au 70e, que le maréchal reconnut, appelé Porret, que nous appelions, nous, « le sauveur de la France ». Il avait à Saint-Cloud, lors du 18 Brumaire, pris Bonaparte dans ses bras, pour le garantir des coups qu'on lui portait et le sortir de la salle du Conseil des Cinq-Cents. Cela lui valut le grade d'officier, une pension, le titre de chevalier, avec des armoiries, et bien des cadeaux de prix. C'était un excellent homme, peu instruit, mais bon camarade. Le maréchal le garda aussi à dîner, ainsi que quelques officiers supérieurs.

Depuis ce jour, j'ai eu souvent l'occasion de voir, à Paris, ce robuste grenadier de la garde du Directoire, qui se vit enlever sa pension privée par la Restauration, mais qui en fut dédommagé par le comte de Las-Cases. Las-Cases lui en fit une plus forte, réversible sur sa femme en cas de survie, du produit du legs que l'empereur Napoléon lui avait attribué dans son fameux testament de Sainte-Hélène.

Enfin le 27 avril au matin, nous passâmes la Bidassoa. Il serait difficile d'exprimer la joie qu'éprouvèrent tous ceux qui faisaient partie de cette immense colonne. Un hourra général retentit sur toute la ligne. Une fois le pont passé, nous n'avions plus à redouter les assassinats et la misère, ni la crainte de nous voir enlever nos prisonniers. J'étais si pauvre que je fus obligé d'emprunter de l'argent à mon capitaine, pour payer le premier repas que je prenais en France. Nous fîmes halte pour déjeuner à Saint-Jean-de-Luz.

J'étais resté dans la péninsule un an, trois mois et treize jours.

Détaché à l'île de Groix, Barrès est promu capitaine le 19 avril 1812. Il rejoint la Grande Armée, au début de 1813 ; et en qualité de capitaine des voltigeurs du 3ᵉ bataillon de la 47ᵉ, reprend pour la troisième fois, en avril, la route de l'Allemagne.

CAMPAGNES DE 1813 ET DE 1814

Le 5 mars 1813, dans la soirée, je partis en diligence pour Paris, où j'étais envoyé par le commandant du bataillon pour prendre des sabres, des buffleteries, des caisses de tambours et des clairons, enfin plusieurs effets d'uniforme ou de tenue pour les officiers. Pendant quatre jours, je m'occupai activement de la mission qui m'avait été confiée et que j'eus le bonheur de remplir complètement.

Le 10, au matin, j'avais expédié à Saint-Denis, où séjournait le bataillon, tous les effets commandés, qui satisfirent généralement,

Les officiers m'avaient chargé de leur faire préparer un bon dîner, pour le 9. Je commandai chez Grignon, restaurateur, rue Neuve-des-Petits-Champs, à un prix assez élevé pour que la plupart d'entre eux pussent dire que c'était le meilleur qu'ils eussent jamais fait. Il fut aussi gai que si on eût été en voyage pour une partie de plaisir, au lieu de l'être pour une campagne terrible, qui s'annonçait devoir être très meurtrière, vu la masse des combattants qui allaient se trouver en ligne. (A notre retour à Paris en 1816, seize mois après, la moitié au moins des convives de cette charmante et épicurienne soirée n'avaient plus revu leur patrie.)

Malgré mes nombreuses occupations, j'eus le temps de faire faire mon portrait au physionotrace.

Le bataillon arriva le 5 avril à Mayence. J'y passais pour la troisième fois.

Le 29 avril, dans l'après-midi, étant au bivouac,

nous entendîmes le canon pour la première fois de cette campagne. Un jeune soldat du 6e, au bruit de cette canonnade, qui paraissait assez éloignée, fut prendre son fusil aux faisceaux, comme pour le nettoyer, et dit à ses camarades en s'éloignant : « Diable, voici déjà le brutal. Je ne l'entendrai pas longtemps. » Il fut se cacher derrière une haie et se fit sauter la cervelle. Cette action fut considérée comme un acte de folie, car elle était incompréhensible. Si cet homme craignait la mort, il se la donnait cependant. S'il ne la craignait pas, il devait attendre qu'elle lui arrivât, naturellement ou accidentellement.

Le 1er mai, à notre arrivée au bivouac, nous vîmes passer un fourgon qu'on conduisait au grand galop à Weissenfels. Il contenait le corps du maréchal duc d'Istrie (Bessières), qui venait d'être traversé par un boulet sur les hauteurs situées en avant de nous. L'Empereur perdait en lui un fidèle ami, un vieux et brave compagnon d'armes. La mort de ce bon maréchal m'attrista douloureusement, car j'avais été longtemps sous ses ordres : il était doux et affable.

2 *mai* 1813. — Lutzen. On se mit en marche de grand matin, en suivant la route de Leipsick. Arrivée sur la hauteur et à l'entrée de la plaine de Lutzen, la division se forma en colonne à gauche de la route. A l'horizon, en avant de nous, on voyait la fumée des canons ennemis. Insensiblement, le bruit augmenta, se rapprocha et indiqua qu'on marchait vers nous. Pendant ce temps, les 2e et 3e divisions de notre corps d'armée arrivaient et se formaient en colonne derrière nous ; l'artillerie

mettait ses prolonges et se préparait à faire feu. Toute la garde impériale, qui était derrière, se portait à marches forcées sur Lutzen, en suivant la chaussée.

Enfin, nous nous ébranlâmes, pour nous porter en avant ; notre division était à l'extrême droite. En colonne serrée, nous traversâmes la route et nous nous portâmes directement sur le village, à droite de Strasiedel. Nous laissions à notre gauche le monument élevé à la mémoire du grand Gustave-Adolphe, tué à cette place en 1632.

En avant de Strasiedel, nous fûmes salués par toute l'artillerie de la gauche de l'armée ennemie et horriblement mitraillés. Menacés par la cavalerie, nous passâmes de l'ordre en colonne en formation de carré, et nous reçûmes dans cette position des charges incessantes, que nous repoussâmes toujours avec succès. Dès le commencement de l'action, le colonel Henrion eut l'épaulette gauche emportée par un boulet et fut obligé de se retirer. Le commandant Fabre prit le commandement du régiment, et fut remplacé par un capitaine. En moins d'une demi-heure, moi, le cinquième capitaine du bataillon, je vis arriver mon tour de le commander.

Enfin, après trois heures et demie ou quatre heures de lutte opiniâtre, après avoir perdu la moitié de nos officiers et de nos soldats, vu démonter toutes nos pièces, sauter nos caissons, nous nous retirâmes en bon ordre au pas ordinaire, comme sur un terrain d'exercice, et fûmes prendre position derrière le village de Strasiedel, sans être serrés de trop près. Le chef de bataillon Fabre fut admirable dans ce mouvement de retraite : quel sang-

froid, quelle présence d'esprit, dans cette organisation inculte ! Un peu de répit nous ayant été accordé,
je m'aperçus que j'avais quarante-trois voltigeurs
de moins, et un officier blessé à la tête. Je l'étais
aussi en deux endroits, mais si légèrement que je
ne pensai pas à quitter le champ de bataille.

Une de ces blessures m'avait été faite par la tête
d'un sous-lieutenant, qui m'avait été jetée à la face.
Je fus longtemps couvert de mon propre sang et
de la cervelle de cet aimable jeune homme qui, sorti
depuis deux mois de l'École militaire, nous disait
la veille : « A trente ans, je serai colonel ou tué. »

Obligés de battre en retraite, je crus la bataille
perdue, mais un chef de bataillon sans emploi,
arrivé de la veille d'Espagne avec cent autres au
moins, me rassura en me disant qu'au contraire
la bataille était bien près d'être gagnée ; que le
4e corps (comte Bertrand) débouchait à notre droite,
derrière l'aile gauche ennemie, et que le 5e corps
(comte Lauriston) débouchait à l'extrême gauche,
derrière l'aile droite ennemie. Après une demi-heure
de repos, la division se porta de nouveau en avant ;
en repassant sur le terrain que nous avions occupé
si longtemps et jonché de nos cadavres. Nous trouvâmes un de nos adjudants, qui avait la jambe
brisée par un biscayen, faisant le petit dans un sil-
lon. Pendant plus d'une demi-heure, les boulets
des deux armées se croisaient au-dessus de sa tête.
Après avoir subi quelques charges de cavalerie, et
essuyé plusieurs décharges de mitraille, dont une
tua ou blessa tous nos tambours et clairons, coupa
le sabre du commandant et blessa son cheval, l'ennemi se retira sans être poursuivi, n'ayant point de
cavalerie à mettre à ses trousses.

Nous bivouaquâmes sur le champ de bataille, formés en carré pour nous mettre en mesure de repousser l'ennemi, s'il se présentait dans la nuit. C'est ce qui arriva en effet, mais non pas à nous.

Nos jeunes conscrits se conduisirent très bien, pas un seul ne quitta les rangs ; il y en eut au contraire qu'on avait laissés derrière, parce qu'ils étaient malades, qui arrivèrent pour prendre leur place. Un de nos clairons, enfant de seize ans, fut de ce nombre. Il eut une cuisse emportée par un boulet, et expira derrière la compagnie. Ces pauvres enfants, quand ils étaient blessés à pouvoir marcher encore, venaient me demander à quitter la compagnie pour aller se faire panser : c'était une abnégation de la vie, une soumission à leur supérieur, qui affligeaient plus qu'elle n'étonnait.

Ma compagnie était désorganisée ; il manquait la moitié des sous-officiers et caporaux ; les fusils étaient en partie brisés par la mitraille ; les marmites, les bidons, les épaulettes, les pompons, etc., étaient perdus.

3 mai. — Au bivouac, en avant de Pegau...

L'armée se mit en marche dans la matinée, toute disposée à attaquer l'ennemi, s'il nous avait attendu sur l'Elster, mais nous ne le rencontrâmes pas. Je formais l'avant-garde du corps d'armée. Après avoir dépassé Pegau, je reçus l'ordre de m'arrêter, de prendre position sur les hauteurs, et de me retirer ensuite quand j'aurais été relevé.

Pendant que j'étais dans cette position, un escadron de dragons badois se porta en avant pour faire une reconnaissance, et le poste qui devait me relever arriva. Je prévins le sous-officier du 86° que des cavaliers étrangers ne tarderaient pas à se présenter pour rentrer au camp : les faire reconnaître, mais se garder de les prendre pour des ennemis. J'étais en route pour rejoindre mon bataillon, lorsque j'entendis tirer des coups de fusil derrière moi. C'étaient les Badois qu'on prenait pour des Russes. Le poste lâcha pied, lorsqu'il se vit charger et se débanda. L'alarme se répandit dans les bivouacs de la division ; on prit les armes. J'envoyai de suite prévenir que c'était une méprise, mais les troupes étaient déjà formées. Un quart d'heure après, tout était rentré dans l'ordre : un cavalier avait été blessé. Le sergent fut relevé et puni.

4 mai. — Au bivouac, autour de Borna, petite ville de Saxe, à quatre lieues d'Altenbourg.

Je fus chargé de faire l'arrière-garde de la division. Le général me recommanda de me tenir au moins à une lieue en arrière de toutes les troupes, de marcher prudemment et bien en ordre, parce que j'avais une plaine considérable à traverser, où je pourrais être chargé par des cosaques cachés dans la forêt que je longeais à droite. J'en vis quelques-uns, en effet, mais n'étant pas en assez grand nombre, ils ne vinrent pas nous attaquer.

Le soir au bivouac, le commandant me fit faire des mémoires de proposition pour de l'avancement, et pour la décoration de la Légion d'honneur, ainsi qu'un ordre du jour pour des nominations de sous-officiers et de caporaux. Mon sergent-major fut fait adjudant sous-officier. Je cite cette promotion, parce qu'il est devenu plus tard un personnage important dans la finance. Encore adjudant en 1814, il demanda son congé et l'obtint. Devenu commis d'un recevour général, il était en 1824 trésorier général de la Marine et avait vu son contrat de mariage signé par Charles X et la famille royale. S'il était devenu officier, il serait resté au service. Mais à supposer même qu'il eût été heureux, sa position n'eût jamais valu probablement celle qu'il a acquise. Il s'appelle Marbeau et est encore en fonctions.

JE REÇOIS LA LÉGION D'HONNEUR

18 mai. — Une lettre du major général de la Grande Armée, prince de Neufchâtel et de Wagram, m'annonce que, par décret daté du 17, j'ai été nommé chevalier de la Légion d'honneur, sous le n° 35 505. Jamais récompense ne me causa autant de joie. Le commandant fut nommé officier, le capitaine de grenadiers et deux ou trois autres sous-officiers et soldats furent nommés légionnaires. Ceux des capitaines qui ne le furent pas, murmurèrent beaucoup contre le commandant, mais c'était injuste, car il l'avait demandé pour tous.

LES DEUX BATAILLES DE BAUTZEN

20 mai. — Tous les préparatifs d'une bataille générale ayant été terminés le 19 au soir, nous en fûmes prévenus le 20 au matin. On se disposa pour cette grande journée. Vers dix heures, nous nous portâmes en avant, pour forcer le passage de la Sprée, ayant la ville de Bautzen située sur l'autre rive. Le passage ne pouvait s'exécuter, faute de ponts. On en établit sur chevalets et, quand les rampes furent praticables, nous le franchîmes rapidement. Toutes les positions furent enlevées et nous laissâmes la ville derrière nous. A sept heures du soir, la bataille était gagnée, et les corps prenaient position pour passer la nuit en carré, car on craignait les surprises de la cavalerie.

Avant de passer la Sprée, le général Compans, commandant notre division, m'avait demandé quinze voltigeurs avec un sergent et un caporal. Il les conduisit lui-même au pied des murs de la ville, leur indiqua une brèche où ils pouvaient passer, leur dit de monter par là, de renverser tout ce qui leur ferait obstacle et de se porter ensuite à une porte qu'il leur indiqua pour l'ouvrir. Le sergent monte le premier, il est tué. Le caporal le remplace et donne la main aux voltigeurs pour les aider à monter. Ils font le coup de feu, perdent deux ou trois hommes, arrivent à la porte, l'ouvrent et donnent entrée à des troupes du 11e corps qui attendaient au pied des murailles, ne pouvant pas les escalader, faute d'échelles. La ville prise, les voltigeurs vinrent me rejoindre. Un instant après, le général Compans arriva devant la compagnie. Il me dit : « Capitaine, vous allez faire sergent ce brave caporal, et caporal celui des voltigeurs qui a le plus d'instruction, car ils mériteraient tous des récompenses, ne faisant pas de différence entre eux. Si le sergent n'eût pas été tué, je l'aurais fait faire officier. Enfin, vous proposerez pour la décoration ce même caporal, et un des voltigeurs à votre choix. » Tout cela m'avait été dit à l'écart. J'étais éloigné du bataillon, me trouvant alors détaché avec une batterie d'artillerie pour sa garde. Je fis les deux promotions, ce qui n'était pas très régulier ; mais les ordres étaient impératifs, et le motif trop honorable pour que je ne les exécutasse pas sur-le-champ.

Dans la soirée, mon soldat de confiance m'apporta du pain, du saucisson, une bouteille de liqueurs et une botte de paille qu'il avait achetés à Bautzen. J'en fis part à mes deux officiers. Puis j'étendis ma botte de paille, derrière les faisceaux de la compagnie, dont un rang était debout et les deux autres couchés, et ainsi alternativement d'heure en heure. Tout cela fut reçu avec reconnaissance, car nous étions bien anéantis par la faim et la fatigue.

21 mai. — Avant le jour, on prit les armes, et plus tard on se porta au pied des collines qui se trouvaient de l'autre côté du ruisseau, où nous nous étions arrêtés la veille au soir. Dans l'ignorance de ce qui se passait, nous attendions l'ordre de nous porter en avant pour poursuivre l'ennemi ; mais la détonation de plusieurs centaines de canons et la vive fusillade qui se firent entendre sur toute la ligne de l'armée nous apprirent que ce que nous avions fait la veille, n'était que le prologue d'un sanglant drame qui allait se jouer en avant de nous par 350 000 hommes conviés à cette représentation.

L'Empereur étant arrivé, nous gravîmes sans résistance la colline qui était devant nous, et descendîmes dans la plaine opposée où nous vîmes l'armée russe couverte par des redoutes et des retranchements, dont tout son front était hérissé. Cette ligne retranchée se prolongeait, depuis les versants des montagnes de la Bohême, à gauche de l'ennemi, jusqu'à une ligne de mamelons à droite, perpendiculaire à la ligne de bataille. Notre corps d'armée était au centre ; il devait assez menacer la ligne retranchée ennemie pour donner à penser qu'on voulait la forcer, attirer toute son attention sur ce point et ainsi permettre aux corps d'armée, qui étaient aux extrémités, de la tourner et de faire tomber le front sans l'attaquer directement. A cet effet, plus de cent pièces de canons furent mises en batterie et tirèrent constamment, depuis neuf heures du matin, jusqu'à quatre heures du soir. Nous étions en carrés dans cette plaine, derrière les batteries, recevant tous les boulets qui leur étaient destinés. Nos rangs étaient ouverts, broyés, horriblement mutilés par cette masse incessante de projectiles qui nous arrivaient de ces diaboliques retranchements. Quelques giboulées de pluie qui obscurcissaient momentanément l'atmosphère nous laissaient quelques répits dont nous profitions pour nous coucher, mais ils étaient courts.

Enfin, vers quatre ou cinq heures, l'ordre arriva d'enlever à la baïonnette ces formidables redoutes, dont le feu n'était pas encore entièrement éteint. On commençait à former les colonnes d'attaque, lorsque la canonnade cessa tout à coup : l'ennemi nous abandonnait le champ de bataille, et se retirait en ordre. Nous le serrâmes de près, pendant une heure ou deux, et nous nous arrêtâmes enfin, harassés, mourants de faim, mais fiers de notre triomphe.

Je crois qu'il n'y a pas de plus beaux jours dans la vie que la soirée de celui où l'on vient de remporter une grande victoire. Si cette joie est un peu tempérée par les regrets que cause la perte de tant de bons et valeureux camarades, elle n'en est pas moins vive, enivrante. Nous nous réunîmes autour

du général Joubert pour nous féliciter mutuellement du résultat de cette terrible journée. Une
bouteille de rhum circula pour boire à la santé de
l'Empereur. On était formé en cercle, et l'on causait
gaiement, lorsqu'un boulet perdu arrive, en ricochant
lentement, mais ayant encore assez de force pour
couper un homme en deux, s'il l'eût rencontré. Prévenus à temps, nous l'évitâmes lestement, et personne ne fut atteint.

J'eus vingt et un hommes tués ou blessés dans
les deux journées. Les blessures étaient horribles.

22 mai. — Nous prîmes position pour prendre
part au combat de Reichenbach, qui eut lieu dans
l'après-midi, mais nous ne donnâmes pas. Ce fut
dans ce combat d'arrière-garde que le grand maréchal du palais Duroc, duc de Frioul, et le général du
génie de la garde Kirgener furent tués par le même
boulet. Le soir, à la lumière de notre bivouac, le
commandant Fabre et moi, nous fîmes des mémoires
de proposition, pour pourvoir aux places vacantes
d'officiers et pour des décorations. Je n'oubliai pas
d'y porter le sergent qui s'était si bien conduit à
l'attaque de Bautzen, et un voltigeur que je choisis
comme le plus méritant, parmi les douze qui restaient.

26 mai. — L'ennemi voulut nous défendre le
passage de la Katsbach, près de Wüdschüs, en nous
envoyant des boulets. Je fus envoyé en tirailleur,
pour les chasser de la rive gauche et les suivre dans
leur mouvement de retraite. Après une fusillade
assez vive, où je perdis trois hommes, ils se retirèrent. Je les suivais de près et comptais passer la

rivière après eux, mais je me trouvai devant un cours d'eau considérable, que je ne pus franchir. La nuit arrivait, le maréchal ne jugea pas à propos d'engager une affaire à une heure aussi avancée; il me fit dire de bivouaquer un peu au-dessous du pont où j'étais et où je trouverais une route. Je m'y rendis; je vis alors que l'obstacle qui m'avait arrêté était un amas d'eau artificiel, pour faire tourner un moulin.

26 mai. — Le matin, je pris la tête de la colonne et reçus directement les ordres du maréchal. Après deux heures de mouvement, le maréchal se décida à abandonner la vallée que nous suivions et se dirigea à gauche pour traverser la plaine d'Iauer. Il y eut quelques charges de cavalerie, qui furent repoussées, et on arriva ainsi sous les murs de la ville d'Iauer.

En traversant la ville, je butai contre un corps passablement gros, que je ramassai et emportai avec moi, ayant le pressentiment que ce pouvait être quelque chose de bon. En effet, c'était un énorme dindon, le plus gros que j'avais vu jusqu'alors. Plumé, vidé, troussé, renfermé dans une serviette et une musette de cavalerie, je l'annonçai à mes camarades, qui furent d'avis qu'on le mangerait, le lendemain, tous ensemble, si, comme le bruit en courait, nous séjournions dans cette position.

Le 29, les officiers un peu cuisiniers se mirent à l'œuvre pour préparer le dîner projeté la veille; les vivres ne manquaient pas, l'art n'y fit pas défaut. Nous fîmes, ce jour-là, ce qui ne nous était pas arrivé depuis le passage du Rhin, un très bon repas, arrosé d'un vin de Moravie excellent, qu'on avait trouvé en ville. Les préparatifs, les difficultés à vaincre, le plaisir d'être réunis et de manger, tranquillement assis. les produits de nos connaissances culinaires, nous firent passer quelques heures agréables, moments rares à la guerre.

30 mai. — Nous restâmes à Eisendorf, qui est un village. près de Neumarckt, à attendre que fût signée l'armistice de Plesswitz, et le 6 juin commença notre mouvement rétrograde, pour aller occuper les positions que la Grande Armée devait prendre, pendant les cinquante jours de repos qui lui étaient accordés par l'armistice.

Le soir au bivouac, en avant de Neudorf, le voltigeur que j'avais proposé pour la décoration se rendit coupable de vol envers un de ses camarades. Soupçonné de ce crime, il fut fouillé, et trouvé nanti de l'objet volé. Les voltigeurs indignés le saisirent, lui donnèrent la savate, et envoyèrent près de moi une députation pour qu'il fût chassé de la compagnie. J'étais retiré dans une maison, à l'écart, ce qui fut cause que cette justice fut rendue à mon insu. Je m'y serais opposé, le vol, quoique prouvé, étant d'une très petite valeur. Mais le mal était fait, il fallait bien l'approuver tacitement, pour conserver dans la compagnie cette honorable susceptibilité. J'en rendis compte au commandant, et il fut convenu entre nous que si ce malheureux jeune homme était nommé légionnaire, son brevet serait renvoyé en expliquant les motifs.

7 juin. — Avant le départ de Neudorf, le général Joubert me donna l'ordre de me répandre, avec ma compagnie, dans tous les villages situés à une lieue et plus du flanc droit de la colonne, et d'enlever tous les bestiaux que je trouverais, pour les conduire à Gnadenberg, où je devais être rendu le 8 au soir.

Le 8, je rejoignis la division dans la soirée, long-temps après qu'elle avait établi ses bivouacs, avec quatre cents bœufs ou vaches, trois mille moutons, quelques chèvres, chevaux, etc. Le général Joubert fut enchanté de cette excursion; le général Compans vint m'en faire compliment, et me dit de conduire mes prises au parc du corps d'armée. C'est tout ce que j'en eus, car si j'avais voulu faire de l'argent, je l'aurais pu sans difficulté, les propriétaires barons m'offrant de l'or pour leur laisser la moitié de ce que je leur prenais. Mais j'avais une mission de confiance à remplir, je le fis en conscience. Cependant, quand les voltigeurs m'amenaient des vaches appartenant à de pauvres gens qui venaient les réclamer, je les leur rendais. Dans une dépendance d'un très beau château, un général italien, un peu blessé, et qui s'y trouvait, voulut s'opposer à ma réquisition. « Je le veux bien, mon général, mais donnez-m'en l'ordre par écrit. » Il n'osa pas.

Le 10 juin ma compagnie eut pour quartier une très grosse ferme isolée, où elle fut bien établie. Nous commencions à avoir un très grand besoin de repos. L'armée était extrêmement affaiblie par les combats de tous les jours, par les marches et les maladies, par les nombreuses mutilations, par les facilités que l'ennemi avait de faire des prisonniers, les soldats cherchant les moyens de se faire prendre. Elle avait aussi un besoin pressant d'effets d'habillement de linge et de chaussures, tout était à réparer et en grande partie à renouveler. Dès le lendemain, j'organisai des ateliers de tailleurs et de cordonniers pour les réparations. Il fallut s'occuper de guérir les maladies de peau, débarrasser les pauvres jeunes soldats de la vermine qui les rongeait, donner des soins aux maladies légères, envoyer à l'hôpital de Buntzlau les hommes plus gravement atteints. Il fallut aussi s'occuper de l'armement, de la buffleterie, des mille détails qu'exige l'administration d'une compagnie.

Mon sous-lieutenant blessé à Lutzen m'ayant rejoint, j'avais trois officiers avec moi. Nous couchions tous quatre dans une petite chambre, sur de la paille, mais cela valait mieux que le meilleur bivouac, car nous étions à couvert. Il y avait quarante-quatre nuits que je dormais à la belle étoile.

Le 15 juin, le commandant reçut huit nominations de chevalier de la Légion d'honneur dont deux pour ma compagnie. Celle du voltigeur chassé de la compagnie était de ce nombre. Le même jour, elle fut renvoyée au général de brigade, accompagnée d'un rapport motivé. Le 17, un décret spécial, daté de Dresde, annulait cette nomination. La proposition, la nomination et l'annulation ne furent pas connues du malheureux intéressé, ni d'aucun des officiers du bataillon.

Peu de jours après notre établissement dans ce village d'Ober-Thomaswald, un jeune parent, que j'avais amené de chez moi, après avoir montré beaucoup d'énergie et de courage dans cette guerre qui en exigeait plus que d'ordinaire, tomba malade. Je le gardai quelque temps près de moi, puis, son état s'aggravant, je le fis conduire à l'hôpital de Buntzlau, où il succomba. Cette mort me fut douloureuse et me fit bien regretter de l'avoir pris avec moi.

Pendant l'armistice, le maréchal se fit présenter tous les hommes mutilés, le nombre en était très grand. C'était vraiment affligeant. Il y en avait plus de vingt dans le bataillon, et peut-être plus de 15 000 dans toute l'armée. Ils furent renvoyés sur les derrières, pour travailler aux fortifications, conduire les charrois, etc. Quand M. Larrey, chirurgien en chef de l'armée, assurait l'Empereur que le fait était faux, il le trompait sciemment. Il n'y avait pas un officier dans l'armée qui en doutât, car cela se passait pour ainsi dire sous leurs yeux. Cette déplorable monomanie datait déjà depuis longtemps, mais elle fut bien plus pratiquée dans cette terrible campagne. C'était un précurseur de nos futurs désastres.

18 juillet. — L'armistice, qui devait finir le 20 juillet, fut prolongé jusqu'au 15 août. La fête de l'Empereur qui se célébrait ordinairement le 15 août fut rapprochée de cinq jours et fixée au 10. Pour lui donner tout l'éclat convenable, pour imposer à cette grande solennité un caractère en rapport avec les circonstances extraordinaires où la France et l'armée se trouvaient, de grands préparatifs furent faits à tous les quartiers généraux et dans tous les cantonnements.

Le 10 août, le corps d'armée se réunit dans une vaste plaine et fut passé en revue par son chef, le maréchal duc de Raguse, qui, en grand costume, manteau, chapeau à la Henri IV, et bâton de maréchal à la main, passa devant le front de bandière de chaque corps. Après la revue, il y eut quelques grandes manœuvres et défilé général. Le corps d'armée, composé de trois divisions (Compans,

Bonnet et Friederich), était remarquablement beau et plein d'enthousiasme. Sa force était de 27 000 hommes et de 82 pièces de canons.

Après la revue, tous les officiers de la division se réunirent à Gnadenberg pour assister à un grand dîner que le général de division donna dans le beau temple des protestants. On servit, sur un immense fer à cheval, trois chevreuils rôtis, entiers, se tenant sur les quatre jambes. Les amateurs de venaison bien faisandée purent se régaler, car ils empestaient la salle du festin.

Dans la soirée, on se rendit au quartier général, où des jeux de toute espèce furent en activité. Ce fut une belle journée, que de bien mauvaises devaient suivre.

Dans le village d'Ober-Thomaswald, où je restai soixante-neuf jours, j'ai vu, pour la première et dernière fois, une espèce de rosier, dont le bois et la feuille sentaient la rose, comme la fleur elle-même, qui était fort belle.

DRESDE

18 *août.* — Reprise des hostilités. Au bivouac, près de Gnadenberg, faisant face à la Bohême, pour couvrir notre flanc droit, menacé par les Autrichiens qui venaient de se joindre à la coalition. Cette guerre du beau-père contre le gendre surprit autant qu'elle indigna l'armée. Ce nouvel ennemi sur les bras, sans en compter bien d'autres qu'on nous annonçait, firent prévoir des événements dont beaucoup de nous ne devaient pas voir la fin. Mais nous étions confiants dans le génie de l'Empereur, dans nos succès antérieurs. Et cette présomp-

tion que rien ne pouvait nous abattre nous rassura
sur l'issue de cette guer e.

26 *août*. — Au bivouac, à deux lieues avant d'arriver à Dresde. La pluie tomba par torrent toute la
journée. La route était couverte de troupes qui se
rendaient aussi à Dresde. Le canon qui se faisait
fortement entendre dans cette direction, le passage
continuel d'aides de camp et d'ordonnances, l'agitation qu'on remarquait sur toutes les figures annonçaient de grands événements. Le bivouac fut triste,
pénible, tout à fait misérable.

27 *août*. — Nous partîmes de notre position avant
le jour, mais la route était si embarrassée de fantassins, de cavaliers, de canons, qu'à midi nous
étions dans les rues de Dresde sans pouvoir débou-
cher dans la plaine. La pluie était aussi forte que
la veille. Les détonations d'une immense artillerie
nous assourdissaient. Enfin, nous arrivâmes sur le
champ de bataille et nous fûmes mis en ligne, mais
déjà la victoire était restée à nos aigles. Ce qui restait à faire se réduisait à profiter de cet éclatant
succès. On poursuivit un peu l'ennemi ; le terrain
était trop détrempé pour qu'on pût avancer vite
et lui faire beaucoup de mal : la nuit arriva, quand
l'action s'engageait avec notre division.
Au bivouac dans la boue et sur le champ de
bataille.

28 *août*. — A la poursuite de l'ennemi dès le jour.
Nous l'abordâmes plusieurs fois, mais sans engagement sérieux : il ne tenait pas. Sur les dernières
hauteurs qui entourent Dresde, le général m'en-

voya fouiller un village, que nous laissions à notre droite, dans la vallée de Plauen, et dans lequel on lui avait signalé beaucoup d'Autrichiens. Je m'y rendis avec ma compagnie, appuyée par celle des grenadiers, qui devait rester en réserve. Sur la hauteur, après un échange insignifiant de coups de fusil, je fis plus de cinq cent cinquante prisonniers, qui se rendirent plutôt qu'ils ne se défendirent. D'après leurs dires, je pouvais en faire trois à quatre mille en continuant ma course dans le fond de la vallée, et y trouver même beaucoup de canons et de bagages, mais je reçus l'ordre de rentrer, le corps d'armée devant se porter plus à gauche, où l'arrière-garde russe s'obstinait à défendre un défilé diffi-cile. Sa résistance ne cessa qu'avec le jour.

Nous bivouaquâmes de l'autre côté de la grande forêt, et près de la petite ville de Dippoldwalde, dans la vallée de Plauen. En général, les Autrichiens ne faisaient aucune résistance, mais les Russes étaient plus opiniâtres que jamais. La bataille de Dresde avait détruit l'armée autrichienne, et fort peu en-tamé les autres alliés.

Je n'eus que deux hommes blessés dans cette journée, où nous apprîmes, dès le matin, la mort du général Moreau, qui était venu se faire tuer dans les rangs de l'armée russe. Ce fut une punition du ciel.

30 août. — Combat de Zinnwald. Je ne suis pas très sûr de ce nom, l'ayant pris sur une carte dont j'étais pourvu, mais n'ayant personne pour m'in-diquer si je ne commettais pas d'erreur de lieu. Ce combat fut très honorable pour ma compagnie, qui, de l'aveu du général Joubert, avait fait plus, à elle seule, que tous les autres tirailleurs de la division. Le récit de ce combat serait intéressant à écrire, mais demanderait de trop longues descriptions. Après avoir enlevé la position, nous jetâmes l'ennemi en désordre dans la forêt de Lœplitz, et nous y bivouaquâmes. J'avais eu huit hommes tués ou blessés, et moi-même, je reçus un coup de lance de cosaque, qui heureusement ne fit que m'effleurer l'épaule droite. Huit jours après, la compagnie reçut deux décorations, pour sa belle conduite dans cette journée.

Nous étions depuis deux jours au milieu des forêts impénétrables de la Bohême, et parfois, dans des gorges d'une profondeur et d'une sauvagerie remplies de terreur.

31 août. — Presque au jour, les Russes nous attaquèrent avec une violence qui nous surprit et qui contrastait avec leur conduite des jours précédents. D'abord vainqueurs, nous les repoussâmes plus loin qu'ils ne se trouvaient le matin, jusqu'en vue de Lœplitz. Ramenés à notre tour, jusqu'à notre première position, nous y restâmes malgré tous les efforts qu'ils firent pour nous en chasser. Toute la division se battait en tirailleurs, sauf quelques réserves destinées à relever les compagnies trop fatiguées. A quatre heures du soir, je me retirai un instant du combat pour nettoyer mes armes; elles étaient si encrassées que les balles n'entraient plus dans le canon. Je rentrai de nouveau en ligne jusqu'à la nuit.

Nous bivouaquâmes sur le même terrain de la veille, cruellement maltraités. Le bataillon avait eu plusieurs officiers tués ou blessés et près du tiers de ses soldats. Je comptais un officier et vingt-cinq hommes de moins dans mes rangs. Dans le milieu de la nuit, nous reçûmes l'ordre de faire de grands feux (le bois ne manquait pas) et de nous retirer ensuite en silence, sans tambours ni trompettes, par le même chemin que nous avions suivi les jours précédents.

La marche fut lente, dangereuse, dans ces chemins affreux où l'on ne voyait rien. A l'aube, du jour, nous arrivâmes sur le terrain de combat du 30. Nous y restâmes quelques instants, pour nous organiser et nous reposer, car nous en avions grand besoin.

C'est alors que nous apprîmes que le général Vandamme, commandant le 1er corps d'armée, avait été complètement battu le 30, à Culm, pas bien loin, de nous, sur notre gauche, mais si profondément séparé par des gorges affreuses et des bois si touffus, qu'on n'aurait pas pu lui porter secours. Cela nous expliqua l'acharnement du combat de la veille et notre mouvement de retraite.

2 *septembre*. — Depuis six jours, nous étions sans vivres. Je ne mangeai guère autre chose que des fraises et des myrtilles, qu'on trouvait abondamment dans les bois. Enfin, la cantinière de la compagnie, sur la voiture de laquelle j'avais des vivres, nous rejoignit. Cette misérable femme nous avait abandonnés, quand elle avait vu que nous entrions dans un pays si sauvage.

4 *septembre*. — Un décret de ce jour ordonne que sur dix hommes trouvés hors de leur corps, il en serait fusillé un. Cette mesure indique suffisam-

ment combien la démoralisation est répandue dans l'armée.

10 septembre. — Au camp de baraque, devant Dresde, nous avons un repos de trois jours. Il me rétablit complètement. J'avais été bien mal, sans lâcher pied. Il fit aussi beaucoup de bien à l'armée qui, depuis vingt-quatre jours, était sur les chemins, de l'aube à la nuit.

Le 13, à Grossen-Hayn il se passa un événement qui me navra le cœur. Un pauvre soldat avait été condamné à mort pour un crime ou délit assez insignifiant. Conduit sur le terrain pour être fusillé et après avoir entendu la lecture de son jugement, il cria grâce et s'enfuit à toutes jambes. Il fut poursuivi à coups de fusil, et finit par être atteint. Une fois tombé, on l'acheva.

27 septembre. — Dans la nuit, on fut instruit que la cavalerie ennemie approchait et se disposait à attaquer la nôtre, qui, composée de jeunes soldats, n'était pas en mesure de pouvoir lui résister. Notre bataillon partit le premier pour prendre position à l'entrée d'un défilé, afin de protéger la retraite de la cavalerie. Je fus placé dans le cimetière d'un village que la route traversait. Je fis cacher mes hommes, et leur donnai la consigne de ne faire feu sur les cosaques que quand notre cavalerie serait entrée dans le village. Peu de temps après, je vis arriver notre mauvaise cavalerie dans un désordre effroyable, suivie d'une immense nuée de cosaques. Quand elle fut à peu près toute passée, je fis faire feu, ce fut alors le tour des cosaques à fuir. Quelle raclée ils reçurent, avec quelle vitesse ils disparurent !

Une fois éloignée, je rejoignis mon bataillon qui était de l'autre côté du ravin. On rallia la cavalerie et une fois organisée, on se remit en marche, mais une demi-heure après, elle était encore en déroute et s'était laissé prendre deux pièces de canon. Le bataillon tout entier partit au pas de charge et les reprit. Dans cette position, le bon colonel Boudinhox, commandant un régiment provisoire de dragons, vint me voir et m'offrir ses services. Il était navré de commander de si mauvais cavaliers.

Je fus ensuite envoyé par le duc de Raguse sur une hauteur, pour garder le débouché de deux chemins, avec ordre de ne quitter cette position que quand il n'y aurait plus de nos gens dans la plaine, et de faire ensuite l'extrême arrière-garde. Je marchai au hasard, une partie de la nuit, pour rejoindre le corps d'armée, que je trouvai près de l'Elbe, en face de Meissen, où nous bivouaquâmes. Je fus bien heureux de n'avoir pas été enlevé par les cosaques, dans l'abandon où on m'avait laissé, car, à moins de me jeter dans les bois et de marcher à l'aventure dans un pays que je ne connaissais pas je n'aurais pas pu résister longtemps à de nombreuses charges réitérées.

28 *septembre.* — Nous descendîmes la rive gauche de l'Elbe. A une lieue au-dessous de Meissen, à un endroit où le fleuve est resserré entre deux chaînes de collines assez élevées, nous fûmes horriblement canonnés par quinze ou vingt pièces de canon placées sur une hauteur de la rive droite, tirant à plein fouet des boulets et de la mitraille, avec d'autant plus de succès qu'on ne leur ripostait pas. Ce qu'il y avait de mieux à faire, c'était d'accélérer le pas, pour se

trouver, le plus vite possible, hors d'atteinte des projectiles ; la cavalerie put le faire rapidement, mais nous, ce n'était pas aussi facile. Nous laissâmes sur le terrain plus de trente morts, indépendamment d'une vingtaine de blessés, dont deux officiers que nous enlevâmes. Nous fîmes pendant quelque temps le coup de fusil, pour faire éloigner les pièces, mais ce fut sans succès. Nous restâmes à peu près un quart d'heure sous les coups de cette incessante canonnade.

Le soir, nous avons logé à Riesa, sur les bords de l'Elbe, c'est le premier logement que nous faisions depuis le 17 août...

8 *octobre*. — Nous étions au bivouac, sous les murs de Torgau, sur l'Elbe. Le 9 au matin, le comte de Narbonne, aide de camp de l'Empereur, et gouverneur de Torgau vint nous passer en revue et nous pria de le dégager un peu. Il y eut alors un combat, qu'on pourrait considérer comme une petite bataille en miniature, entre les glacis de la place et les blockhaus construits par les troupes du blocus. Trop faible pour tenir la campagne, l'ennemi chercha à nous attirer vers ses retranchements, pour nous accabler de sa grosse artillerie, mais, à notre tour, nous n'étions pas assez nombreux pour tenter l'attaque de ces nombreuses positions aussi bien armées ; en sorte que la journée se passa en démonstrations de part et d'autre sans engagement très vif. Toutes les armes, infanterie, cavalerie, artillerie, furent en action, sans éprouver beaucoup de perte. Ma compagnie jouait le rôle d'éclaireurs. Mais l'entreprise était au-dessus de nos forces.

Le 12 octobre, nous sommes passés sur la rive droite de l'Elbe à Vittemberg, et je commençai l'affaire sur l'ordre du général Chastel, commandant une brigade de cavalerie du corps d'armée du général Régnier. Ce combat (combat de Coswick) fut heureux et brillant. On y prit beaucoup de prisonniers, de bagages, et l'on fit un grand chemin en courant, car l'ennemi fut mis en déroute dès le commencement de l'affaire. Nous avons bivouaqué à deux lieues en avant du champ de bataille. Nous étions très fatigués, parce que nous avions voulu rivaliser de vitesse avec la cavalerie.

Le 13, nous avons poursuivi l'ennemi jusqu'en face d'Ackern. Il y eut dans la journée plusieurs charges de cavalerie très heureuses sur l'arrière-garde ennemie. Nous allions à marche forcée. Dans la journée, nous fîmes halte dans la jolie petite ville de Roslau. Pour avoir un bon déjeuner, mes camarades dirent au propriétaire de la maison où nous étions entrés militairement, que j'étais général et qu'eux étaient de mon état-major. Je devais cet honneur à un large galon d'or que j'avais à mon pantalon, et à un manteau à collet qui cachait mes épaulettes. Dans la soirée, une terrible canonnade nous enleva plusieurs hommes. La nuit arrivée, nous revînmes à marche forcée coucher à Coswick. Il était quatre heures du matin.

Le 14, dans la matinée, nous repassâmes l'Elbe à Vittemberg, et fûmes établir notre bivouac près de Daben, petite ville. Nous marchions fort vite, les cosaques nous entouraient et s'ouvraient pour nous laisser passer. Ils nous enlevèrent beaucoup de traînards.

Le 15, nous avons bivouaqué près de Leipsick. Même accélération de marche que la veille, et même entourage de cosaques. Après nous, le passage était fermé, et toute communication avec les derrières intereeptée.

LE DÉSASTRE DE LEIPSICK

16 octobre. — Bataille de Wackau : — Dans les premières heures de la matinée, nous traversâmes un faubourg de Leipsick, ayant la ville à notre droite, pour nous diriger sur le village de Holzhausen, où nous avions l'ordre de nous rendre. A peine y étions-nous arrivés que les mille canons qui étaient en batterie éclatèrent en même temps. Toutes les armées du nord de l'Europe s'étaient donné rendez-vous sur le terrain qui entourait Leipsick.

Un général du 11e corps d'armée nous donna l'ordre de nous porter en avant, vers un bois assez étendu, et d'en déloger l'ennemi. Nous nous trouvions à l'extrême gauche de l'armée. Le bois fut attaqué par les six compagnies, en six endroits différents ; par mon rang de bataille, je me trouvai le plus éloigné. Entré de suite en tirailleurs, je débusquai assez vivement les Croates autrichiens que j'y rencontrai, mais à mesure que j'avançais, je trouvais plus de résistance, et quand mon feu était vif, on criait très distinctement : « Ne tirez pas, nous sommes Français. » Quand je faisais cesser le feu, on tirait alors sur nous. Le bois était très épais ; c'était un taillis fourré où l'on ne distinguait rien à dix pas. Ne sachant plus à qui j'avais affaire, ne comprenant rien à cette défense de faire feu, et criblé en même temps de balles, j'avançai seul, avec quelque précaution, vers le lieu d'où partaient ces voix françaises ; je vis derrière un massif un bataillon de Croates, qui fit feu sur moi. Mais j'avais eu le temps de me jeter à plat ventre, en sorte que je ne fus pas atteint. Je criai à mes voltigeurs d'avancer, et une fois entouré par eux, je fis sonner la charge. Alors on avança avec plus de confiance, sans plus s'occuper des cris : « Ne tirez pas ! » car il était visible que c'était de nos soldats prisonniers qu'on obligeait à parler ainsi. Cependant une fois on m'appela par mon nom en criant : « A moi, Barrès, à mon secours ! » Nous accélérâmes le pas, et je repris un capitaine du bataillon avec quelques Croates.

Enfin je sortis du bois, chassant devant moi une centaine d'ennemis, qui fuyaient à toutes jambes à travers une plaine qui se présenta à nous après cette épaisse broussaille. Point d'ennemis à notre gauche, rien dans la plaine, et bien loin sur ma droite l'enfer déchaîné : tous les efforts et tous les effets d'une grande bataille. Après avoir rallié tous mes voltigeurs, je marchai sur le village de Klein-Possna, occupé par des Autrichiens et des cosaques, qui se retirèrent après une fusillade de moins d'un quart d'heure. Enhardi par ce succès, je dépassai le village, à la suite de ceux que je venais d'en faire sortir, et vis de l'autre côté, sur la lisière d'un bois, pas mal d'ennemis. Je fus obligé de m'arrêter et de me tenir sur la défensive. Je fis alors fouiller le village par quelques hommes, pour faire des vivres, et j'attendis la nuit, qui approchait, pour me retirer.

Mes hommes rentrés, je marchai par ma droite vers le point où l'on se battait et m'installai à l'entrée du village, dans un pré clos de haies, à l'embranchement de deux chemins. J'avais choisi ce lieu, parce qu'il me mettait à l'abri d'une surprise de nuit, et je pensais que le bataillon viendrait peut-être dans cette direction. Depuis le matin, je ne savais pas où il pouvait être. J'avais combattu toute la journée isolément et pour mon compte, sans avoir vu un seul chef. Avant que la nuit fût tout à fait venue, le général de division Gérard, du 15e corps, vint à mon bivouac. Je lui rendis compte de ce que j'avais fait, et des motifs qui m'avaient fait prendre cette position. Il m'approuva, et me dit d'y rester. Je lui demandai le résultat de la bataille. Il me répondit : « Vous voyez que nous sommes vainqueurs ici ; je ne sais pas ce qui se passe ailleurs. »

Cette journée m'avait coûté huit hommes blessés, dont un officier. Je fondais tous les jours.

La nuit venue, la cavalerie de cette partie de l'armée vint occuper le village que j'avais pris. Quelques heures après, lorsque le calme le plus parfait semblait régner dans les deux armées, une vive canonnade se fit entendre et porta l'effroi chez des hommes se reposant avec douceur des dures fatigues de la journée. Brusquement éveillés par le bruit et par un obus qui me brisa trois fusils, les hommes, transis de froid et sous le coup d'une impression aussi inattendue, coururent à leurs armes. De son côté, la cavalerie en fit autant, en sorte que cette nuit, que l'on avait tant désirée, se passa dans les alarmes et les dangers. Cela n'eut pas de suites, mais les hommes et les chevaux avaient perdu ce sommeil réparateur si nécessaire dans de semblables circonstances. C'était sans aucun doute un déserteur, ou un prisonnier de guerre d'un esprit faible, qui avait indiqué le village où s'était retirée notre cavalerie. En envoyant des obus, l'ennemi voulait l'incendier et faire périr nos chevaux dans les flammes.

Dès le point du jour, j'envoyai des sous-officiers sur les derrières pour chercher le bataillon, mais ils ne le trouvèrent pas. Plus tard je vis passer le général Reiset à la tête de sa brigade de cavalerie. Je lui demandai des nouvelles du bataillon. Il ne put m'en donner. Je lui exposai mon embarras et mes inquiétudes sur le compte de mes camarades ; il me dit : « Venez avec moi. — Merci, mon général, si la bataille recommençait pendant que je serais dans la plaine, je serais broyé entre tant de chevaux. Je me tirerai mieux d'affaire, avec mes quarante hommes isolés. » Il rit de mon observation et l'approuva.

Enfin, dans la journée, j'appris que le bataillon était à Holzhausen depuis la veille au soir. Je m'y rendis ; on fut bien surpris de me revoir, car on nous croyait tous prisonniers. La journée se passa en concentration de troupes et dispositions préparatoires pour la bataille du lendemain, qui devait décider la question restée indécise la veille.

18 *octobre*. — La matinée de cette journée, fatale à nos armes, fut calme. Près de 300 000 hommes sur le le point de s'entr'égorger attendaient sous les armes que le signal fût donné. Avant que l'action s'engageât, le major Fabre, notre chef de bataillon, promu à ce grade depuis moins d'un mois (mais resté à notre tête jusqu'à ce qu'un chef de bataillon fût venu le remplacer), réunit les officiers pour leur demander s'il n'était pas plus convenable d'aller com-

battre dans les rangs du 6e corps, auquel nous appartenions et où nous étions connus des généraux, que de rester au 11e, auquel nous nous trouvions attachés sans savoir pourquoi, et où personne ne faisait attention à nous. Tous les officiers furent de cet avis, et nous quittâmes aussitôt cette partie du champ de bataille, pour nous porter de l'autre côté de la Parthe, sur la route de Duben, par où nous étions arrivés le 16 au matin et où se trouvait le 6e corps. Dans cette marche, nous trouvâmes la garde impériale qui était en réserve, prête à se porter partout où sa présence deviendrait nécessaire.

Arrivés à ce point, la bataille commença. Le cercle du combat s'était rétréci ; nous étions dans un centre de feu, car partout, sur tous les points, dans toutes les directions, on se battait. Au passage de la Parthe, l'armée saxonne passa à l'ennemi sous nos yeux. Ceux des Saxons qui se trouvaient de ce côté-ci de la rivière ne purent exécuter assez tôt leur mouvement de désertion. Ils furent arrêtés, et envoyés sur les derrières. Un maréchal des logis d'artillerie, en traversant nos rangs à la suite de sa batterie, criait à tue-tête : « Paris, Paris ! » Un sergent du bataillon, indigné comme toute l'armée de cette lâche désertion et de son insolence, lui répondit : « Dresde, Dresde ! » et l'étendit mort à ses pieds d'un coup de fusil.

Peu de minutes après, nous arrivâmes sur le terrain où se trouvait le débris du 6e corps, qui avait été anéanti le 16. Il était dans le beau village de Schönefeld, luttant corps à corps avec les Suédois, au milieu des flammes et des décombres. La 1re division, dont nous faisions partie, était à droite, hors du village, soutenant l'artillerie, qui foudroyait les masses ennemies, à mesure que celles-ci approchaient pour tourner le village et nous jeter dans la Parthe. Le maréchal Marmont et le général Compans nous virent arriver avec plaisir, car notre bataillon, tout faible qu'il était, était encore plus fort que ce qui restait de cette belle division, forte de plus de 8 000 hommes à la reprise des hostilités. Dès notre arrivée, notre mince colonne fut sillonnée par les boulets ennemis. Les officiers et les soldats tombaient, comme les épis sous la faux du moissonneur. Les boulets traversaient nos rangs, depuis le premier jusqu'au dernier, et enlevaient chaque fois trente hommes au moins, quand ils prenaient la colonne en plein. Les officiers qui restaient ne faisaient qu'aller de la droite à la gauche de leur peloton, pour faire serrer les rangs vers la droite, tirer les morts et les blessés hors des rangs et empêcher les hommes de se pelotonner et de tourbillonner sur eux. Le maréchal Marmont et le général Compans ayant été blessés, nous passâmes sous les ordres du maréchal Ney, qui vint nous encourager à tenir bon. Enfin, après plusieurs heures de cette formidable canonnade, nous fûmes contraints de nous retirer, quand Schönefeld eut été enlevé, et notre gauche prise à revers par les troupes qui venaient de s'emparer du faubourg de Halle.

Notre retraite se fit en bon ordre, sous la protection de la grosse artillerie de réserve, qui arrêta court l'armée de Bernadotte, ancien maréchal français, prince royal de Suède. Nous nous arrêtâmes sur la rive droite de la Parthe, où nous passâmes la nuit. Elle fut triste, pénible, cruelle ! La douleur d'avoir perdu une grande et sanglante bataille, l'effrayante perspective d'un lendemain qui serait peut-être plus malheureux, le canon qui grondait sur tous les points de nos tristes lignes, la défection de nos lâches alliés, les cris de nos malheureux blessés, enfin les privations de toute espèce qui nous accablaient depuis quelques jours : tous ces maux et ces causes réunis me firent faire de bien amères réflexions sur la guerre et ses vicissitudes ! Nous perdîmes, dans cette désastreuse journée, la plus meurtrière qui ait eu lieu jusqu'alors, la majorité des officiers et plus de la moitié de nos soldats. Il ne me restait pas vingt hommes, sur plus de deux cents qui avaient répondu à l'appel depuis le commencement de cette funeste campagne. Le corps d'armée n'existait plus que de nom. Plus des deux tiers des généraux avaient été tués ou blessés.

19 octobre. — Au jour, nous reçûmes l'ordre de commencer notre mouvement de retraite, qui devait s'opérer par corps d'armée et à des heures fixées. Arrivés sur les boulevards, qui étaient encombrés de canons, de caissons, de fourgons, de voitures de luxe, de charrettes, de cantines, de chevaux, etc., nous ne pûmes pénétrer plus avant, tant le désordre, le pêle-mêle étaient complets. Notre général de brigade nous fit entrer dans un enclos, pour attendre le moment favorable de passer l'unique pont par où nous devions nous retirer. Ce pont fut les fourches caudines de l'armée.

Pendant ce temps-là, l'armée ennemie nous resserrait davantage dans Leipsick ; une attaque impétueuse par le faubourg de Halle, afin de s'emparer du pont, la seule retraite de l'armée, faisait des progrès ; on nous y envoya. On se battait dans les rues,

dans les jardins, dans les maisons ; les balles arrivaient sur les boulevards. Je ne pourrais dire comment il se fit qu'en allant d'un point à un autre
pour soutenir mes voltigeurs, je me trouvai seul,
entouré d'ennemis et près d'être saisi. Je m'esquivai
par la porte d'un jardin, et après avoir marché
quelque temps, je me trouvai seul du bataillon sur
le boulevard, au milieu de l'armée dans la plus complète déroute. Je suivis le mouvement, sans savoir
où j'allais, je passai le pont qui était fermé à l'entrée par un des battants de la grille en fer, et encom-
bré de cadavres qu'on foulait aux pieds. Enfin je
me trouvai de l'autre côté, porté par la masse des
hommes qui se sauvaient. C'était une confusion qui
faisait saigner le cœur.

Une fois sur l'autre rive, je rencontrai le capitaine de grenadiers qui, comme moi, était sans
soldats ; qui, comme moi, ne savait pas ce qu'était
devenu le bataillon. Nous nous arrêtâmes sur le
côté droit de la route, pour l'attendre. Nous pleu-
rions de rage, de douleur ; nous versions des larmes
de sang sur cet immense désastre. Moins de cinq
minutes après nous être couchés sur l'herbe, car
nous étions trop fatigués, trop malades au physique et au moral pour pouvoir nous tenir debout,
le pont sauta et nous fûmes couverts de ses débris.
C'était le dénouement de cette lugubre tragédie qui
avait commencé le 17 août.

Alors nous nous acheminâmes vers Langenau, où
finissait cette chaussée étroite, construite artificiel-
lement au-dessus des basses prairies inondées par
l'Elster et ses affluents. Le désordre y était aussi
grand que sur les promenades de Leipsick. Sortis
enfin de cette étroite route, nous trouvâmes l'Em-

pereur dans la plaine, à cheval (c'est la dernière fois que je l'ai vu), disant aux officiers qui passaient près de lui : « Ralliez vos soldats ! »

Des poteaux, où étaient écrits en gros caractères les numéros des corps d'armée, indiquaient les chemins qu'on devait prendre. Arrivés à Markrunstedt, nous trouvâmes le bataillon, qui avait passé le pont avant nous. Cette rencontre inopinée me combla de joie. Je trouvai aussi mon domestique, qui avait sauvé mon cheval et mon portemanteau. Enfin un voltigeur, qui avait trouvé un cheval abandonné sur les boulevards de la ville et qui l'avait pris, me l'offrit, moyennant une petite indemnité. Ce beau cheval appartenait à un commissaire des guerres, d'après le contenu de son portemanteau, qui était très bien garni d'effets. Je les distribuai à ceux des officiers du bataillon qui avaient tout perdu dans cette épouvantable déroute. Les papiers furent conservés en cas de réclamation ; je les mis dans les fontes.

Nous passâmes une partie de la nuit sur l'emplacement où je trouvai le bataillon ; mais avant le jour, l'ordre fut donné de se mettre en marche sans bruit et de se diriger sur Weissenfels.

20 octobre. — Passé à Lutzen et sur une portion de ce célèbre champ de bataille que, près de sept mois auparavant, nous avions illustré par une brillante victoire. Les temps étaient bien changés.

Nous passâmes la Saale à Weissenfels, et nous bivouaquâmes sur la rive gauche, près de la ville.

Dans la matinée, étant sur mon cheval de la veille, je fus accosté par son propriétaire qui le réclama. Je lui fis observer que l'ayant abandonné

il avait perdu tous ses droits à sa possession. Après
bien des pourparlers, il me demanda son portemanteau : je lui dis l'usage que j'en avais fait et je
lui remis ses papiers. Le soir, au bivouac, un caporal de ma compagnie, gravement blessé au pied, me
pria, les larmes aux yeux, de lui donner ce cheval
pour le porter à Mayence. Pour sauver ce malheureux soldat, qui avait bien fait son devoir pendant
la campagne, je le lui donnai, à condition qu'il me
le remettrait à Mayence. Je me condamnai à faire
la route à pied pour lui être utile.

*Ayant passé l'Unstrut à Freybourg, non loin de
Roosbach, sur un pont battu par l'artillerie ennemie,
Barrès est envoyé à Erfurt pour prendre des effets
d'habillement. Cependant, la retraite se poursuit,
aggravée par le froid et la faim.*

Le 27 octobre, à Vach, la terre était couverte
de neige. N'ayant ni bois pour nous chauffer, ni
paille pour nous reposer, je m'étais réfugié, la nuit,
dans une église. Au matin, mon fidèle domestique
vint me dire d'arriver de suite pour manger un peu
de soupe qu'il m'avait préparée. C'était une bonne
fortune, car depuis plusieurs jours, je n'avais pas
même de pommes de terre. En approchant du
feu où il avait passé la nuit, je le vis qui pleu-
rait de désespoir et de colère. Pendant le peu
de temps qu'il avait mis pour venir me prévenir,
on lui avait volé son pot et les seules provisions
qu'il avait pu se procurer en courant une partie
de la nuit pour les trouver. Son chagrin me toucha,
car c'était par intérêt pour moi qu'il était si désolé.
Dans la matinée du 30, je fus témoin d'un événe-

ment qui m'affecta bien douloureusement. Arrêté un instant dans un village entre Auttenau et Hanau, par suite d'embarras, ce qui nous arrivait souvent, un pauvre soldat blessé au côté sortit un instant, pour une nécessité, de la maison où il s'était réfugié pour se guérir. En rentrant dans le logis, il fut accroché par un panier qui se trouvait sur un cheval qui passait. Il fut atteint à l'endroit de sa blessure qui se rouvrit, poussa un cri de douleur, monta au second où il était logé et se jeta par la fenêtre sur la route, où il vint tomber à quelques pieds de moi et où il fut tué raide sur le coup. Quelques soldats de ma compagnie, ayant aperçu un paysan, qui s'approcha de la fenêtre quand le malheureux soldat s'y était précipité, crièrent de suite que c'était le paysan qui l'avait jeté. C'était absurde, mais le malheur empêche de raisonner. On saisit l'infortuné paysan, et on le fusilla à cent pas plus loin, hors du village. J'eus beau le défendre et expliquer comment cela avait dû se passer, je ne fus pas écouté. L'officier d'état-major qui avait pris cette affaire en main voulut avoir raison, à lui seul. Il commit un crime au lieu d'un acte de justice.

Après être sorti de ce village, où venait de s'accomplir un suicide et une atroce exécution, nous entendîmes en avant de nous de fortes détonations de canons qui, par leur intensité et leur prolongation, nous annoncèrent que l'ennemi nous avait devancés, et cherchait à nous barrer le passage, comme il l'avait déjà tenté deux ou trois fois, mais sans succès, depuis le commencement de notre retraite. Plus loin, des officiers d'état-major, envoyés sur les derrières pour accélérer la marche des troupes, nous apprirent que c'était l'armée bavaroise qui était arrivée en poste

et nous disputait le passage à la hauteur de Hanau.
On ne marchait plus, on courait. Avant d'arriver
sur le terrain où se livrait la bataille, nous fûmes
canonnés par des pièces qui se trouvaient sur la
rive gauche de la Kinzig. Je fus envoyé avec mes
voltigeurs, pour les obliger à s'éloigner de cette
rive. Mes hommes s'étant embusqués derrière les
arbres du rivage pour faire feu sur les canonniers,
ceux-ci après quelques décharges se sauvèrent plus
vite qu'ils n'étaient venus. Les débris du 6e corps
se formèrent en colonnes d'attaque et, marchant
au pas de charge et à la baïonnette le long de la
rive droite de la Kinzig, ils concoururent, avec les
autres troupes déjà engagées, à jeter les per-
fides Bavarois dans cette rivière, et à rétablir les
communications interceptées depuis quarante-huit
heures.

Les Bavarois se rappelleront longtemps la leçon
qu'ils reçurent dans cette chaude journée. Leurs
pertes furent considérables, mais comme ils occupaient la place forte de Hanau, qu'ils n'évacuèrent
que dans la nuit, et les rives gauches du Main et
de la Kinzig, on ne jugea pas prudent de les
poursuivre. Du reste, la nuit était close quand la
victoire fut complète.

31 *octobre*. — Nous restâmes jusqu'à midi sur le
champ de bataille, que nous quittâmes pour continuer notre mouvement sur Francfort. On se battit,
toute la matinée, à coups de canon, d'une rive à
l'autre de la Kinzig. Dans un moment de relâche
où la troupe n'était pas sous les armes, je me chauf-
fais près d'un feu de bivouac, où je faisais cuire
quelques pommes de terre, et en attendant, je lisais

un journal que j'avais trouvé sur le champ de bataille : un boulet vint me tirer des réflexions que
cette lecture faisait naître, et m'enlever le frugal
déjeuner que je convoitais avec une espèce de sensualité. Ce maudit boulet, après avoir emporté la
tête d'un chef de bataillon d'artillerie de marine
qui était appuyé contre un arbre, tenant son cheval
par la bride, vint ricocher au milieu de mon feu,
m'enleva mes pommes de terre et me couvrit de
charbons ardents et de cendres. Un voltigeur qui
se trouvait en face de moi eut le même désagrément
et le même bonheur. Ce fut un coup bien heureux
pour nous, car si nous avions été placés différemment
l'un et l'autre, nous étions coupés en deux.

L'effet de ce boulet donna lieu à une discussion
et à un incident bizarres. Le commandant mort,
le cheval effrayé se sauva dans le bois où nous nous
trouvions et, épouvanté de nouveau par quelques
boulets qui sifflèrent à ses oreilles, on eut mille
maux pour l'attraper. Le soldat qui le prit prétendit
que c'était sa propriété, que tout ce qu'on prenait
sur un champ de bataille était de bonne prise. Les
officiers du corps se réunirent immédiatement, sous
la présidence du général de brigade, pour décider
de cette grave question, qui fut tranchée, après des
divergences d'opinion, en faveur des héritiers du
commandant.

Pendant qu'on délibérait sous la volée des pièces
de canon de nos ex-alliés, mon premier clairon, qui
me manquait depuis trois jours, rentra à la compagnie, m'apportant une volaille cuite et un pain
pour faire excuser son absence. Je ne voulais pas
l'accepter, mais mes officiers, qui n'avaient pas
autant de motif d'être sévères, m'engagèrent à

fermer les yeux sur quelques actes d'indiscipline
de cette nature, vu la faiblesse de leurs estomacs...
Cette considération me fit ranger à leur opinion.
Mais comme je savais que notre excellent chef, le
major Fabre, n'avait pas l'estomac plus garni que
nous, je l'invitai à venir en prendre sa part. Celui-ci
me fit observer que le général Joubert se mourait
de faim. Je fus l'engager à manger une aile de volaille, qu'il accepta de grand cœur. Mais en pensant
au plaisir qu'il allait avoir, il se rappela tout à coup
que le général de division Lagrange, commandant
le reste des trois divisions du corps d'armée, n'avait
rien non plus pour déjeuner ; il me dit d'être bon
prince à son égard et de l'inviter à en prendre sa
part. Ainsi nous étions six affamés, autour d'une
pauvre pièce qui n'aurait pas suffi à un seul pour
apaiser sa faim dévorante.

Des troupes encore en arrière étant arrivées pour
nous relever, nous partîmes à midi pour Francfort.
(Un peu plus tard, nous aurions assisté à une seconde bataille qui commença peu de temps après
notre départ. Cette nouvelle attaque, très chaude,
mais moins meurtrière que celle de la veille, n'eut
pas plus de résultat. Les Bavarois furent refoulés
dans la ville ou jetés dans la Kinzig.) Notre marche
sur Francfort fut difficile. La route encombrée de
traînards, de blessés, de malades, de voitures de toute
espèce, horriblement mauvaise par suite du dégel,
de la pluie et de la fonte des neiges, était peu favorable à un prompt écoulement. Il était nuit, quand
nous prîmes possession du terrain sur lequel nous
devions bivouaquer. Nous étions dans des vignes,
autour et au-dessus de Francfort, dans la boue
jusqu'aux genoux, sans feu, sans paille, sans abri

et une pluie battante sur le corps. Quelle affreuse nuit ! Quelle faim !

1ᵉʳ novembre. — Au bivouac autour de Höchst, petite ville au duc de Nassau, où je passais pour la quatrième fois. Il y avait eu beaucoup de désordre au passage du pont de la Nidda, rivière qui coule près de cette ville, mais cette nuit fut moins désagréable que la précédente. Nous eûmes au moins un abri, des vivres et surtout de l'excellent vin du Rhin pour nous réchauffer et nous réconforter.

Ce soir-là, je fus accosté par notre officier-payeur que nous n'avions pas vu depuis longtemps. Il me raconta, les larmes aux yeux, que la veille de la bataille de Hanau, lui, le sergent vaguemestre, les hommes d'escorte, la caisse, la comptabilité et la caisse d'ambulance avaient été pris par les Bavarois, mais que dans la nuit il était parvenu à s'évader de leurs mains. Il me priait de prévenir le major de ce malheur, et de lui épargner les premiers mouvements de sa colère. Une fois établi sur la position où nous devions passer la nuit, je fus rendre compte de la nouvelle fâcheuse que je venais d'apprendre. Le major entra dans une grande colère, mais quand je lui eus expliqué les moyens à employer pour réparer ce malheur, et mettre sa responsabilité à couvert ; quand je lui eus dit que je me chargeais de toutes les écritures et des démarches à faire pour y parvenir, il se radoucit. Je fis venir alors le jeune officier, à qui il pardonna. Mais après cette explication, je lui dis d'aller de suite voir le général Joubert, pour lui en rendre compte et se faire délivrer un certificat qui constatât que c'était par suite des événements militaires de la retraite que la caisse avait été perdue.

2 novembre. — Enfin, après dix-sept jours de fatigues, de combats, de privations de tout genre, d'émotions et de dangers de toute nature, nous atteignons les bords tant désirés du Rhin, de ce majestueux fleuve qui allait, au moins pour quelques jours, mettre un terme à nos nombreux maux! Nous voici au bivouac près des glacis de Cassel.

Retracer les désastres de cette horrible, je ne dis pas retraite, mais déroute, ce serait écrire le tableau le plus douloureux de nos revers. Après les malheurs de Leipsick, on ne prit, ou ne put prendre, aucune mesure sérieuse pour rallier les soldats et rétablir l'ordre et la discipline dans l'armée. On marchait à volonté, confondus, poussés, écrasés sans pitié, abandonnés sans secours, sans qu'une main amie vînt vous soutenir ou vous fermer les yeux. Les souffrances morales rendaient indifférents aux souffrances physiques ; la misère rendait égoïstes des hommes bons et généreux ; le *moi* personnel était tout ; la charité chrétienne, l'humanité envers ses semblables n'étaient plus que des mots.

Nous arrivâmes sur ces bords du Rhin, comme nous étions partis des bords de l'Elster : en pleine dissolution. Nous avions couvert la route des débris de notre armée. A chaque pas que nous faisions, nous laissions derrière nous des cadavres d'hommes et de chevaux, des canons, des bagages, des lambeaux de notre vieille gloire. C'était un spectacle horrible, qui navrait de douleur. A tous ces maux réunis, il vint s'en joindre d'autres qui augmentèrent encore notre triste situation. Le typhus éclata dans nos rangs désorganisés, d'une manière effrayante. Ainsi on peut dire qu'en partant de Leipsick, nous fûmes accompagnés par tous les fléaux qui dévorent les armées.

J'eus le plaisir d'être rejoint à mon bivouac par plusieurs voltigeurs guéris de leurs blessures, et entre autres par le caporal à qui j'avais donné mon cheval pour le porter. Il allait mieux, sans être toutefois guéri. Je me trouvai avoir en peu d'instants sept chevaux, que les voltigeurs blessés me donnèrent. Mais comme je n'avais pas le moyen de les nourrir, je les donnai à mon tour aux officiers du bataillon qui en avaient besoin.

3 novembre. — Passage du Rhin à Mayence. On nous envoie en cantonnement à Dexheim, village situé près d'Oppenheim, en remontant la rive gauche du Rhin.

Notre envoi dans des villages, pour nous reposer, fut accueilli avec joie. C'était nécessaire ; nous étions épuisés par la marche et les privations de toute espèce. Toujours au bivouac, dans la neige ou dans la boue, depuis près d'un mois, n'ayant eu pour vivre que les dégoûtants restes de ceux qui nous précédaient sur cette route de douleur, il n'était pas surprenant que nous fussions avides de repos. Pendant les cinq jours que le bataillon resta dans le village, je ne pus parvenir à apaiser ma faim, malgré les cinq ou six repas que je faisais par jour, légers à la vérité pour ne pas tomber malade, mais assez copieux cependant pour satisfaire deux ou trois hommes en temps ordinaire. J'étais resté de l'autre côté du Rhin sept mois.

9 novembre 1813. — Avant que nous fussions envoyés à Mayence pour y tenir garnison, le prince de Neufchâtel réunit notre corps d'armée dans une plaine, sur les bords du Rhin, au-dessous d'Oppenheim, pour être réorganisé et pourvu des officiers qui lui manquaient.

Nous fîmes nos adieux au bataillon du 86e, avec qui nous avions fait toute la campagne et qui, plus malheureux que nous encore, avait été presque entièrement détruit, le 16 octobre, à Leipsick. En arrivant à Mayence, nous trouvâmes sur la place d'armes le 4e bataillon, qui venait d'avoir une chaude affaire sur les hauteurs de Hocheim, pour son début, et avait éprouvé quelques pertes d'hommes. Nous célébrâmes notre réunion par un bon dîner, qui leur fit oublier les émotions de la journée.

En ce temps-là, je fus envoyé à Oppenheim et logé chez un propriétaire aisé, grand amateur des vins de son pays, qu'il mettait bien au-dessus des meilleurs crus de Bordeaux. Aussi m'en faisait-il boire d'excellents à tous les repas, car je mangeais chez lui pour lui être agréable, me l'ayant demandé avec instance. Pour que ses vieux vins ne perdissent pas de leur qualité, il faisait rincer les verres avec du vin ordinaire. Cet excellent homme, père d'une nombreuse et aimable famille, descendait d'une famille française, expatriée pour cause de religion, lors de la révocation de l'Édit de Nantes. Il était Français de cœur, et se proposait de quitter le pays, s'il redevenait Allemand.

Le 28 décembre, les deux bataillons reçurent l'ordre de remonter jusqu'en face de Mannheim pour surveiller le Rhin, sur les deux rives. Et moi je dus aller pour service à Mayence. Le 31, pour rejoindre le régiment, j'étais en route sur mon bon cheval de prise, quand je rencontrai le général Merlin, qui allait rejoindre Strasbourg. Il me demanda à l'acheter, je consentis à le lui céder moyennant 300 francs, qu'il me paya sur-le-champ. Peu après, c'était au sortir de Worms, je rencontrai mon chef de bataillon, le commandant D..., qui se plaignait d'un rhumatisme aigu. « Ce qui me chagrine, me dit-il, c'est que je voudrais partir pour Paris, et je n'ai pas le sou pour faire ce voyage. — Si ce n'est que cela qui vous inquiète, je puis vous débarrasser de cet ennui. Voilà 300 francs en or, vous me les remettrez quand vous pourrez. » Il accepta, et continua sa route.) Plus fin et plus ambitieux que tous les officiers du bataillon, il voyait que nous ne tarderions pas à être bloqués dans Mayence, où il n'y avait pas d'avancement à espérer, et peut-être était-il déjà dans la confidence des trames préparées pour le retour des Bourbons.)

J'arrivai à Ogersheim, le dernier soir de décembre, comme un détachement de cent hommes commandés par un capitaine de mes amis, ayant sous ses ordres trois officiers, partait pour tenir garnison dans une redoute élevée en face de Mannheim pour défendre le passage du Rhin en cet endroit. On lui donna la consigne de ne point entrer en pourparlers, pour aucune espèce de capitulation. Il fallait vaincre ou mourir. Absurde alternative, pour si peu de défenseurs.

Vers la fin de cette nuit, du 31 décembre au 1ᵉʳ janvier 1814, une forte canonnade nous annonça que sa redoute était attaquée et que l'armée prussienne, sous les ordres de Blücher, exécutait le passage du Rhin. Nous prîmes de suite les armes et marchâmes au canon. Mais déjà la redoute était enveloppée, vivement attaquée, et la plaine couverte d'éclaireurs ennemis. Ceux-ci, nous les repoussâmes sans peine, mais bientôt nous nous trouvâmes en face de forces si supérieures que, pour ne pas être coupés de Mayence, où nous avions ordre de rentrer, nous nous retirâmes en bon ordre et tenant toujours tête à l'ennemi, sur Franckhal et Worms, où nous arrivâmes dans la nuit.

La redoute se défendit trois heures, et finit par être prise d'assaut. Heureusement que ce qui restait de défenseurs fut épargné. Bien plus, le roi de Prusse, qui se trouvait à Mannheim, fit rendre aux officiers leurs épées, et les habitants s'empressèrent de rhabiller les soldats qui arrivaient nus dans cette ville. C'était un hommage qu'on rendait à leur belle conduite, qui trouva même chez leurs ennemis des sentiments de justice. Les Prussiens avouèrent avoir laissé sept cents morts ou blessés dans les fossés ; le détachement était réduit de moitié.

Cependant nous poursuivions notre retraite sur Mayence, et, la nuit venue, nous étions installés dans nos bivouacs, près de je ne sais quel village, quand le chef de bataillon du 4e invita quelques officiers, dont j'étais, à venir manger un pâté de foie d'oie qu'il venait de recevoir de Strasbourg. Nous étions autour de la pièce, nous la dévorions des yeux, attendant que ce fût avec nos bonnes dents, lorsqu'un cri sinistre se fit entendre : Aux armes ! aux armes ! C'étaient les vedettes des gardes d'honneur qui arrivaient au grand galop, pour nous annoncer l'approche de l'ennemi. Nous courûmes à nos compagnies, et le commandant, tout en demandant son cheval, disait à son domestique : « N'oublie pas le pâté ! » Il lui fit au moins dix fois cette recommandation, ce qui nous faisait rire malgré la contrariété que nous éprouvions de nous être contentés de l'avoir vu, car il ne fut plus question de le manger en famille, comme le disait le commandant, pour célébrer le renouvellement de l'année. Elles furent fameuses, nos étrennes de 1814 ! Nous continuâmes notre retraite sur Worms.

Le 2 janvier, à notre départ de Worms, nous eûmes à repousser plusieurs charges de cavalerie, qui ne nous firent aucun mal et où l'ennemi fut assez maltraité. Ayant marché toute la journée, nous arrivâmes à Mayence, au milieu de la nuit, avec la cavalerie russe sur les talons.

SIÈGE DE MAYENCE

Le blocus commença le 4 janvier et ne finit que le 4 mai.

Les deux bataillons du régiment furent laissés dans le faubourg de la Weisnau, pour le défendre et faire le service de cette partie de la ville. C'est un faubourg sur la route d'Oppenheim, le long du Rhin, au-dessous d'une espèce de camp retranché dont nous avions la garde. Le service était rigoureux, surtout les rondes de nuit, qui se renouvelaient souvent, à cause de la désertion générale des soldats hollandais, belges, rhénans et même piémontais. Le froid fut très dur, cette année ; le Rhin gela complètement, à pouvoir passer en voiture sur la glace ; on allait à pied au fort de Cassel. Cette circonstance fit encore redoubler la surveillance des postes, car l'ennemi pouvait en profiter et achever la défection

commencée. Pendant les deux mois que nous restâmes dans ce faubourg, nous eûmes quelques combats à soutenir contre les troupes du blocus, qui
étaient peu dangereuses, car c'étaient en général
des conscrits levés de la veille ; mais nous étions si
faibles, si accablés par la fièvre typhoïde, que nous
ne valions guère mieux que les assiégeants.

Une grande calamité avait frappé notre malheureuse garnison et les habitants de la ville. Pendant
plus de deux mois, la mort sévit avec tant de violence qu'on ne pouvait pas suffire à enlever les victimes de cette horrible maladie. Les pestes d'Asie,
la fièvre jaune des colonies ne firent pas autant de
ravages que le typhus dans Mayence. On estime
qu'il mourut 30 000 militaires ou habitants. On
faisait des fosses qui contenaient jusqu'à 1 500 ça-
davres, qu'on brûlait avec de la chaux. Nous perdîmes nos trois chirurgiens, trois officiers de voltigeurs, cinq ou six autres des compagnies du centre
et la moitié de nos soldats. (C'est ainsi que nous
fûmes plus faibles à notre départ de Mayence que
lorsque nous avions passé le Rhin au retour de
Leipsick, malgré les nombreuses recrues reçues
avant le blocus.) Le préfet, le fameux Jean Bon
Saint-André, plusieurs généraux, et beaucoup de
personnages haut placés succombèrent.

Au retour du beau temps, nous rentrâmes en
ville, ce qui nous plut très fort, ayant été fort mal,
pendant ces deux mois, dans ce faubourg ruiné.
Avec mars et la douce chaleur du printemps,
revinrent la santé, la gaieté et les décevantes
espérances. On forma un Conseil d'administration
des convalescents, sous la présidence du colonel
Follard, qui eut pleins pouvoirs du général en

chef pour tout accorder dans l'intérêt des militaires, qui seraient envoyés au dépôt des convalescents. J'étais le deuxième membre et le plus actif, puisque j'étais chargé de l'exécution de tout ce qui avait été délibéré et adopté dans la séance du Conseil, qui se tenait le matin de chaque jour. J'avais plus de quarante officiers sous mes ordres, un pour chaque corps ou portion de corps. Ce Conseil commença ses opérations le 1er mars, et ne les cessa que vers la fin d'avril, lorsque la maladie eut tout à fait disparu. Il s'assemblait tous les jours, et resta souvent en permanence. Son action sauva bien des malades d'une mort inévitable. Ma coopération y contribua un peu, car, ainsi que je l'ai dit plus haut, j'étais toujours là pour veiller à l'exécution des mesures ordonnées et suppléer aux insuffisances.

Les misères du blocus, sous le rapport alimentaire, ne furent pas très rigoureuses. Si on excepte la viande de boucherie, qui manqua totalement, dès les premiers jours, le pain, les légumes secs, les salaisons, furent distribués assez régulièrement et en quantité suffisante, d'après les règles en usage dans les places assiégées. La viande de bœuf fut remplacée par celle de cheval. Un de mes officiers, chargé des distributions, ne m'en laissa pas manquer. On donnait aussi un peu de vin, d'eau-de-vie, de la morue, des harengs secs, etc. On pouvait, en payant un peu cher, trouver à dîner dans les hôtels, mais quels dîners ! Malgré ces privations et la mortalité qui était effrayante, les cafés, les théâtres, les concerts, les bals étaient très suivis. Le spectacle était très bon, malgré la mort de plusieurs acteurs. J'y allais souvent, pour chasser les préoccupations du moment.

Le 11 avril, nous apprîmes les événements de Paris, et successivement, tous ceux qui en furent la suite. Cette foudroyante nouvelle nous fut communiquée officiellement par le général Sémelé, qui avait réuni à la Weisnau les officiers de sa division pour leur en faire part. Tous les officiers, à peu près, versèrent des larmes de rage et de douleur, à la lecture de cette accablante fin de notre héroïque lutte avec l'Europe entière. On se retira morne, silencieux, dévorant intérieurement les souffrances morales que causaient des événements qui nous avaient semblé ne devoir jamais se réaliser. Avant d'entrer en ville, je fus accosté par mon chef de bataillon, le commandant D..., qui n'avait pas pu s'éloigner de Mayence, comme il en avait le projet.

— Mon Dieu, lui dis-je, que va devenir la France, si elle tombe au pouvoir des Bourbons (que je croyais tous morts depuis longtemps)? Que vont devenir nos institutions, ceux qui les ont fondées, les acquéreurs de biens nationaux, etc.?

— Mon cher capitaine, me répondit-il avec vivacité, vous ressemblez à tous les officiers que nous venons de voir et d'entendre : vous vous figurez que les Bourbons, que vous ne connaissez que d'après les horreurs qu'on a dites d'eux pendant la Révolution, sont des tyrans et des imbéciles. Rassurez-vous sur l'avenir de la France. Elle sera plus heureuse, sous leur sceptre paternel, que sous la verge de fer de cet aventurier qu'on va chasser, s'il ne l'est déjà.

Je m'éloignai furieux, après lui avoir dit :

— Vous pensiez différemment il y a trois mois.

Je suffoquais de douleur et de honte pour mon pays.

Le 21 avril, nous arborâmes le drapeau blanc et prîmes la cocarde de la vieille monarchie. Le même jour, les officiers durent remettre individuellement un acte d'adhésion au nouvel ordre de choses. Dès ce moment, les relations avec l'extérieur furent permises, et les communications avec les ennemis, qu'on appelait *nos alliés*, autorisées. Déjà, beaucoup d'officiers généraux et supérieurs étaient partis pour Paris, pour aller saluer les nouveaux astres ; cet empressement devint plus vif après la cérémonie de la reconnaissance du drapeau. La cocarde tricolore fut quittée avec douleur, et la cocarde blanche arborée avec un serrement de cœur. La veille de ce jour, avant que l'ordre en fût donné, je vis un colonel en second des gardes d'honneur avec une cocarde blanche. Je dis tout haut aux officiers qui se trouvaient avec moi : « Tiens, voilà une cocarde blanche ! » Le colonel en colère marcha sur moi, en me disant : « Eh bien ! monsieur, qu'avez-vous à dire sur le compte de cette cocarde? » Je lui répondis froidement : « C'est la première que je vois de ma vie. » Il se retira sans rien ajouter, mais visiblement courroucé de mon exclamation. (Il devint pair de France sous la Restauration. C'était le marquis de Pange. Je l'ai beaucoup connu par la suite, quand il commandait le département de la Meurthe, et nous riions de ce souvenir.)

L'ordre arriva de remettre au prince de Saxe-Cobourg, qui commandait les troupes du blocus, la célèbre et forte place de Mayence, avec son immense matériel. Nous en sortîmes en vertu de la convention spoliatrice du 23 avril, qui reportait la France à ses anciennes limites. Que de pertes nous fîmes

dans un seul jour ! Quels regrets amers nous causa
cet abandon !

Les derniers jours furent passablement désor-
donnés. Les soldats, satisfaits de partir et tenant
peu à la conservation des choses qu'ils étaient
obligés d'abandonner aux étrangers, commirent
beaucoup de dégâts, enlevèrent ce qu'ils purent
pour le vendre aux juifs, brûlèrent la poudre des
batteries, pillèrent l'arsenal, etc. Les officiers ne
firent rien pour arrêter ces désordres, parce qu'ils
partageaient le mécontentement des soldats, qui
étaient indignés contre les habitants, qui mutilaient
les aigles des établissements publics ou manifestaient publiquement la joie qu'ils éprouvaient de
nous voir partir. J'eus l'occasion de dire à quelques
bourgeois que je connaissais : « Vous voyez notre
départ avec plaisir. Avant un mois vous regretterez
notre puissance et nos institutions. »

LA RENTRÉE EN FRANCE

Enfin le jour du départ, fixé au 4 mai, arriva. Le
4e corps d'armée, fort de 15 000 hommes, sortit
en bon ordre, emmenant deux pièces de canon par
1 000 hommes, et prit la route de France. A Spire,
le 5 mai, nous demandâmes la permission au major,
trois capitaines et moi, de partir en avant pour aller
visiter Mannheim, et de voyager pour notre compte
jusqu'au séjour. Nous avions un si grand besoin
d'air, de liberté, d'indépendance qu'il semblait que
tout cela nous manquât, même en plein champ.
Nous prîmes à la poste une voiture et des chevaux,
et partîmes, heureux d'être nos maîtres. Nous visi-

tâmes successivement Franckhal, Mannheim, Ogersheim, en changeant de véhicule à tous les relais.

A Landau, le 7, nous trouvâmes des agents du
nouveau gouvernement, qui avaient toute la marque
des ci-devant nobles. Ce fut la première fois que je
vis la croix de Saint-Louis. A Annweiler, petite
ville de l'ancien duché de Deux-Ponts, nous avons
rejoint le régiment. D'étape en étape, le 7 juin,
nous étions entre Verdun et Clermont. Là, à la
halte, il s'éleva une querelle très vive entre nos soldats et des fantassins russes, qui s'y trouvaient en
cantonnement. Sans l'intervention active des officiers, une collision dangereuse aurait pu naître et
amener de graves désordres. Nos soldats étaient
taquins en diable contre ces étrangers, qui foulaient
le sol de notre pays. Déjà, depuis notre départ de
la Sarre, de semblables scènes avaient eu lieu.
Celle-ci plus dangereuse, puisqu'il y eut du sang
versé.

Le 9, à Châlons-sur-Marne, un vieil émigré, chez
qui j'étais logé, et qui avait la vue très affaiblie par
l'âge, me prit pour un officier russe. Il m'accueillit
de la manière la plus distinguée. Il n'y avait rien
d'assez bon, d'assez digne de m'être offert. Il me fit
d'étranges confidences. Les vanteries de ce voltigeur suranné m'amusèrent beaucoup, et m'engagèrent à le laisser dans son ignorance, jusqu'à mon
départ. Quand il fut désabusé, sa colère fut comique !
Il y eut aussi des querelles, entre des sous-officiers
du corps et des officiers russes, assez compliquées,
mais qu'on arrangea. Ce qui fut cause qu'on nous
fit partir de Châlons, au lieu d'y séjourner, pour
nous envoyer dans un village ruiné par l'invasion
sur la route de Montmirail.

Le 12 juin, une heure après notre arrivée à Montmirail, je partis, avec trois autres officiers, dans une
voiture particulière, pour Paris. J'y étais envoyé
par le major pour toucher la solde des officiers du
mois de mai et celle des soldats, qu'on n'avait pu
se procurer chez les payeurs des villes, où nous étions
passés, faute de fonds. Nous passâmes la nuit à
Trépore, village sur la rive gauche de la Marne.
L'auberge où nous descendîmes était remplie de filles
publiques de Paris, qui avaient accompagné jusqu'à
ce village les Russes qui se retiraient.

Nous arrivâmes à Paris, le 13, de bonne heure
dans l'après-midi, et à peine si le soir nous étions
logés. La restauration de la vieille monarchie avait
attiré à Paris tant de nobles et d'émigrés, tant de
Vendéens et de chouans, tant de partisans des Bourbons et de victimes de la Révolution, tant d'hommes
bien pensants, tant d'hommes retournés, que tous
les hôtels étaient pleins jusqu'aux combles. Et les
théâtres aussi. On y jouait des pièces de l'ancien
répertoire, appropriées aux circonstances ; je citerai
entre autres *la Partie de chasse de Henri IV*, qui
était vigoureusement applaudie. On aurait dit que
l'Europe entière s'était donné rendez-vous dans le
jardin du Palais-Royal.

Dès mon arrivée, je m'occupai activement de
ma mission, mais je trouvai partout des fins de
non-recevoir. J'étais renvoyé de l'inspecteur aux
revues au ministère de la Guerre, de celui-ci à celui
des Finances ; mes pièces en règle, je me présentai
chez le payeur, qui n'avait pas de fonds ou ne voulait pas m'en donner. Il fallait recommencer les
courses, les sollicitations, faire renouveler les auto-
risations de paiement, etc. Cela dura six jours.

Enfin, le 20 dans la journée, nous fûmes payés. Pendant ces interminables formalités, le régiment que j'avais laissé sans argent cheminait pauvre ment vers la Bretagne, vivant presque de charité. Moi, à Paris, dans les derniers jours, je n'étais guère plus heureux. Ayant partagé mes ressources avec mes compagnons de voyage, — ressources qu'on ne ménagea point dans le commencement, parce qu'on comptait sur le paiement de la solde et de l'indemnité de route, — il arriva que le dernier jour nous n'aurions pas déjeuné, si un député de mes amis n'avait mis sa bourse à ma disposition.

Le 21 juin, je pus rejoindre mes camarades à Mortagne. Je les trouvai à table, mangeant leur dernier écu. Mon arrivée fut saluée avec des transports de joie. Avec moi, revint la bonne humeur, parce que j'apportais ce qui la fait naître et l'entretient. Le major m'avoua qu'on dépensait ce soir le dernier « sol » qu'il y eut dans les bataillons. Cette situation n'étant plus tenable, il avait pris la résolution de s'arrêter à Alençon, et de prier le maire d'inviter les habitants à nourrir les soldats, jusqu'à ce qu'ils eussent reçu l'argent nécessaire pour continuer leur route.

Le 6 juillet, nous arrivâmes à Lorient qui était le lieu de notre destination.

Dans le courant du mois de septembre, le chef de notre bataillon, le commandant D..., qui avait pris le titre de comte et qui était resté à Paris depuis notre passage, pour se faire admettre comme officier dans la maison du roi (chevau-légers), ayant échoué dans ses prétentions, m'écrivit pour me demander s'il avait des chances d'être employé dans le régiment. Je lui répondis que par son ancienneté, il pouvait l'être encore, mais qu'il fallait se hâter d'arriver, parce qu'il se présentait beaucoup d'officiers de son grade pour concourir. Il vint de suite, bien guéri de son enthousiasme pour les Bourbons, mécontent de la cour, et fort courroucé contre le duc de Berri qui n'avait pas voulu admettre ses droits à l'emploi qu'il sollicitait.

J'appris par lui bien des choses sur l'opposition que le nouveau gouvernement rencontrait dans sa marche, sur les bévues qu'il commettait, les mécontents qu'il faisait, et les injustices qu'on lui reprochait. Ce langage m'étonna, car étranger aux intrigues de cour, aux antichambres des ministres et au crédit des protecteurs en faveur, je ne comprenais pas qu'on eût besoin et qu'on employât de pareils moyens pour arriver plus haut. Mais ce qui m'étonnait le plus, c'était d'entendre de semblables choses sortir de la bouche d'un homme qui m'avait si fort rembarré, quand j'avais mis en doute la bonté du gouvernement qui allait nous être imposé. Pendant un mois qu'il resta à Lorient, nous fûmes presque toujours ensemble. N'ayant pas été employé, il fut manger sa demi-solde à Paris. (Lors de la cérémonie du Champ-de-Mai, l'année suivante, il était un des officiers chargés de placer les troupes dans le Champ-de-Mars, avant la distribution des aigles. Ce retour vers *l'aventurier* fut cause qu'il resta sans emploi après les Cent-Jours. Mais par la protection de son parrain, le duc d'Orléans, aujourd'hui Louis-Philippe, il entra dans les gardes du corps à pied et arriva successivement au grade de lieutenant-général, directeur général au ministère, conseiller d'État, etc.)

L'obligation d'aller à la messe tous les dimanches contraria beaucoup les officiers et leur fit prendre les Bourbons en grippe, mais plus encore la certitude qu'une immensité d'entre nous serait envoyée en demi-solde. Le 1ᵉʳ octobre, l'organisation du 44ᵉ de ligne se fit dans le cabinet du colonel, en présence de l'inspecteur général comte de Clausel, mais ce travail demeura secret. Le 3, cette opération se fit sur le terrain du polygone, en présence d'un grand concours d'officiers, qui attendaient avec anxiété le résultat des notes données sur le compte de chacun d'eux. L'appel des officiers maintenus en activité se fit d'abord pour les officiers supérieurs, puis pour les officiers comptables, puis pour les officiers de campagne. Quoique j'eusse une espèce de certitude, je trouvai cependant le temps long de ne pas entendre appeler mon nom. Je fus appelé le dernier, parce que je devais commander la 3ᵉ de voltigeurs.

Barrès, mis en congé de semestre au début de novembre 1814, se retira en Auvergne auprès des siens :

23 *novembre.* — A Blesle, où j'ai le plaisir de retrouver ma mère et tous mes parents en bonne santé.

Le changement de gouvernement avait aussi changé l'esprit de la société. Il n'y avait plus l'entrain de 1812. La politique avait divisé les individus et refroidi les familles. La noblesse avait repris son orgueil et ne recevait plus avec la même simplicité qu'auparavant. Pour ne pas être témoin de ses hauteurs, je la fréquentai peu, je sortis moins et

m'ennuyai assez. Cependant il y avait une maison,
illustre dans le pays par sa naissance et ses vieux
parchemins, où j'allais tous les vendredis, avec mon
frère, qui était aussi en congé de semestre, passer
vingt-quatre heures. C'était chez le comte Hippo-
lyte d'Espinchal, chef d'escadron au 31e de chasseurs, demeurant à Massiac, petite ville à une lieue
de Blesle. Mon frère servait dans le même corps.

PENDANT LES CENT-JOURS

Ce fut dans la dernière de ces courses, vers le
9 mars 1815, vaguement le vendredi soir, mais positivement le samedi matin, que j'appris par plusieurs
lettres de Paris, que Napoléon était débarqué en
Provence le 1er mars, et marchait sur Lyon. Cette
nouvelle plus qu'immense me surprit et m'étonna
beaucoup. Rentré chez moi, je contins la joie que
j'en éprouvais, sans pouvoir la définir, car j'étais
aussi inquiet sur les suites que satisfait de l'événement. J'attendis quelques jours, espérant que des
ordres me parviendraient, mais, n'en recevant pas,
je me rendis au Puy pour savoir ce que nous devions
faire.

C'est dans ce temps-là que le courrier qui portait
 es fonds du gouvernement fut arrêté entre le Puy
et Yssengeaux par des voleurs. Un général, que
l'Empereur avait chassé des rangs de l'armée, et
qui commandait le département, eut l'infamie de
soupçonner les officiers en demi-solde d'avoir exécuté ce coup de main. Il les fit venir chez lui, aussitôt qu'il eut connaissance de ce vol, pour s'assurer
de leur présence au chef-lieu. Quand les officiers

eurent connaissance du motif de cet injurieux appel,
ils traitèrent le général comme il le méritait ; et
quand ils surent que l'Empereur était à Paris et
que le roi était parti, ils furent chez lui pour lui
signifier de quitter le Puy, à l'instant même, parce
que, une heure après, ils ne répondaient plus de
son existence. Il partit immédiatement, bien heureux d'en être quitte pour des menaces.

Le jour qu'on reçut la nouvelle que l'Empereur
était arrivé à Paris, j'allai à la préfecture avec mon
frère, pour voir notre aîné, secrétaire général. Nous
étions tous les deux en uniforme. Près d'entrer dans
l'hôtel, nous fûmes assaillis par une multitude de
misérables en haillons qui tombèrent sur nous aux
cris de : « Vive l'Empereur, à bas la cocarde
blanche ! » et sans nous donner le temps de répondre,
nous bousculèrent, s'emparèrent de nos shakos,
arrachèrent nos cocardes et nous couvrirent d'injures. Mon frère et moi, nous avions mis l'épée à la
main pour nous défendre, mais saisis en même temps
par derrière, nous ne pûmes en faire usage. La garde
de la préfecture vint aussitôt à notre secours, et
nous délivra des mains de ces forcenés, qui auraient
fini par nous écharper. Mon Dieu, que j'étais en
colère ! Je pleurais de rage !

Je pris ma feuille de route, le lendemain, pour
rejoindre à Brest le régiment. A Tours, à l'hôtel
où nous descendîmes, nous avons trouvé plusieurs
officiers de l'ancienne armée qui, étant entrés dans
la *Maison rouge* du roi, l'avaient accompagné jusqu'à la frontière. Ils se plaignaient amèrement des
mauvais procédés des troupes envoyées à la poursuite du roi, et qu'ils avaient rencontrées à leur
retour.

Nous achetâmes une toue ou petit bateau pour descendre la Loire jusqu'à Nantes, et louâmes un homme pour la conduire. Il fallut ramer souvent et longtemps pour vaincre la résistance du vent et éviter les vagues qui étaient très fortes. J'avais plus de vingt ampoules aux mains quand je sortis du bateau. Nous le vendîmes plus qu'il ne nous avait coûté, et le produit du passage de trois à quatre personnes, que nous prîmes en route, nous couvrit de tous nos frais. Le voyage fut charmant pendant les deux premiers jours, et nous pûmes voir sans fatigue, très en détail, les rives tant vantées de la majestueuse Loire.

A Quimper-Corentin, mon chef de bataillon, qui y était en garnison, nous chercha querelle, parce que nous avions encore sur nos croix d'honneur l'effigie d'Henri IV, lui qui, quelques mois auparavant, voulait m'envoyer aux arrêts parce que je n'avais pas fait changer l'effigie de Napoléon et remplacer l'aigle impériale par les fleurs de lis de l'ancien régime !

A Brest, où nous arrivâmes le 18 mars, nos camarades nous accueillirent avec cet empressement, cette cordialité qu'on ne trouve guère que chez les militaires. Le colonel lui-même nous invita à dîner, chose qu'il ne faisait guère, et nous témoigna beaucoup d'amitié. Cela tenait en grande partie à ce que, pendant notre absence, il avait été excessivement mal pour les officiers. Ceux-ci, au retour de l'Empereur, le dénoncèrent et demandèrent son renvoi. Un capitaine se chargea de porter la pétition à Paris, et de la remettre en personne à l'Empereur. Cette requête, contraire à la discipline et à la soumission envers un chef, fut envoyée au président d'une commission, chargée de purger l'armée de tous les officiers, émigrés ou autres, qu'on y avait introduits depuis le retour des Bourbons. Ce général, ami du colonel, ne donna pas suite à cette dénonciation, et renvoya le capitaine au régiment. Il fut mis aux arrêts forcés, pour s'être absenté du corps sans permission. Les capitaines qui étaient cause de sa punition se réunirent pour demander sa grâce. C'était audacieux, mais l'effervescence du moment autorisait bien des choses. La demande ne fut pas accueillie ; on devait s'y attendre ; mais il s'en suivit des paroles si extraordinaires, des reproches si sanglants, des accusations si monstrueuses, que la majeure partie des capitaines qui les entendirent furent effrayés. Un capitaine accusa le colonel, après bien d'autres reproches, d'être un lâche, un voleur, un tigre : « Vous êtes un lâche, je vous ai vu fuir à Wagram ; un voleur, pour avoir fait tort aux soldats de telle et telle somme qu'il spécifia ; un tigre, vous avez fait manger des nègres par vos chiens à Saint-Domingue. Vous ne le nierez pas, je l'ai vu... » Le colonel écouta toutes ces accusations avec beaucoup de sang-froid, et nous renvoya en nous disant : « Voilà cependant où conduit l'indiscipline ; mais je ne m'abaisserai pas à me justifier d'aussi atroces calomnies. »

La Bretagne manifesta des symptômes d'insurrection, en faveur des Bourbons, qui nécessitèrent un envoi de troupes dans le Morbihan. Deux cents hommes du 3ᵉ bataillon y furent envoyés, sous le commandement des deux plus anciens capitaines. Le général nous envoya parcourir le département pour contenir les partis, surveiller les côtes, et peut-être aussi pour se débarrasser de nous, se ménageant déjà les moyens de se réconcilier avec les Bourbons, dont la rentrée prochaine devait lui être connue.

Pendant notre séjour à Morlaix, plusieurs agents des républiques de l'Amérique méridionale nous engagèrent, vu les circonstances malheureuses où se trouvait la France, à aller servir dans leurs troupes. Les promesses étaient avantageuses, mais elles ne séduisirent aucun de nous.

Quelques jours après notre rentrée à Brest, le 8 juillet, on apprit officiellement, coup sur coup, l'entrée des ennemis de la France à Paris, le départ de Napoléon et de l'armée pour la rive gauche de la Loire, l'arrivée de Louis XVIII et de toute sa famille à Paris. Tous ces malheurs, suite inévitable du désastre de Waterloo, nous accablèrent de douleur.

Le 19 juillet, le général commandant réunit tous les officiers de la garnison, pour nous engager à reprendre la cocarde blanche, et à faire acte d'adhésion au nouvel ordre de choses. Il nous demanda le sacrifice de nos opinions, dans l'intérêt de la France, qui était gravement en danger, l'ennemi ne demandant que la désunion de l'armée pour la morceler et l'anéantir. Les officiers de la ligne baissèrent la tête, pour gémir sur tant de maux ; mais ceux des bataillons des gardes nationales des Côtes-du-Nord refusèrent avec une violence extrême. Alors, après bien des débats tumultueux, un colonel d'état-major s'écria : « Retirons-nous et faisons notre devoir de bons citoyens, en nous soumettant à ce que nous ne pouvons pas empêcher ! Laissons cette minorité factieuse dans ses rêves insensés et son impuissance ; sauvons Brest contre les Prussiens qui marchent sur la Bretagne, contre les Anglais qui voudraient nous voir en rébellion pour pouvoir prendre la ville et la détruire. »

Les officiers se retirèrent avec leurs chefs pour délibérer de nouveau. Il fut convenu qu'on se conformerait à ce que ferait l'armée de la Loire. Chacun de nous prit cet engagement par écrit, et le signa individuellement. Je fus chargé de porter ces adhésions conditionnelles au gouverneur, qui ne voulut pas les accepter. « C'est une escobarderie, me dit-il : il faut dans notre métier plus de franchise. Allez, mon cher capitaine, dire à vos camarades d'être plus conséquents et de se déclarer franchement pour ou contre le gouvernement des Bourbons. Dans une heure, j'annoncerai par le télégraphe la soumission entière de la garnison ou la résistance de quelques corps. »

De retour chez le major O'Neill, où les officiers m'attendaient, je fis part de l'ultimatum du général. Là-dessus grande cris, vacarme... Après avoir bien exposé la position des choses à tous mes camarades, je pris une feuille de papier où j'écrivis : « Je reconnais pour mon souverain légitime Louis XVIII, et jure de le servir fidèlement » ; et après l'avoir signée, je la fis passer sous les yeux de quelques voisins qui la copièrent. Une demi-heure après, je les déposais toutes entre les mains du gouverneur qui fut fort satisfait. Le major O'Neill, excellent officier sous tous les rapports, s'était tenu à l'écart, pour ne pas gêner les officiers dans leur détermination.

Le 20 juillet au matin, les canons de la place, des forts en mer et de la rade, saluèrent le nouveau drapeau et la cocarde blanche fut reprise. L'agita-

tion de la veille avait cessé, et les gardes nationales
avaient reçu l'ordre de rentrer dans leurs foyers.
Le gouverneur nous fit dire qu'il comptait sur la
bravoure et le dévouement des troupes de la garnison pour conserver à la France son plus riche
matériel.

*L'ordonnance du 3 août, qui licenciait l'armée, ne
fut mise à exécution, en Bretagne, qu'au début d'octobre, car on craignait le voisinage des Prussiens qui
avaient pénétré jusque dans le Morbihan.*

Le maréchal de camp Fabre eut la mission de
nous licencier. Mission douloureuse, pour un militaire qui aimait ses compagnons de gloire et son pays.

Le 3 octobre, nous passâmes la dernière revue
comme 47e. Le lendemain 4, les derniers débris de
cette vaillante armée, qui pendant vingt-quatre
années avait rempli le monde de ses exploits et
montré ses immortelles couleurs dans toutes les
capitales de l'Europe, étaient disséminés sur toutes
les routes, le bâton à la main comme des pèlerins,
demandant protection à ces ennemis que nous
avions si souvent vaincus, plus généreux que nos
compatriotes qui traitaient de *Brigands de la Loire*
ces nobles vétérans de la gloire, ces victimes de la
trahison.

Il y avait dans le port un chasse-marée en par-
tance pour Bordeaux. Pour ne pas être obligé de
rencontrer sur ma route les oppresseurs de mon
pays, les soutiens de ces nobles qui se vengeaient
sur nous des vingt-cinq années d'humiliations que
la Révolution leur avait fait subir, j'y pris passage
avec deux officiers.

LA TERREUR BLANCHE

12 *octobre*. — Le lendemain de mon arrivée à Bordeaux, je fus voir les quelques connaissances que j'avais dans cette ville. Dans une maison on me dit : « Nous sommes bons royalistes, mais nous ne voulons de mal à personne. Vous êtes probablement bonapartiste, nous vous engageons à vous assurer si vous n'avez rien de séditieux dans vos malles, parce qu'on est capable d'aller les visiter pendant votre absence, et à ne pas aller dans les cafés, crainte d'être insulté. Enfin dans votre intérêt et pour votre sûreté, nous vous engageons à quitter la ville le plus tôt possible. » C'était une jeune femme de vingt ans qui me disait cela, les larmes aux yeux.

Le soir, je fus au spectacle avec mes amis et un capitaine du 86ᵉ de ma connaissance. On chanta entre les deux pièces la fameuse cantate dont le refrain était : *Vive le roi, vive la France*, et le chant à la mode, *Vive Henri IV*. Il fallut se lever de suite, et rester debout pendant tout le temps, et agiter son mouchoir blanc. A ne pas le faire, on aurait été jeté des loges dans le parterre. Je n'ai jamais entendu autant crier, hurler, vociférer le cri de : vive le roi, que dans cette infernale soirée. Ce n'était pas un spectacle, mais bien un vrai pandemonium où tous les démons de tous les sexes, de tous les âges et de toutes les conditions, s'étaient réunis pour exprimer des sentiments horribles. Peu de jours avant, les deux frères Faucher, tous deux maréchaux de camp, avaient été fusillés par les

royalistes bordelais. La ville accusait les bonapartistes de leur avoir refusé la franchise du port.

Le matin du 14, je fis porter ma malle à la diligence de Clermont, et me décidai à faire le voyage
à pied. Mes compagnons suivaient une autre direction. Nous eûmes un déjeuner d'adieu. Au cours de
ce repas, un commis voyageur, ancien sous-officier
du régiment, se permit de blâmer notre conduite,
d'avoir suivi les drapeaux de l'usurpateur. Il s'ensuivit une forte querelle, qui ne cessa que par la
disparition du provocateur. Le maître de l'hôtel,
qui avait entendu cette discussion, nous dit : « Partez
vite dans votre intérêt, et sortez par la porte de
derrière. » On se dit adieu à la hâte, et l'on se sépara.
Dix minutes après j'avais quitté Bordeaux, passé la
Garonne en bateau, et cheminais tranquillement
sur la route de Brannes, où j'arrivai pour passer la
nuit.

Dans l'auberge, je fus pris pour le fils de la
maison, qui était aussi au service. D'abord, je me
prêtai à cette plaisante erreur, mais quand elle
devint plus sérieuse, je dus faire bien des efforts
pour désabuser ces braves gens, qui ne voulaient
pas me croire. Je fus obligé, pour les convaincre, de
leur montrer ma feuille de route et de demander
à me retirer dans ma chambre. Les pleurs de la
vieille mère me faisaient mal.

Le 16 octobre, je trouvai à Bergerac, dans l'auberge où je descendis, un capitaine de grenadiers
du 47e, de mes meilleurs amis. Je demeurai là, pour
passer avec lui deux jours, dans une douce intimité.
Ce capitaine, excellent officier et brave militaire,
avait alors une certaine popularité, dans la partie de
la France que l'ennemi n'avait pas envahie. Il était

chanté, loué, applaudi par tous les Français qui ne voyaient pas dans nos ennemis des *amis*. Ce fut lui qui, étant de garde, à l'entrée du pont de Tours, du côté de la ville, le jour de la fête du roi de Prusse, fit coucher sur le pont toutes les dames de Tours qui étaient allées célébrer cette fête dans les camps prussiens. Après la retraite, les barrières des deux côtés furent fermées et tout ce qui se trouva entre fut condamné à y rester jusqu'au lendemain matin. Les dames furent chansonnées, et le capitaine félicité par tous les généraux d'avoir un peu vengé l'insulte qu'on faisait à la France.

Le 20 octobre, un pauvre diable avec qui j'avais voyagé dans la journée du 17 et à qui j'avais payé une bouteille de vin, sachant que je devais arriver, dans cette soirée, à Argentat, eut la générosité de venir m'attendre sur la route pour me conduire à la meilleure auberge. Il était déjà nuit, et j'étais horriblement fatigué, quand j'y entrai. Ma lassitude, mon abattement, ma tenue assez mesquine, me firent sans doute prendre pour un des généraux proscrits à cette époque de vengeance, car aussitôt assis auprès du feu, un monsieur sortit de l'auberge pour aller chercher les gendarmes et m'arrêter. Je leur présentai ma feuille de route ; ils ne voulurent pas la regarder. Ils me dirent de les suivre chez le maire ; je protestai contre cette manière de faire leur devoir ; ils persistèrent : je dus obéir. Ce pauvre diable dont je viens de parler, et qui ne m'avait pas encore quitté, me disait : « Ne vous fâchez pas, ne résistez pas, ils vous mettraient en prison. » Conduit par eux, le peuple criait sur mon passage : Vive le roi, à bas le brigand de la Loire ! Dix minutes après, j'étais de retour à l'auberge, le maire ayant trouvé mes papiers très en règle, et s'excusant beaucoup d'avoir été contraint à cette mesure de police. Je fus me coucher sans rien prendre, tant la marche de la journée et mon arrestation de la soirée m'avaient accablé.

Le 21, à mon départ d'Argentat, je fus atteint par une forte pluie, qui ne me quitta point jusqu'à mon arrivée à Pleau. N'ayant que ce que j'avais sur moi, je demandai du linge et des effets pour changer en attendant que les miens se séchassent, mais j'étais logé dans une auberge où il n'y avait que des femmes ; je dus me servir d'une de leurs chemises, et passer le reste de la journée au lit, dans une chambre qui servait de salle à manger. C'était jour de foire, le temps était affreux ; j'eus nombreuse compagnie de forains.

En passant par Pleau, j'avais le projet de traverser les hautes montagnes d'Auvergne pour abréger ma route, mais je dus y renoncer, tous les montagnards me disaient que le passage, en cette saison, était impraticable. Je dus alors chercher à atteindre Aurillac, dont je m'étais éloigné en me dirigeant sur Pleau.

J'arrivai à Aurillac, trop blessé aux pieds pour pouvoir continuer de marcher, et j'y attendis la diligence pour terminer mon voyage en voiture.

Le 25 octobre, j'arrivai à Blesle, dans ma famille, bien satisfait de voir la fin de mon voyage. J'étais resté vingt-deux jours en route, c'était beaucoup de temps et de fatigue ! Voyager à pied, seul, un bâton à la main, cela peut être charmant dans la belle saison et pour un amateur du pittoresque, mais pour un militaire, qui a passé les dix plus belles années de sa vie sur les grandes routes, cela n'a plus le même attrait. Je ne fus pas enchanté de ma fantaisie philosophique.

Chez ma mère, je trouvai une lettre du maréchal de camp Romeuf, commandant le département de la Haute-Loire, qui me prévenait que j'étais nommé commandant provisoire de la légion du département, et de me rendre à Brioude, ville non occupée par nos amis les ennemis (ils n'avaient pas dépassé l'Allier), pour commander le noyau qui s'y formait. J'avais besoin de repos, je le pris jusqu'au 4 novembre, tout flatté que j'étais de la préférence qu'on m'avait donnée.

Le 4 novembre, j'allai à Brioude, où je trouvai une centaine d'hommes et l'ordre de partir avec eux pour Craponne, où je trouverais des instructions.

Le 6, je me perdis dans les bois et les neiges des montagnes de la Chaise-Dieu, aussi hautes que sauvages. Heureusement que le maire de la Chaise-Dieu fit sonner les cloches, dont le son me guida.

Le lendemain 7, j'arrivai de la Chaise-Dieu à Craponne. On avait rêvé que les généraux proscrits s'étaient cachés dans les environs. Ma mission était de visiter tous les villages, de désarmer les habitants, de battre les bois, de fouiller les montagnes et de me mettre en rapport avec les colonnes mobiles de la Loire et du Puy-de-Dôme. Je le fis par devoir, mais sans conviction ; assez ostensiblement pour qu'on connût d'avance mes projets. Un jour, cette petite ville de Craponne ressembla à un quartier général d'armée. Les préfets de ces trois départements et le général comte de la Roche-Aymon, escortés de zélés royalistes à cheval et en riche uniforme, s'y trouvèrent réunis pour se concerter sur les moyens d'arrêter les projets révolutionnaires des bonapartistes, des libéraux, des brigands de la Loire. La peur leur faisait voir partout des conspirateurs, mais ils ne faisaient rien pour calmer les populations irritées.

Le 5 avril 1816, au Puy, un incident se produit. Quelques officiers, à l'hôtel, proposent de boire à la santé du roi. Soupçonné de n'avoir pas répondu à cette invite avec assez d'empressement, Barrès est dénoncé au colonel, puis au général, puis au préfet qui décident de le maintenir dans la légion, mais de le réprimander. « Il fallait alors, écrit-il, être chaud royaliste, chaud jusqu'à l'extravagance. »

Mes fonctions de commandant de place m'assujettissaient à bien des occupations puériles, à des courses de nuit, à des enquêtes préparatoires, à des appels fréquents chez le général et le préfet. Ces messieurs voyaient partout des complots, des conspirations, des boutons à l'aigle, des cocardes tricolores, des signes de rébellion. C'était à qui montrerait le plus de zèle et de dévouement pour la bonne cause. Un dimanche du mois de juillet 1816, le préfet, pour célébrer l'anniversaire de la rentrée des Bourbons à Paris, fit apporter, sur la plus grande place du Puy, tout le papier timbré à l'effigie impériale, les sceaux des communes de la République et de l'Empire, et un magnifique buste colossal en marbre blanc d'Italie de l'empereur Napoléon, chef-d'œuvre du célèbre statuaire Julien, qui l'avait offert lui-même à ses ingrats et barbares compatriotes. Tout cela fut brûlé, mutilé, brisé, en présence de la troupe et de la garde nationale sous les armes, des autorités civiles, militaires, judiciaires, au bruit du canon, aux cris sauvages de « Vive le roi ! ». Cet acte de vandalisme me brisa le cœur (1).

Le 15 août 1816, nous reçûmes l'ordre de partir pour Besançon. Ce fut comique. Le général Romeuf nous accompagna, pour surveiller notre marche. La gendarmerie nous suivait derrière, pour empêcher la désertion des soldats. A Yssingeaux, le comte de Moidière, notre lieutenant-colonel, proposa sérieusement aux commandants de compagnies de prendre aux soldats leur culotte, pour les empêcher de partir la nuit, et de la leur rapporter le lendemain matin pour la route ! En vérité, ces gens-là avaient perdu la tête.

À notre arrivée à Besançon, nous vîmes les inspecteurs généraux chargés d'achever notre organisation. L'un d'eux était un général allemand, passé au service de la France, le prince de Hohenlohe ! Leur première opération fut de désigner la moitié des officiers de tous grades pour aller en semestre forcé. Je fus de ce nombre. On pense si cette mesure inique déplut à tous les officiers qui la subirent ! Pour mon compte, elle me contraria beaucoup, car je n'étais guère dans ce moment en position de supporter les frais d'un voyage aussi inattendu. Je m'en retournai en Auvergne.

J.-B. Barrès poursuivi par la dénonciation qui l'accuse d'avoir refusé de boire à la santé du roi est cepen-

(1) M. Ulysse Rouchon m'écrit que le buste de Napoléon existe encore au musée de la ville du Puy. Est-ce le même buste ? J.-B. Barrès s'est-il trompé ? (M. B.)

dant nommé capitaine de grenadier du 2e bataillon.
En mars 1817, il va d'Auvergne rejoindre la légion à
Strasbourg et successivement en 1818 et 1819, il tient
garnison au Puy, à Grenoble, et à Montlouis, près de
la frontière espagnole.

BARRÈS EST MIS EN DEMI-SOLDE

Montlouis. — Le 15 octobre 1820, l'inspecteur
général, M. le maréchal de camp Vautré, commença
ses opérations. Elles durèrent huit jours. Comme les
années précédentes, je fus proposé pour chef de
bataillon et invité à dîner par lui. Je fus aussi proposé pour la croix de Saint-Louis.

Le 17 décembre, le même général Vautré revint.
A son arrivée, il demanda si je lisais encore le *Cons-*
titutionnel. Le colonel, commandant de la place répondit : « Oui. » Il mentait. Il aurait dû dire non
et que depuis septembre l'abonnement était expiré.
Il aurait dit la vérité. Il le savait bien, puisque nous
le lisions ensemble (lui, le colonel, un chef de bataillon et dix capitaines), mais il eut peur et se tut.
Sur cette affirmation, le général dit : « Barrès paiera
pour les autres. Je le faisais passer au 19e de ligne
(légion de la Gironde), il ira en demi-solde. »

Ce dialogue, je l'ignorais. Il y eut un dîner. Tous
les officiers étaient tristes, parce qu'on savait déjà
les noms de plusieurs d'entre nous qui changeaient
de corps ou étaient renvoyés en demi-solde. J'étais
de ce nombre. On me le laissa ignorer longtemps,
mais enfin on finit par me l'apprendre. J'étais loin
de penser qu'une semblable mesure pût jamais
m'atteindre. J'avais rendu de si grands services ;

ma conduite privée et militaire avait été si exempte de blâme, sous tous les rapports, que je restai confondu, anéanti.

Le lendemain, je voulus voir le général ; il me fit dire de rester tranquille dans mon intérêt. Ainsi j'étais condamné sans avoir été entendu. Je fus chez le colonel, qui eut l'air de me plaindre beaucoup. Chez le lieutenant-colonel, je trouvai plus de manifestation de regret et d'indignation. Mais comme je le connaissais faux, je ne me fis pas beaucoup d'illusion sur la sincérité de ses démonstrations. (En voici une preuve : lui ayant exprimé l'inquiétude que j'avais que mon frère, vicaire général de l'archevêque de Bordeaux, pût croire que j'avais commis quelque acte déshonorant dans ma carrière militaire, il lui écrivit une lettre de quatre pages pour lui faire mon éloge. Quinze jours après, il réclama cette lettre.) Heureusement que je trouvai dans l'expression des regrets de la presque totalité de mes camarades, dans leur bonne affection, quelques consolations à ma profonde douleur.

Ce qui m'affligeait le plus dans cette brutale disgrâce, c'était de voir que ce colonel qui, pendant cinq années, m'avait comblé de bons procédés, donné des preuves sincères d'attachement, deux compagnies d'élite à commander, proposé pour chef de bataillon et pour la croix de Saint-Louis, choisi entre tous mes camarades pour remplir des fonctions dans les conseils de guerre, dans les places, dans l'administration, me sacrifiait pour complaire à un général qui voulait donner une preuve de son dévouement aux Bourbons en sacrifiant l'existence et l'avenir des anciens officiers, ses compagnons de l'Empire;

Le 25 décembre, au matin, je fis mes adieux, le cœur bien gros, les yeux pleins de larmes, à tous les officiers réunis. Ces derniers moments furent très touchants. Plusieurs m'accompagnèrent jusqu'à Prades. A Perpignan, le 27, je trouvai plusieurs de mes camarades du 1er bataillon, qui était en garnison à Collioure depuis un mois, venus pour m'accueillir. Pendant le déjeuner qu'ils m'offraient, le général Vautré me fit demander.

Je trouvai chez lui le colonel O-Mahony, qui me parut assez embarrassé. Le général me dit d'un air assez dégagé, en m'abordant :

— J'ai appris avec surprise, mon cher capitaine, que vous étiez très chagrin de la mesure que j'avais prise à votre égard, et que je vous avais condamné sans vous avoir entendu ; ce qui pouvait vous faire croire que j'avais agi avec passion et d'après des rapports qui m'auraient été faits contre vous, à mon arrivée, dans le but de vous nuire. Détrompez-vous ; voici une note ministérielle où votre nom figure avec plusieurs autres.

Je pris connaissance de ce document, émané du ministère de la Guerre, qui portait en tête : *Noms des officiers sur lesquels on prendra des renseignements.*

— Eh bien ! mon général, avez-vous pris des renseignements sur mon compte? Il me dit que oui. Alors un dialogue très vif s'établit entre lui et moi, où je réfutai victorieusement toutes les accusations qu'il me portait.

— Si j'étais seul avec vous, mon général, vous pourriez ne pas me croire, mais le colonel est là qui m'entend et qui peut dire si je mens.

A chaque réponse que je faisais je disais au colonel :

— Est-ce vrai?

Celui-ci était bien forcé de dire oui. Du reste, la principale accusation un peu sérieuse, c'était d'avoir été abonné au *Constitutionnel*. Mais quand je lui exposai que le colonel, un chef de bataillon et cinq ou six autres capitaines l'étaient aussi, cela le déconcerta et embarrassa beaucoup le colonel. C'est alors que je lui dis :

— Si jamais je suis rappelé à faire partie de l'armée et que je sois tué au service du roi, viendra-t-on demander sur mon cadavre si je lisais le *Constitutionnel* ou le *Drapeau blanc*.

Il me répondit vivement et comme entraîné par mon apostrophe :

— Je suis convaincu que les lecteurs du premier firent toujours mieux leur devoir que les lecteurs du second.

Une autre fois je lui dis :

Comment se fait-il, mon général, que vous m'ayez proposé pour chef de bataillon, il y a deux mois, et que je ne sois pas même bon aujourd'hui à servir dans l'armée?

— Cela est vrai, mais alors je ne savais pas que vous fussiez un libéral.

Il me fit lire les notes qu'il m'avait données à cette époque, en me disant :

— Vous voyez que vous étiez bien dans mon esprit et que vous l'êtes encore, car je vous donne ma parole d'honneur qu'avant qu'il soit vingt jours vous serez replacé.

Je sortis satisfait, moins de ce que j'avais l'espoir d'être réintégré dans mon grade, que d'avoir prouvé que j'avais été calomnié, mal jugé et abandonné par mon protecteur naturel.

Une heure après, je montais en voiture pour Montpellier. Tous les officiers qui m'avaient invité à déjeuner m'accompagnèrent jusqu'au bureau de la voiture. Le capitaine, après m'avoir embrassé avec toute l'effusion d'un cœur chaud et aimant, et sitôt que je fus hors de vue, se rendit chez le général. Il y trouva l'aide de camp qui demanda après moi. Il lui dit que j'étais parti.

— Ah ! mon Dieu ! tant pis, le général vient de le placer au 15ᵉ régiment d'infanterie légère.

— C'est bien, dit le bouillant Guinguené, dans trois heures, je vous le ramènerai.

Il fut à la poste aux chevaux, en monta un et se faisant précéder d'un postillon, il dit : « Ventre à terre jusqu'à la rencontre de la voiture qui vient de partir. » Deux heures après, il était à la portière de ma voiture, où il me dit : « Descendez, j'ai ordre de vous ramener à Perpignan. »

Absorbé dans mes douloureuses réflexions, je crus rêver quand je le vis auprès de moi. Après quelques explications, je montai derrière le postillon et nous galopâmes vers la ville. Le contentement que j'éprouvai de ce retour à une meilleure appréciation de ma conduite militaire et privée était bien loin d'égaler la peine que j'avais ressentie en apprenant la fatale injustice, mais je triomphais un peu de mes lâches dénonciateurs.

Nous étions près de Salus quand je fus sommé de descendre de voiture. Le temps était affreux ; la pluie tombait à torrent, en sorte que quand nous arrivâmes à Perpignan nous étions horriblement mouillés et crottés. Malgré cela nous descendîmes de cheval à la porte du général et montâmes chez lui. En me voyant, il vint à moi, me serra cordialement la main, en me disant :

— Vous voyez que je ne garde pas toujours rancune.

Une inclination fut ma seule réponse. Il me dit ensuite :

— Vous pourrez partir quand vous voudrez pour Périgueux où est le 15e léger, j'ai déjà donné avis de votre admission.

J'observai qu'il me serait pénible d'arriver au régiment avant que l'organisation y fut faite, ma présence devant être désagréable à ceux qui pourraient se trouver dans la position où j'étais il y a quelques jours.

— Rassurez-vous, me répondit-il, vous ne déplacez personne, vous remplacez un officier qui demande sa retraite, et ceux qui doivent partir le sont déjà. Du reste vous rejoindrez quand vous voudrez, je vous donnerai une autorisation pour cela.

CHEZ L'ARCHEVÊQUE DE BORDEAUX

Barrès se met en route vers Périgueux, et s'arrête pendant le trajet, à Bordeaux, pour voir son frère :

À Agen, trois voyageurs montèrent dans la diligence, l'un très partisan du magnétisme, un autre très versé dans la littérature anglaise, et enthousiaste de lord Byron et de Walter Scott, dont j'entendais parler pour la première fois, et le troisième, un rédacteur en chef d'un journal libéral de Bordeaux, qui s'était rendu à Agen pour prier le préfet de ne pas lui faire l'honneur de composer un jury exprès pour lui, vu qu'il se contenterait de celui qui serait chargé de juger les assassins et les voleurs. Il était poursuivi pour délit de presse, pour avoir demandé la démolition de la fameuse colonne du 12 mars qui était une insulte à la France. La conversation très spirituelle de ces trois hommes me fit supporter agréablement l'ennui d'un long séjour en lourde diligence.

Après avoir pris un logement, je fus à l'archevêché voir mon frère aîné, vicaire général. Il avait été successivement élève de l'École normale et professeur de littérature à l'École centrale. Sous l'Empire, il avait été deux fois candidat au Corps législatif, et chevalier de la Légion d'honneur. En 1817, alors qu'il était secrétaire général de la préfecture du Puy, il s'était dégoûté du monde, et était allé se réfugier dans un séminaire pour y prendre les ordres.

Il me présenta à l'archevêque. Ce bon vieillard, aussi respectable par ses vertus que par son grand âge, exigea de moi, comme un devoir qui m'était imposé, d'aller dîner tous les jours chez lui, tant que je resterais à Bordeaux. C'est ce que je fis. A table, il ne voulut pas qu'on parlât métier, malgré les cinq ou six prêtres qui s'y trouvaient habituellement. Il fallait lui parler guerre, batailles, et autres récits de ce genre. Il n'admettait pas que d'autres que moi lui versassent à boire. Enfin ce saint homme, comme on l'appelait dans la maison, me fit promettre, après m'avoir donné sa bénédiction, que dans les beaux jours du printemps je reviendrais le voir et que j'irais habiter sa belle maison de campagne qui lui avait été donnée par l'empereur Napoléon. Il me dit que quand il fut nommé chevalier du Saint-Esprit, on avait voulu lui faire quitter sa croix d'officier de la Légion d'honneur, dont il était toujours décoré, mais qu'il s'y était refusé en disant que celui qui la lui avait donnée savait bien ce qu'il faisait.

Pendant les quatre jours que je restai dans cette ville, je fus tous les soirs au spectacle, où je vis jouer plusieurs opéras nouveaux, qui me firent d'autant plus de plaisir que j'en étais privé depuis longtemps et qu'ils étaient bien représentés. Dans les *Voitures versées*, musique de Boieldieu, il y a une scène où trois jeunes femmes en grande toilette se trouvent réunies. Elles avaient chacune une couronne, l'une bleue, la deuxième blanche et la troisième rouge, et placées dans cet ordre. Quand elles parurent, elles furent applaudies. En 1815, les actrices et leurs admirateurs auraient été mangés vifs, c'est le mot, car je ne pouvais pas me rappeler sans effroi la soirée que j'y avais passée à cette époque. Quel changement en si peu d'années ! Après le spectacle, j'allais passer le reste de ma soirée avec des chanoines. On y buvait d'excellent vin de Bordeaux, et on y causait fort gaiement.

J'eus le plaisir de visiter dans tous les détails un bateau à vapeur, le premier que je voyais et nouvellement construit.

De Grenoble où il assiste, le 24 août 1822, à une grande cérémonie militaire et civile pour la translation des cendres de Bayard, Barrès revient, en 1823, tenir garnison à Paris.

Le 3 juillet, nous fûmes présentés à Monsieur, comte d'Artois, et à Mme la duchesse de Berry, près de laquelle était le duc de Bordeaux. Le lendemain, 4, le roi nous reçut. Le 15 août, nous bordâmes la haie

sur le quai de la Cité (quai Napoléon) pour le passage de la procession du vœu de Louis XIII, où se
trouvaient Monsieur et les princesses de la famille
royale.

Le 25 août, je fus reçu chevalier de Saint-Louis par
le colonel Perrégaux, et immédiatement après nous
allâmes présenter nos hommages à Louis XVIII, à
l'occasion de sa fête. Tous les officiers de la garde
royale, de la garnison et de la garde nationale, se
réunirent dans la grande galerie du Louvre avant
de défiler devant le trône. Le roi, affaissé par
l'âge et la maladie, la tête pendante sur ses genoux,
ne voyait ni ne regardait rien. C'était un cadavre,
devant lequel on passa sans s'arrêter. Il était entouré
d'une cour splendide, par la richesse des costumes,
la variété des couleurs, la beauté des broderies,
la multitude et l'éclat des décorations. Nous pûmes
croire qu'avant peu de jours nous assisterions à
des funérailles royales. Elles n'eurent lieu pourtant que l'année suivante.

Séjour dans le nord, à Dunkerque, Lille, Grave-
lines. Au camp de Saint-Omer, des grandes ma-
nœuvres permettent à Barrès de faire apprécier l'ins-
truction et la tenue de ses troupes. Première tentative
faite pour établir une communication directe entre
Dunkerque et la côte anglaise par bateaux à vapeur :
l'entreprise ne réussit pas, faute de passagers. Ren-
contre de deux officiers anglais qui avaient gardé
Napoléon à Sainte-Hélène. « Tout ce qu'ils me racon-
taient me navrait de douleur et m'attachait à eux,
en même temps que je les maudissais d'avoir contribué
pour leur part à river ses fers. » Barrès a l'occasion
de passer en Belgique, à Ypres, avec ses camarades,

en uniforme. « Nous fûmes salués avec respect par tous les habitants que nous rencontrâmes et engagés à déjeuner. Ils nous prouvèrent qu'ils se rappelaient qu'ils avaient été Français du grand peuple. » De là, il est envoyé à Nancy, où l'attendait l'événement qui allait transformer sa vie :

DE SAINT-OMER A NANCY
LES DANSES DE SAINT-MIHIEL

Le voyage de Saint-Omer à Nancy fut très agréable. Il était facile de voir à la tournure militaire de nos hommes, à l'aplomb de leur marche, que nous sortions d'une école un peu rude (le camp de Saint-Omer), mais favorable à la discipline, à la tenue et au développement des forces physiques. Partis de Saint-Omer, le 28 septembre, nous passâmes par Arras, Cambrai, Landrecies, Avesnes, Hirson, Charleville. A Sedan, je dînai chez la sœur d'un de mes meilleurs amis, Mme de Montagnac, (la mère du brave et infortuné Montagnac, lieutenant-colonel du 15e léger qui, plus tard, en Afrique, victime d'une infâme trahison, devait succomber avec tous les hommes qu'il commandait.) Le 15 octobre, ayant dépassé Verdun, nous arrivions à Saint-Mihiel.

La soirée de ce jour, qui se trouvait un dimanche, étant fort belle et illuminée par un admirable clair de lune, toute la population dansante de la ville était réunie sur les places et carrefours pour *rondier.* Il y avait, dans ces bals improvisés en plein air, tant de gaieté et d'entrain, et dans les airs qu'on y chantait quelque chose de si mélodieux, que je pris un plaisir infini à les regarder. La joie de cette bonne jeunesse me réjouissait l'âme, et me faisait me rappeler que, moi aussi, j'avais été jeune. Si je ne dansai pas, du moins je partageai le bonheur de ceux qui me causaient d'aussi douces émotions. Je ne me retirai qu'après que les chants eurent cessé.

Le surlendemain, 17 octobre, nous arrivâmes à Nancy, où j'étais déjà passé le 5 février 1806, en revenant d'Austerlitz.

SÉJOUR A NANCY

Nous allions demeurer dix-huit mois à Nancy. C'est la garnison la plus agréable et une des meilleures de France. Les femmes de Nancy sont citées pour leur bon goût, la recherche dans la composition de leurs toilettes, et l'art de les bien porter.

Avant de passer à un fait personnel, je veux tout de suite noter comment, le 9 novembre 1827, le régiment prit les armes pour assister à la translation des restes des ducs de Lorraine, dont les nombreux tombeaux avaient été violés et dispersés, pendant la tourmente révolutionnaire.

Ces poudreux débris avaient été jetés dans une fosse d'un des cimetières de la ville. Ils furent recueillis avec soin et portés à la cathédrale, où ils reçurent les honneurs dus à leur rang et à leur mémoire. Une chapelle ardente y présentait un aspect imposant, aussi curieux par l'éclat des tentures et des lumières que par son caractère religieux. Tous les officiers de la garnison, le général à leur tête, furent jeter de l'eau bénite sur les cercueils et les urnes, qui contenaient les cendres de ces princes lorrains, dont quelques-unes avaient joui d'une grande célébrité. Le lendemain, la translation fut solennelle, majestueuse, aussi religieuse que militaire. Le roi de France, l'empereur d'Autriche s'y étaient fait représenter. La foule était immense et recueillie. Dans la chapelle Ronde ou ducale, disposée pour recevoir les débris de tant de grandeurs, on avait envoyé de Paris les tentures qui avaient servi aux obsèques de Louis XVIII. Je n'avais rien vu jusqu'alors qui pût être comparé à la magnificence et à la majesté de cette décoration.

Cette chapelle Ronde, réparée et embellie, est celle des anciens ducs, dont le vieux palais existe encore et sert maintenant de caserne à la gendarmerie. Un caveau construit exprès pour recevoir tous les ossements, et des monuments élevés pour perpétuer la mémoire des plus illustres princes de cette célèbre maison de Lorraine, font de cette chapelle, déjà remarquable par son architecture, un lieu plein de vénération.

Un discours ou sermon de l'évêque Forbin-Janson, dirigé contre la Révolution et la philosophie, termina mal cette pompeuse cérémonie. Il fut vivement censuré, parce qu'il était indigne d'un chrétien et d'un homme qui est censé avoir de l'esprit et du jugement. C'est en grande partie la cause des disgrâces que l'évêque eut à subir, après la Révolution de juillet. Chassé de son diocèse par le peuple, il est mort sans en avoir repris possession, la prudence n'ayant pas permis au gouvernement de l'y autoriser, car la haine qu'on lui portait demeurait toujours vivace.

C'était la quatrième cérémonie de ce genre où j'étais acteur et témoin depuis quelques années : deux à Grenoble pour le connétable de Lesdiguières

et Bayard, et la troisième à Cambrai pour tous les
archevêques de cette ville et particulièrement pour
les précieux restes de Fénelon, qui furent trouvés
sous le parvis de l'ancienne cathédrale, quand on
voulut en faire une place publique.

MON MARIAGE

Le jour même de mon arrivée à Nancy, je fis la
rencontre d'un de mes anciens camarades des vélites
d'Écouen, que je n'avais plus revu depuis que
j'avais quitté la garde impériale au commencement
de 1808. Ce vélite était capitaine d'infanterie chargé
du recrutement du département de la Meurthe. Se
faire un joyeux accueil était trop naturel à deux
militaires qui avaient vécu de la même vie, pendant
plus de trois années.

Présenté par lui, dès le lendemain, à sa jeune
femme et à sa nouvelle famille, je fus accueilli
avec cordialité, et traité par la suite comme un
ami qu'on était heureux de revoir. Dans le courant
de l'hiver, il me proposa d'aller au printemps à
Charmes, petite ville des Vosges, pour faire connaissance de sa grand'mère par sa femme.

Je ne pensais guère alors que ce petit voyage, dans
un pays qui m'était aussi inconnu que la personne
que j'allais voir, et fait autant par complaisance que
par goût, me donnerait une épouse ; que mon ami
deviendrait mon cousin, sa belle-mère ma tante, et
que sa grand'mère serait aussi la mienne au même
titre. C'est ainsi que souvent les choses les plus
futiles deviennent, par l'effet du hasard, des événements très importants dans la vie, et qu'on s'en-

gage dans des affaires desquelles on se serait éloigné peut-être, si on avait pu les prévoir.

14 avril 1827. — La veille de Pâques j'arrivai donc chez ma future grand'mère qui m'accueillit parfaitement. Je le fus de même par ses enfants et ses petits-enfants qui habitaient cette ville, c'est-à-dire poliment, aucun motif ne devant les engager à faire plus, puisque j'étais étranger pour eux, et sans rapprochement de position. Cependant une circonstance bizarre fit que je fus un peu considéré comme étant de la famille, c'est que deux frères des personnes près desquelles je me trouvais, avaient été vélites.

La nièce d'un de ces vélites était une jeune fille, dont les bonnes manières, l'agrément et un âge assez en rapport avec le mien, me firent impression. Huit jours restés dans cette ville et une fréquentation journalière m'amenèrent à penser à ce qui m'avait le moins occupé jusqu'alors, au mariage. J'en parlai à mon ami, qui approuva mon projet de demande, et ensuite, à ma rentrée à Nancy, à sa belle-mère, qui me fit espérer que mes vœux pourraient être favorablement accueillis.

Bref, après quelques lettres écrites, dont une par mon excellent colonel, je fus autorisé à me présenter.

J'arrivai le 9 mai, je fis la demande le 10, et grâce aux personnes qui s'intéressaient à mon succès, toutes les difficultés furent aplanies, les arrangements convenus, et le jour du mariage, fixé au 3 juillet.

Dès ce moment, je songeai sérieusement aux engagements que j'allais prendre, aux obligations que ma nouvelle situation devait m'imposer, aux démarches à faire pour obtenir toutes les pièces qui m'étaient nécessaires. Je fis plusieurs voyages à Charmes, pour faire ma cour et me faire connaître de celle qui devait devenir ma compagne. Je fus une fois la prendre, pour l'accompagner à Nancy, avec sa mère, pour les emplettes d'usage. Enfin, le 30 juin, je quittai mes camarades de pension pour ne plus manger avec eux.

3 *juillet.* — Célébration de mon mariage avec Marie-Reine Barbier. — Je n'ai jamais trouvé le temps aussi long que depuis le jour où je fus admis à présenter mes hommages jusqu'à la date qui scella mon bonheur. Être l'époux de la femme qu'on recherche, sentir pour la première fois trembler sa main dans la vôtre, penser que des liens sacrés et doux vous unissent à jamais, quand on a le pressentiment que ces chaînes qu'on s'impose seront légères à porter, c'est un beau jour de la vie, c'est ce que je considérai comme devant faire mon bonheur. Le colonel et le capitaine Chardron assistèrent à mon mariage, qui fut célébré avec dignité et convenance. Aucun membre de ma famille n'y assista, à cause de l'éloignement.

Le 6 juillet, nous fûmes en famille chez un des oncles maternels de ma femme, maître de forges près de Rambervillers et qui par la suite allait être député des Vosges, M. Gouvernel. Le 8, nous étions de retour ; le 11, nous partîmes pour Nancy où nous entrâmes à notre grande satisfaction dans notre petit ménage. Peu de semaines après, quelques symptômes pleins d'espérance nous annoncèrent que notre union prospérait et qu'un nouveau gage de la meilleure des épouses viendrait bénir les liens qui nous unissaient.

Bientôt et comme pour sceller son bonheur, Barrès reçoit, à Nancy, la nouvelle d'un avancement depuis longtemps attendu :

Le dimanche 18 novembre, au moment où l'on allait défiler, après une revue du maréchal de camp commandant le département, le colonel reçut une lettre de M. O'Neill qui lui annonçait que j'étais nommé chef de bataillon, à la date du 14 novembre, pour le 3ᵉ bataillon qu'on allait organiser. Cette agréable nouvelle me fut communiquée immédiatement, ainsi qu'à ma femme, qui se trouvait sur la place Carrière où la troupe était réunie. Les compliments qui lui furent faits en cette occasion et la joie qu'elle en éprouva doublèrent la mienne.

C'était beaucoup d'être nommé chef de bataillon, de l'être au choix, — j'étais le centième capitaine d'infanterie au 1ᵉʳ janvier 1827, — et dans son régiment, de n'avoir pas à faire de nouvelles connaissances, ni à changer d'uniforme, et surtout de ne point voyager dans un moment où ma femme ne le pouvait pas. Enfin je continuais à servir sous les ordres du colonel Perrégaux, dont j'avais tant à me louer depuis 1813, et je ne quittais pas une ville que j'affectionnais pour son agrément et son voisinage de Charmes.

Pendant le mois de décembre, je m'équipai, je reçus des visites, des sérénades, et donnai un grand dîner à la majeure partie des officiers. Tout cela, y compris l'achat d'un beau cheval de selle, me coûta beaucoup d'argent, mais je ne le regrettai pas : il

me semblait que je ne pouvais payer trop cher
l'avantage et la satisfaction de mon nouveau grade.
Quel changement dans ma position ! quelle différence dans le service !

*Cependant, le 10 avril 1828, le régiment partait
pour Lyon. Mme Barrès, restée à Charmes, met au
monde, le 12 mai, un fils, qui reçoit les prénoms de
Joseph-Auguste. Au moment où il arrive, Barrès
trouve sa femme gravement malade d'une inflamma-
tion du rein droit ; elle put être sauvée, mais resta
dans un état de faiblesse des plus inquiétants.*
*Le début de 1829 lui apporte une nouvelle tristesse :
il a la douleur, le 28 janvier, d'apprendre la mort de
sa mère, décédée à Blesle à l'âge de soixante-dix-sept
ans. Il se rend auprès des siens et passe quelques jours
auprès de sa sœur, « à évoquer les temps insoucieux
de l'enfance. La tombe s'est fermée, dit-il, sur mes bons
parents, et la mienne ne sera pas près de la leur.
D'autres destinées, d'autres devoirs ont fixé ma place
ailleurs. » En mai 1829, le régiment est de nouveau
envoyé à Paris.*

Ce ne fut pas sans une bien vive et parfaite satisfaction que je me vis établi à Paris pour une bonne
année au moins. Je commençais à me fatiguer des
voyages et à m'ennuyer des routes, et puis je voyais
la possibilité de conduire ma femme à Paris, après la
saison des eaux qu'elle devait aller prendre en été.
C'était pour nous deux une joie d'enfant de lui
faire visiter ce beau Paris, qu'elle désirait tant
connaître.

CHARLES X

Le 31 mai 1829, je me rendis à Saint-Cloud, avec tous les officiers supérieurs, pour faire notre cour au roi et à la famille royale. Présentés d'abord à Mme la Dauphine par le colonel, nous le fûmes ensuite à Mgr le Dauphin qui, en entendant prononcer mon nom, se rappela m'avoir proposé pour chef de bataillon deux ans auparavant et m'adressa la parole. Je ne m'attendais pas à tant d'honneur. Réunis ensuite dans la grande galerie du palais pour attendre le roi, nous y restâmes pour entendre la messe, ou plutôt pour causer, n'ayant pu pénétrer dans la chapelle, qui est peu spacieuse. Après la messe, le roi se promena longtemps dans la galerie, adressant la parole à tous ceux qui lui présentaient leurs hommages, avec beaucoup de grâce et d'aménité. Cette présentation me fit grand plaisir, car depuis longtemps je n'avais vu autant de dignitaires, ou de personnages célèbres. C'étaient les ministres, les maréchaux, des pairs, des députés, des ambassadeurs, des généraux. Les courtisans étaient nombreux, l'assemblée éclatante de broderies, de plaques, de cordons, de diamants. Dans cette belle galerie, on était mêlé, confondu, chacun jouant son rôle, guettant un regard du maître. et cherchant à l'approcher le plus près, pour se faire voir ou demander quelque faveur. Placé dans un des angles, hors du tourbillon des grands et des admirateurs passionnés de la puissance souveraine je pus observer à loisir ce magnifique ensemble des grandeurs du jour, chercher à connaître tous ces

illustres personnages, et me faire une idée de l'éclat
des cours. Je ne vis rien de grand ni de distingué
dans les manières du duc d'Angoulême, rien de bon
dans les yeux ni les traits de Mme la Dauphine.
Quant à Charles X, il me fit l'effet d'un vieillard
vert encore, qui inspire du respect, mais dont la
figure annonce quelque chose de commun.

Ce célèbre palais de Saint-Cloud me fit ressouvenir qu'autrefois j'y avais monté la garde, en ma qualité de chasseur vélite, que j'y avais vu une cour
jeune, brillante, pleine de vigueur et d'espérance.
Il y avait bien encore des hommes de cette époque
à la cour de Charles X, mais ce n'était plus que
l'ombre de ces grands caractères, de ces valeureux
officiers, si célèbres par leurs grandes actions de
guerre. La gloire avait fait place à l'hypocrisie
dévote, les célébrités de l'Empire aux petits hommes
de l'émigration, et les grandes actions de Napoléon
aux intrigues d'un gouvernement mal assis.

Le soir, je fus au Théâtre-Français voir jouer
Henri III, drame en cinq actes d'Alexandre Dumas.
C'était la pièce à la mode, le triomphe des roman-
tiques. Malgré le beau talent des acteurs, le luxe des
décorations et la vérité des costumes, je jugeai la
pièce bien au-dessous de sa haute réputation. Du
moins je n'y trouvai pas ces grandes émotions que
j'avais éprouvées, autrefois, aux pièces de Corneille
et de Racine. Mlle Mars, comme à son ordinaire,
électrisa tous les spectateurs.

7 juin. — Je vais aux Tuileries voir la procession
des chevaliers du Saint-Esprit, le jour de la Pente-
côte, fête de l'Ordre. Les chevaliers en manteaux
de soie verte, richement brodés, chapeaux à la

Henri IV, tuniques, culottes et bas de soie blancs, collier au cou, sortirent des grands appartements, deux à deux, pour se rendre à la chapelle, et revinrent de même dans la salle du trône. Le roi était le dernier. Je ne pus entrer dans la chapelle pour voir les réceptions qu'on y fit, les portes étant fermées après l'entrée des chevaliers. A la sortie, me trouvant dans le premier salon qui suit celui des maréchaux, le roi m'adressa la parole sur le séjour du régiment à Paris. Cette promenade cérémonieuse, plus curieuse encore qu'imposante, m'intéressa cependant, parce qu'elle me mit en position de connaître une foule de grands personnages, célèbres tant par leur illustration propre, que par leur naissance, leurs titres, leurs fonctions et les services qu'ils ont rendus à l'État, et beaucoup d'anciens émigrés. Je vis là, pour la première fois, toute la famille du duc d'Orléans.

Un court voyage à Charmes, auprès de sa femme, dont l'état de santé, après une amélioration passagère, est redevenu alarmant, permet à Barrès de voir son fils qui « commence à jaser et à marcher ». C'est à peine si la grâce de l'enfant suffit à apporter quelque trêve à ses inquiétudes grandissantes. Il revient à Paris, en juillet, après une absence de vingt jours.

8 *août.* — Murmures, inquiétudes dans Paris sur l'annonce qu'un changement de ministère aurait lieu dans la journée, et que le prince de Polignac serait nommé président du Conseil. Cette nouvelle d'un ministère congréganiste et contre-révolutionnaire frappait de stupeur tous les amis de nos institutions constitutionnelles.

Ayant à leur tête le comte Coutard, commandant la 1re division, tous les officiers de la garnison allèrent faire une visite officielle à M. le ministre de la Guerre, le lieutenant-général comte de Bourmont. Je trouvai le ministre embarrassé, peut-être honteux de se voir le chef d'une armée française, lui qui avait abandonné, quelques jours avant la désastreuse bataille de Waterloo, l'armée qui fut vaincue dans cette funeste journée, malheur et deuil de la France. Le poids de cette trahison devait lui peser sur le cœur comme un remords, si, comme il fut dit dans les salons du ministère, des généraux refusèrent de prendre la main qu'il présentait.

15 août. — Je prends le commandement de deux cent cinquante hommes d'élite du régiment, pour aller border la haie, sur une partie du quai de la Cité, jusqu'à la porte de la Métropole, à l'occasion de la procession du Vœu de Louis XIII. A quatre heures, le roi, le dauphin, la dauphine et la cour passèrent à pied dans nos rangs, escortés par les gardes du corps à pied du roi (les Cent Suisses). Le cortège était beau, mais simple. Aucuns cris d'allégresse et d'hommages ne se firent entendre sur le passage du roi. Les cœurs étaient glacés, les visages froids et mornes, depuis l'avènement du ministère Polignac.

UNE SÉANCE DE L'ACADÉMIE FRANÇAISE

25 août. — Séance publique et solennelle de l'Académie française. Avant de m'y rendre, je fus à Saint-Germain-l'Auxerrois entendre le panégyrique de saint Louis, prononcé devant les membres de l'Académie, suivant l'ancien usage. Peu d'immortels, et guère plus d'auditeurs. Ni l'éloge, ni l'orateur ne firent d'effet.

A une heure, j'entrai dans la salle des séances publiques de l'Institut. Me trouvant un des premiers, je pus choisir ma place. La salle peu vaste me parut bien distribuée, décorée avec goût et simplicité. On n'y est admis que par billets, qu'on doit demander plusieurs jours à l'avance. C'est habituellement l'élite du grand monde, les savants français et étrangers, et quelques étudiants studieux qui composent l'auditoire. Dans les nombreuses pièces qui précèdent la salle, sont les statues en marbre de nos grands poëtes et prosateurs, historiens et philosophes, orateurs et savants. J'y remarquai celle de La Fontaine, ouvrage de Julien du Puy, mon compatriote et l'ami de mon frère. A deux heures, la salle et les tribunes étaient combles ; il n'y avait plus de places pour les derniers arrivés.

A deux heures et demie, M. Cuvier, directeur en exercice, ouvrit la séance. La première lecture fut faite par M. Andrieux, secrétaire perpétuel, et le discours pour la distribution des prix de vertu par le président, le baron Cuvier. La pièce de vers qui avait remporté le prix fut lue par M. Lemercier, avec une verve, une chaleur qui doublèrent le mérite de la composition. Le sujet du concours était la découverte de l'imprimerie. Beaucoup de vers furent vigoureusement applaudis, surtout ceux qui avaient trait à la liberté de la presse, et aux dangers qu'elle pouvait courir sous un gouvernement ennemi des lumières. Quand le poëte lauréat, M. Legouvé, fils de l'académicien décédé, auteur de *la Mort d'Abel* et du *Mérite des femmes*, se présenta au bureau pour recevoir la médaille d'or, son nom fut couvert par de nombreux applaudissements. Je remarquai, sur les banquettes destinées aux membres de l'Institut, MM. de Lally-Tollendal, Barbé-Marbois, Chaptal, Arago, de Ségur, Casimir Delavigne, etc., et dans la salle ou les tribunes, le dernier président du Directoire, le vénérable Gohier, le président du Consistoire M. Marron, Mlle Léontine Fay, etc. Je regrettai de ne pas m'être trouvé près de quelqu'un qui connût bien les académiciens et les personnages distingués, présents à cette réunion, pour me les désigner par leurs noms. A quatre heures et demie, on sortit. Je passai dans cette célèbre enceinte un instant de la journée fort agréablement.

30 *août.* — Je suis allé cet après-midi, dans le faubourg Saint-Antoine, visiter le propriétaire de la maison chez qui je loge. Je m'y suis rencontré avec un jeune Russe, un capitaine aux grenadiers à cheval de la garde royale, du nom de d'Espinay Saint-Luc, et quelques autres personnes. On vint à parler du passage des Balkans par les Russes et de leur marche triomphale sur Constantinople. Le jeune Russe, plein d'enthousiasme, célébrait avec chaleur la bravoure de ses compatriotes. Le capitaine défendait les Turcs, et déplorait amèrement la triste position où allait se trouver le sultan Mahmoud. On lui demanda à la fin quel intérêt il pouvait porter à ce monarque, pour le plaindre si vivement. Il répondit, les larmes aux yeux : « Mahmoud est mon cousin germain. Sa mère et la mienne étaient sœurs. » Après cette extraordinaire confidence, qui nous surprit tous, on se tut.

En effet, la mère du sultan était une demoiselle d'Espinay Saint-Luc. Elle avait été prise par des corsaires algériens, vers 1786, étant âgée de trois ans.

31 août. — Je vais au théâtre de l'Opéra-Comique, salle Ventadour, nouvellement construit, et que je ne connaissais pas encore. Une salle superbe. On jouait *la Dame Blanche* et *Marie*, opéras que j'avais déjà vus en province, mais que j'entendis de nouveau avec plaisir. Ce fut la dernière fois que je fus au spectacle ; je n'eus plus envie plus tard d'y retourner, ni de prendre aucun autre plaisir ni distraction de ce genre.

C'est à cette époque que Barrès va éprouver la plus grande douleur de sa vie : sa femme qui, après sa cure de Plombières, était venue le rejoindre à Paris, subit une grave opération, pratiquée le 4 octobre par le docteur Piollet, sur les conseils de Dupuytren. La légère amélioration qui suivit permit un instant d'espérer la guérison. Barrès put reprendre son service.

DANS LA PLAINE DE GRENELLE

29 octobre. — Revue par le roi des troupes de la garnison et des environs de Paris, dans la plaine de Grenelle.

Toute la troupe de ligne était placée en première ligne, l'infanterie de la garde en deuxième ligne. Toute la cavalerie, ligne et garde, était aussi sur deux lignes derrière l'infanterie. Enfin la belle artillerie de la garde était sur les flancs, dans les intervallée et en réserve. Notre premier bataillon, en tirailleurs, couvrait le front de la bataille qui faisait face à la Seine. Mon bataillon était à sa place de bataille, à la gauche de la première ligne. On comptait en tout seize bataillons d'infanterie et quatre régiments de cavalerie. L'emplacement et l'ordre de bataille déterminés, on attendit dans cette position l'arrivée du roi.

A une heure, le canon, les musiques, les fanfares et les tambours annoncèrent son approche. Il passa successivement devant le front de bandière des quatre lignes, précédé et suivi d'un état-major innombrable, brillant, riche de broderies et de décorations. Dans une calèche, à la suite du roi, étaient la dauphine, la duchesse de Berry, Mlle de Berry et le duc de Bordeaux. Dans une autre, qui suivait de près la première, se trouvaient les princesses d'Orléans. Le duc d'Orléans, en costume de colonel général des hussards, et ses deux fils aînés, les ducs de Chartres et de Nemours, entouraient le dauphin, le chef de l'État. Après quelques passages des lignes, après des feux, en avançant et en retraite, on se disposa à exécuter la fameuse manœuvre de Wagram, lorsque l'armée d'Italie, sous les commandements du prince Eugène et de Macdonald, alors simple général de division, enfonça le centre de l'armée autrichienne et décida de la victoire. Ce grand mouvement stratégique terminé, on défila, la gauche en tête. Par mon rang dans l'ordre de bataille, je me mis en marche, le premier, et ouvris le défilé.

L'affluence des curieux était prodigieuse, on ne voyait que des têtes dans cette vaste plaine de Grenelle. Tout y fut beau, superbe, majestueux, comme

le temps qui concourut à cette brillante revue. La
rareté des cris de « Vive le roi ! » dut faire sentir à
Charles X que le ministère Polignac était odieux à
la nation. Le maréchal Macdonald, duc de Tarente,
major général de la garde, commandait et dirigeait
les divers mouvements, qui furent tous exécutés
avec précision et ensemble.

*Mme Barrès s'éteignait, le 25 novembre, en pleine
jeunesse, veillée par son mari jusqu'au dernier moment. Les obsèques furent célébrées à Saint-Jacques-
du-Haut-Pas. La seule consolation de Barrès, c'est
sa tendresse pour le jeune fils en qui il est assuré de
trouver un jour « un ami pour lui rappeler les mérites
de celle qui lui restera chère à tout jamais ». Après
une quarantaine de jours passés à Charmes, il est
de retour à Paris en janvier 1830.*

31 *mai.* — Je vais au Palais-Royal voir l'illumination du palais et du jardin, préparée à l'occasion
de la fête que donnait le duc d'Orléans au roi de
Naples, son beau-frère, et à la cour de France. Les
officiers supérieurs du régiment y étaient invités,
quelques-uns y furent, mais je m'en abstins, d'abord
à cause de ma position, et ensuite parce qu'il fallait
se mettre en bas de soie, culotte blanche, boucle en
or, dépense que je ne me souciais pas de faire
pour un ou deux bals de la cour où j'aurais pu aller.
Dès la nuit arrivée, le jardin et la grande cour du
palais se trouvèrent pleins de curieux, et en si grand
nombre qu'on ne pouvait plus guère circuler, et
malgré cela, la foule grossissait à vue d'œil. Je pensai que, si je ne me retirais pas de bonne heure, je
ne le pourrais bientôt plus sans de très grandes

difficultés. Cette foule d'hommes de tous les rangs, mais surtout de jeunes gens et d'ouvriers, l'agitation tumultueuse, l'inquiétude qu'on voyait sur beaucoup de figures et surtout chez les marchands des galeries, qui fermaient en hâte leur boutique, tous ces symptômes d'émeutes et de troubles me déterminèrent à quitter une enceinte embrasée de tous les feux de la discorde. Je sortis un peu après neuf heures, comme Charles X y arrivait en grand appareil, avec assez de difficulté, mais sans accident.

Quand je sus le lendemain qu'on s'y était rué, qu'on y avait brûlé toutes les chaises du jardin, détruit les clôtures des parterres, brisé les fleurs, en criant : « A bas Polignac ! A bas les ministres ! Vive le duc d'Orléans ! » je me félicitai bien sincèrement de ne m'être pas trouvé dans cette orageuse bagarre.

27 juin. — C'était un dimanche. Je fus à Saint-Cloud, dans la calèche du colonel, faire notre cour au roi, et aux membres de la famille royale. Mme la comtesse de Bourmont, épouse du général en chef de l'expédition d'Alger, reçut les compliments du roi et de la famille royale, sur les succès de son mari et l'heureux début de la campagne. L'empressement devint alors plus grand autour d'elle.

11 juillet. — Un *Te Deum* solennel fut chanté à Nôtre-Dame, en présence du roi, de la cour et de tous les grands dignitaires de la couronne et du royaume, en action de grâces pour la prise d'Alger, qui avait eu lieu le 5, et dont la nouvelle avait été apprise à Paris, la veille, dans la journée. N'étant pas de service pour border la haie sur le passage de Sa Majesté, je me rendis à la métropole. En moins de vingt-quatre heures, l'église avait été magnifiquement tendue. La cérémonie fut majestueuse, la musique et les chants pleins de suavité. Il y avait beaucoup de monde, et l'on n'entrait que par billet ou en uniforme. Eh bien ! malgré l'importance du succès, malgré les lauriers que venait de remporter notre belle et brave armée d'Afrique, il n'y eut point de cris d'allégresse. Sur le passage du roi, dans cette foule du parvis de Notre-Dame, dans les rues traversées par cette éclatante escorte, point de preuves d'enthousiasme ni de sympathie. Le roi fut reçu à la porte de l'église par l'archevêque, qui prononça un discours, amèrement censuré le lendemain par toute la presse libérale. Ce discours fut cause du sac de l'archevêché, moins de trois semaines après. Charles X, placé sous un dais, fut conduit à sa place par tout le chapitre, ayant autour de lui les princes de la maison d'Orléans, les ministres, les maréchaux, et ses grands officiers.

Pendant qu'on chantait l'hymne par laquelle on remerciait le ciel du triomphe qu'on venait de remporter en Algérie, je me rappelai, comme un glorieux souvenir pour moi, que j'avais vu, dans cette même enceinte sacrée, une cérémonie encore plus grandiose, plus sublime, le couronnement de l'empereur Napoléon par un pape, entouré de l'élite de la nation française d'alors. Vingt-six années s'étaient écoulées, depuis cette grande époque impériale. Le maître du monde, l'homme du destin, le vainqueur des rois avait été détrôné deux fois, en moins de dix ans de règne, et était mort dans l'exil, sur un affreux rocher au milieu de l'Océan. Qui m'aurait dit que ce vénérable souverain que j'avais sous les yeux,

prosterné à dix pas de moi, au pied des autels,
enivré d'hommages et entouré d'un profond respect, qui paraissait si puissant et si fort, serait,
à vingt jours de là, chassé de son palais, et obligé
pour la troisième fois de quitter la France, qu'une
de ses armées venait d'illustrer, et de reprendre le
chemin de la terre d'exil ! O vicissitudes humaines,
combien vos coups sont imprévus et frappent de
haut !

Les prières terminées, le roi fut reconduit avec
le même cérémonial, et la famille d'Orléans, l'ayant
accompagné jusqu'à la porte, sortit par une autre
issue pour monter en voiture. Quand le grand
maître des cérémonies, M. le marquis de Dreux-
Brézé, que je connaissais un peu, me dit, en me
touchant l'épaule avec son bâton d'ébène : « Mon
cher commandant, faites place à M. le duc d'Orléans », qu'il reconduisait jusqu'à ses voitures, il
ne pensait pas plus que moi que c'était pour son
futur souverain qu'il réclamait le passage libre.

21 *juillet*. — Je vais à l'Observatoire royal, pour
assister à l'ouverture du cours d'astronomie fait
par M. Arago. Son frère, capitaine d'artillerie de
ma connaissance, voulait bien me conduire. Ce
cours public, destiné aux gens du monde, promettait d'offrir un grand intérêt. Je me proposais de
suivre très exactement les leçons du grand astro-
nome, afin de satisfaire ainsi un goût très prononcé
pour cette difficile et sublime science, mais les événements politiques qui survinrent quelques jours
après arrêtèrent, dès son début, les bonnes intentions du professeur et celles d'un de ses plus zélés
auditeurs.

25 juillet. — Tous les officiers supérieurs du régiment se rendirent à Saint-Cloud, pour voir le dauphin, à qui le colonel avait une grâce à demander pour la veuve d'un capitaine du régiment : on lui refusait une pension, parce qu'elle ne pouvait pas justifier qu'elle était légitimement mariée, le mariage ayant été fait en pays étranger. Notre présentation terminée, nous nous rendîmes dans la galerie d'Apollon, pour attendre le roi et entendre la messe. Resté dans la galerie, je causai avec plusieurs généraux et officiers de ma connaissance. Il n'y avait chez personne ni agitation, ni inquiétude, malgré que les nouvelles des départements fussent défavorables au ministère. Si la figure des courtisans était assombrie, si de nombreux apartés annonçaient des préoccupations, le visage du roi était d'une placidité remarquable. Il causait, comme à son ordinaire, avec les personnes qu'on lui présentait, sans que rien indiquât sur ses traits calmes une grande résolution prise. Il s'entretint assez longtemps avec l'Hospodar de Moldavie, qui, dit-on, lui exprimait ses vœux pour qu'il pût vaincre la résistance qu'on apportait à ses intentions conciliatrices, et à qui il répondait : « On y a songé. » Quoi qu'il en soit, ce fut en rentrant dans son cabinet, à l'issue de cette réception, que les fatales ordonnances de juillet furent signées, fatales pour lui et sa famille surtout.

Ce fut la dernière messe que j'entendis à Paris, et la dernière visite que je fis aux Bourbons de la branche aînée.

LES ORDONNANCES

26 *juillet*. — Dès le matin de ce grand jour, le régiment prit les armes pour passer la revue administrative de M. le baron Joinville, intendant militaire de la première division, et se rendit à cet effet dans l'enclos du collège Henri IV, derrière le Panthéon. A dix heures, la troupe était rentrée dans ses quartiers, et les officiers dans leurs logements, sans qu'aucun bruit fût parvenu à nos oreilles sur ce qui agitait déjà Paris. A onze heures, j'ignorais encore complètement que la capitale était en émoi et que j'étais sur un volcan qui devait renverser un trône, dont j'étais appelé à devenir un des défenseurs. Un violent coup de sonnette me tira de cette tranquillité d'esprit. C'était mon colonel qui venait m'annoncer les foudroyantes nouvelles du *Moniteur officiel* : la publication de plusieurs ordonnances royales, détruisant la liberté de la presse, annihilant divers articles de la Charte constitutionnelle, du Code civil et du Code d'instruction criminelle, annulant les lois électorales votées par les pouvoirs législatifs, supprimant les garanties accordées à la liberté individuelle et dissolvant la Chambre des députés.

Je fus glacé d'épouvante à cette énumération odieuse et à l'idée des malheurs qui allaient se répandre sur notre France. Il semblait, par la douloureuse impression que j'en ressentis, que je pressentisse déjà la majeure partie des sinistres événements qui allaient suivre. Le colonel me dit en se retirant : « Il y aura aujourd'hui du bruit dans Paris.

Demain, on tirera des coups de fusil pour protester contre ce coup d'État et le faire avorter, s'il est possible. »

Je sortis pour tâcher de lire le *Moniteur*; je ne pus y parvenir ; on se l'arrachait, on faisait queue dans les cabinets pour l'avoir à son tour. Des groupes nombreux, dans les rues, causaient avec animation ; les places se remplissaient de jeunes gens, qui parlaient haut et se concertaient déjà pour résister à la tyrannie menaçante. Les figures étaient tristes, concentrées ; une grande agitation se manifestait chez tous les individus qui s'abordaient. Après avoir longtemps parcouru divers quartiers de Paris, pour étudier l'opinion publique, et être sorti de dîner, je fus me promener dans le jardin du Luxembourg. L'affluence y était beaucoup plus grande que de coutume. L'événement du jour faisait le sujet de toutes les conversations. J'entendis des prêtres qui disaient, en parlant de Charles X : « Le voilà donc maître, roi absolu ! Dieu l'a inspiré ! » Les insensés ! J'étais indigné, je me retirai de bonne heure, le cœur navré et livré à de bien pénibles réflexions.

LES TROIS GLORIEUSES. — 27 JUILLET

A mon réveil, j'appris qu'il y avait eu, le soir, au Palais-Royal et dans les rues environnantes, un grand tumulte et des attroupements très considérables : on préludait. A trois heures et demie du matin, je montai à cheval, pour me rendre au Champ de Mars, où le régiment devait s'exercer pour son instruction ordinaire.

Au premier repos, le colonel réunit les officiers
autour de lui pour leur parler de ce qui préoccupait
si vivement les esprits. Il leur dit qu'il serait dans
les choses possibles que le régiment fût appelé à
prendre les armes, dans la journée, pour maintenir
l'ordre et dissiper les attroupements. « Si cela
arrive, je recommande à tout le monde, chefs et
soldats, beaucoup de prudence, du sang-froid et
de l'indifférence pour les provocations, injures et
menaces qui pourraient vous être faites. Ne prenez
en aucun cas l'initiative, attendez l'attaque pour
riposter, mais alors, et seulement alors, vous vous
défendrez. »

Avant la fin de l'exercice, la place fit demander
un piquet de deux cents hommes et prévenir les officiers de ne pas s'écarter de leurs logements. L'orage
révolutionnaire commençait à gronder. Tout annonçait qu'il éclaterait dans la soirée. Les officiers
étaient pensifs ; on osait à peine se communiquer
les inquiétudes qu'on éprouvait, tant la gravité des
événements causait d'appréhensions. Un très petit
nombre approuvait les ordonnances, la grande majorité les condamnait, et pourtant dans quelques
heures nous devions prendre les armes pour les soutenir, les faire trouver bonnes et légales. Cruelle
et affligeante position !

Un peu avant cinq heures du soir, l'ordre fut
donné de se trouver à six heures, le 1er bataillon,
commandant Barthélemy, et l'état-major, sur le
Pont-Neuf, en face de la rue de la Monnaie ; le 3e,
commandant Maillart, successeur du chef de bataillon Garcias, sur le quai aux Fleurs, gardant le Pont-
au-Change, etc. ; le 2e (le mien), sur la place du
Panthéon, avec un fort détachement sur la place

de l'École-de-Médecine. Je devais, avec une partie de mon bataillon (on m'avait pris deux compagnies pour renforcer les deux autres), maintenir l'ordre dans ce quartier populeux (quartiers Saint-Jacques et Saint-Marceau), contenir les Écoles polytechnique, de droit et de médecine, garder la prison militaire de Montaigu, de la Dette, Sainte-Pélagie, et protéger l'hôpital militaire du Val-de-Grâce. Mes instructions portaient que je devais, par de fortes et fréquentes patrouilles, conserver mes communications avec tous les établissements dont je viens de parler, avec la caserne des gendarmes de la rue de Tournon, et avec les deux bataillons qui étaient sur la Seine.

C'était beaucoup plus que je n'aurais pu faire, même avec dix fois plus de monde ; aussi, après plusieurs courses dans l'intérieur de l'espace que je gardais, fus-je contraint de me resserrer successivement et de borner ma défense aux alentours de la place du Panthéon, pour ne pas compromettre inutilement la vie de mes hommes, en cas d'attaque imprévue et de surprise préparée sous des prétextes de bon accord. Soixante cartouches furent données à chaque soldat. En les distribuant, comme en faisant partir des patrouilles, je recommandai avec soin et expliquai aux chefs l'usage qu'ils devaient en faire, et la conduite qu'ils devaient tenir dans la position critique où ils pourraient souvent se trouver.

Au début de la nuit, jusque vers dix heures, de nombreux attroupements d'hommes de tout rang et de tout âge se présentèrent à l'entrée de la place en criant : « Vive la Charte, vive la Ligne ! » mais toujours sans intentions hostiles, ou du moins ne les faisant pas paraître, car ils voyaient bien que j'étais inexpugnable de la position que j'occupais sur le parvis du monument. Dans nombre de ces groupes, on portait des cadavres qui venaient des rues Richelieu, Saint-Honoré, etc. Les individus qui les portaient et les accompagnaient, criaient avec des voix stridentes : « Aux armes ! on égorge vos frères, vos amis, Polignac veut vous rendre esclaves, etc. » Des hommes, des femmes descendaient dans la rue, jusque sous les yeux des soldats en patrouilles, pour venir tremper leurs mouchoirs dans le sang de ces premières victimes d'une révolution qui commençait sous de sinistres auspices. L'agitation était extrême, des cris d'indignation et de vengeance se faisaient entendre de toutes parts, mais la présence de la troupe comprimait encore l'élan des masses, ou plutôt leur moment d'agir avec vigueur n'était pas arrivé.

Dans ce quartier retiré, le silence régna de bonne heure. Les boutiques avaient été fermées longtemps avant la nuit ; les armes de France, le nom du roi et des membres de la famille royale avaient été effacés des enseignes, et les écussons aux fleurs de lis, arrachés et brisés. Mais des événements plus graves se passaient ailleurs. Nous entendions la mousqueterie et les coups de fusils se succéder rapidement. La guerre civile était commencée ; la troupe était aux prises avec une population immense, ardente, jeune, brave, indignée. Quel serrement de cœur j'éprouvai quand j'entendis les premières détonations ! Mon Dieu, qu'elles me firent mal ! C'était la guerre entre Français, au sein du royaume, peut-être de grands massacres et la perte de tous nos droits civils et politiques. La situation des officiers qui ne partageaient pas les opinions des ultra-monarchistes, des émigrés et des prêtres était vraiment à plaindre. Donner la mort ou la recevoir, pour une cause anti-nationale, qu'on défendait à regret, c'était affreux, et cependant le devoir l'exigeait.

Après dix heures, tous les réverbères furent brisés autour de nous, et il n'y eut que ceux de la place du Panthéon qui demeurèrent intacts. A onze heures, tout était tranquille. Je fis passer les patrouilles et rentrer les détachements placés en différents lieux. Une partie de mes communications étaient interrompues; pour les rétablir, il aurait fallu employer la force; je m'y opposai. Mon but et mes instructions étaient de maintenir l'ordre, et non pas d'irriter cette partie de la population qui avait montré, jusqu'alors, beaucoup de prudence et de modération.

Un peu avant deux heures, je reçus l'ordre de faire rentrer ma troupe dans la caserne de Mouffetard. Les hommes étaient horriblement fatigués. Ainsi se termina cette première soirée qui, si elle fut orageuse, du moins ne fut pas ensanglantée.

28 JUILLET

A huit heures du matin, l'ordre arriva de prendre les armes, et de réoccuper les emplacements de la veille. A neuf heures, je pris position sur le péristyle du Panthéon, et envoyai des postes à tous les débouchés de la place. Je voulus aussi étendre mon influence sur d'autres points éloignés, mais l'insurrection faisait tant de progrès, les intentions deve-

naient si hostiles, que je dus, pour ne pas exposer
inutilement la vie de mes hommes, renfermer mon
action défensive au terrain que j'occupais.

Peu d'heures après, les bandes insurrectionnelles
devinrent plus nombreuses, plus arrogantes, plus
hideuses, en quelque sorte, par leur monstrueuse
composition. Elles étaient toutes armées de fusils
d'infanterie, ou de chasse, qu'on avait pris dans les
dépôts de la garde nationale, aux mairies, ou chez
les sergents-majors, qui les conservaient depuis le
licenciement en 1827; d'autres provenaient de la
troupe, qu'on avait désarmée dans les postes, ou des
pillages exécutés chez les armuriers de Paris. Ceux
qui n'avaient pas de fusils étaient armés de pistolets, sabres, fleurets démouchetés, haches, faulx,
fourches ou bâtons ferrés. Des drapeaux, noirs ou
tricolores, apparaissaient avec des inscriptions incendiaires. Des vociférations, des provocations, des
menaces, des cris sinistres, se faisaient entendre
dans toutes les directions, mais toujours à des dis-
tances respectueuses de la troupe. Calme et majestueuse dans sa force contenue, celle-ci laissait passer, sans s'émouvoir, ces flots populaires qui ne ces-
saient de crier : « A bas la garde, à bas les gendarmes,
à bas le roi, à bas les Bourbons, à bas les ministres ! »
et puis après : « Vive la Charte, la République, la
Ligne ! » selon qu'ils étaient dirigés par des hommes
plus ou moins anarchiques, plus ou moins civilisés.
En même temps, la générale battait dans toutes
les rues, le tocsin sonnait à toutes les églises, le gros
bourdon de la cathédrale faisait entendre sa voix
puissante, et tous ensemble appelaient aux armes.
On dépavait les rues, on les barricadait, on accumu-
lait des pavés dans les étages supérieurs des maisons

pour arrêter la marche des troupes et assommer les
soldats. Dans le centre de Paris, on se battait à
outrance, on égorgeait, on massacrait tout ce qui
se défendait, tout ce qui résistait. De la position
que j'occupais, j'entendais distinctement la fusillade, le long sifflement des boulets, dont plusieurs
passèrent par-dessus nous, tirés de la place de Grève
pour abattre le drapeau tricolore qui flottait sur
une des tours de Notre-Dame. C'était un spectacle
terrible et grand, celui d'une nation qui se réveille
pour briser ses fers, et demander compte du sang
qu'on lui fait verser. Tout en étant l'adversaire
d'un mouvement révolutionnaire que je devais combattre, je ne pouvais cependant m'empêcher d'admirer l'énergie de ces Parisiens efféminés, qui défendaient leurs droits avec un courage digne de cette
grande cause.

Ma position devenait d'un instant à l'autre plus
difficile. J'étais entouré d'adversaires qui me crai-
gnaient encore, ou qui me ménageaient. Ma position
toute militaire, presque inattaquable, les faisait
réfléchir. De mon côté, je ne me dissimulais pas
qu'attaqué vivement, je ne devais pas tarder à
succomber, par le peu d'hommes que j'avais avec
moi, par le grand nombre des combattants que
j'aurais eus sur les bras, au premier coup de fusil,
sans espoir de secours, sans retraite, et sans aucune
chance de succès, soit pour le triomphe de la cause
que je devais défendre, soit pour l'honneur de nos
armes. Je cherchai dès lors à agir avec prudence,
pour éviter tout ce qui pouvait troubler cette espèce
de neutralité qui s'était établie naturellement entre
les deux partis. J'engageai le peuple à se retirer,
ou du moins à se tenir toujours à l'autre extrémité

de la place, dans la rue Saint-Jacques, à ne pas
chercher à détourner mes soldats de leur devoir,
ainsi qu'à éviter de me mettre dans la dure nécessité de faire usage de mes armes. J'étais souvent
écouté, mais souvent aussi il fallait marcher sur
eux, la baïonnette croisée, pour les obliger à laisser
la place libre.

A tout instant, des orateurs de carrefour, des
mandataires du peuple, se présentaient pour me
parler, pour haranguer de loin mes troupes, qui
riaient de leur tournure grotesque, et de l'originalité de leur langage, qui ressemblait fort à celui de
leur prédécesseur, le sans-culotte Père Duchesne,
de sanglante mémoire. D'autres fois, c'étaient les
chefs des attroupements de passage qui désiraient
connaître mes opinions, mes sentiments, qui venaient me tâter, pour tâcher de m'entraîner dans leur
rébellion. Beaucoup d'entre eux, c'étaient les mieux
élevés, me priaient de ne pas faire couler le sang
français, le sang de mes concitoyens et de mes subordonnés, et autres propos aussi sages qu'humains,
mais qui souvent aussi étaient dépourvus de sens
commun. Je leur répondais, chaque fois, que bien
positivement je ne commencerais pas, mais que je
me défendrais vigoureusement si l'on m'attaquait ;
que je voulais avoir la place entièrement à ma disposition, et que, quoi que l'on fît, je n'abandonne-
rais jamais mon poste, qu'au besoin je me réfugie-
rais dans l'église, et m'y retrancherais de manière
à braver tous les efforts de l'émeute. Plusieurs fois,
je fus menacé personnellement ; j'eus des pistolets
ou des poignards sur la poitrine, pour m'intimider,
mais ces violences ne m'en imposaient pas. Je
répondais tranquillement qu'on pouvait me tuer,

mais que j'avais derrière moi des vengeurs qui sau-
raient bien faire repentir les assassins. Les hommes
armés se retiraient en criant : « Vive le commandant ! » les fougueux, les ultra-révolutionnaires, avec
colère et menaces. Ces scènes populaires et démagogiques se renouvelaient à chaque instant : à
toute minute, j'étais obligé de me porter en avant
de ces bandes, presque toujours hideuses, pour les
empêcher d'approcher mes soldats, et pour entendre
leurs harangues. Il fallait y répondre, souvent les
ménager, pour ne pas voir arriver le malheur que
je voulais éviter, même au risque de me compromettre aux yeux du pouvoir.

Ma position déjà délicate s'aggravait par le voisinage de la prison militaire de Montaigu, où quatre
cents bandits étaient en pleine insurrection, depuis
le matin, pour s'évader et se joindre à l'émeute
parisienne. J'avais détaché cent hommes pour les
contenir. C'était une grande force de moins, pour
moi, qui n'avais plus que cent cinquante soldats
sous mon commandement direct. Je courais encore
le danger de me voir enlever mon détachement ou
de le laisser massacrer. J'étais dans une bien grande
perplexité : abandonner les prisonniers à eux-mêmes,
c'était les envoyer sur les bords de la Seine où se
décidait la question du droit divin ou de la sou-
veraineté du peuple, c'était envoyer un vigoureux
renfort aux Parisiens. Je résolus, dans l'intérêt
même des citoyens armés, pour ne pas laisser
déshonorer leur victoire par des auxiliaires aussi
criminels que mauvais soldats, de les conserver
dans cette position à tout prix. Avant la nuit, ils
avaient brisé plusieurs portes et étaient parvenus
jusqu'à celle de la cour, qu'ils allaient enfin fran-

obéir, lorsque le capitaine qui commandait le détachement les prévint que si, à la troisième sommation,
ils n'étaient pas rentrés dans leurs dortoirs, il ferait
tirer sur eux. Cette menace ne les arrêta pas ; ils
continuèrent à démolir le bâtiment, avec plus de
fureur encore. Enfin, après la troisième lecture de
la loi martiale, en présence d'un commissaire de
police, le capitaine ordonna le feu. Un homme fut
tué, et cinq blessés tombèrent à la première
décharge dirigée contre la porte. On entra aussitôt
dans le bâtiment, la baïonnette croisée, et tout
rentra dans l'ordre pour le reste de la nuit.

La chaleur pendant cette journée fut excessive.
Les hommes placés sur le péristyle du Panthéon,
exposés pendant huit heures à l'action dévorante
du soleil, furent accablés d'une soif qui les fatigua
beaucoup. J'eus soin de leur faire donner de l'eau,
acidulée avec du vinaigre, pour mieux les désal-
térer et les empêcher d'être malades. Quelques habitants apportèrent du vin ; je l'aurais reçu avec reconnaissance, en toute autre circonstance ; mais
dans celle-ci je craignais l'ivresse, les transports au
cerveau, et les désordres que cela pouvait amener.

Par l'intermédiaire d'inoffensifs bourgeois qui
m'étaient dévoués, j'avais conservé quelques relations avec le colonel et avec la caserne de Mouffetard, où étaient déposés tous les magasins d'habillement, les approvisionnements, les armes, les
munitions de guerre, les archives du corps, etc. Ces
moyens de communications finirent par me manquer, en sorte que je ne sus plus ce qui se passait,
hors de l'enceinte que j'occupais. Je ne reçus jamais
aucun agent de l'autorité, aucun avis, aucune instruction pour me guider ; j'étais entièrement livré

à moi-même, ce dont, du reste, je me félicitai, pouvant me diriger d'après mes propres inspirations.

J'étais seul en armes, dans toute cette partie de Paris. Exceptés la place du Panthéon et quelques dépôts de régiments, bien barricadés dans leurs casernes, le peuple était maître de toute la rive gauche de la Seine. C'était dans le Paris de la rive droite que se livrait la bataille. Tous les postes, qu'on avait ou la sottise de ne pas faire rentrer dans leurs corps, avaient été, dès le matin, enlevés, désarmés, massacrés. La poudrière des Deux-Moulins était prise, les dépôts d'armes des mairies pillés, en sorte que la rébellion avait acquis dans la soirée une supériorité incontestable sur les défenseurs d'un trône qui, à l'entrée de la nuit, était irrévocablement perdu.

Vers dix heures, j'appris, par des hommes sur qui je pouvais compter, qu'on devait tenter un coup de main sur ma caserne, pour enlever les armes et la poudre qui s'y trouvaient ; que les troupes stationnées dans l'intérieur devaient se retirer sur les Tuileries, quand l'émeute ne gronderait plus autant. Tout paraissait assez calme devant moi et autour de moi. Les scènes affligeantes de la journée étaient terminées, mais ce pouvait bien être un calme trompeur, précurseur d'un orage qui pouvait fondre sur moi d'un instant à l'autre. Des barricades formidables s'élevaient entre la place et ma caserne, et dans toutes les rues qui conduisaient sur le boulevard extérieur. Ma présence sur cette place devenant inutile, je me décidai, d'après tout ce que j'apprenais, à sortir au plus vite de cette souricière, et à me retirer dans mes casernes de Mouffe-

tard et de Lourcine, soit pour veiller à leur conservation, soit pour y attendre la fin des événements.

Avant de commencer mon mouvement de retraite, j'envoyai occuper les principaux débouchés
des rues où je devais passer et faire suspendre la
construction des barricades, pour effectuer en ordre
cette évacuation volontaire. Je laissai, pour la garde
de la prison militaire de Montaigne, ma compagnie
et une section de voltigeurs. Tout s'opéra dans le
plus profond silence, et avec la régularité d'une
marche en retraite. Nous fûmes partout respectés
et même favorablement accueillis sur notre passage.
Les habitants de ces quartiers, moins agités que
dans le centre de Paris, étaient intéressés à nous
ménager; il n'y avait que les exaltés, les forçats
libérés dont le faubourg Saint-Marceau abonde, et
les ivrognes qui pouvaient mettre obstacle à notre
rentrée, pour faire naître des désordres, et quelques-
uns pour en profiter.

A onze heures du soir, j'étais rentré dans ma caserne. Immédiatement, les compagnies qui appartenaient à la caserne de Lourcine rentrèrent de
même chez elles. J'organisai mes moyens de défense,
et distribuai les officiers et les soldats sur tous les
points nécessaires, soit pour éviter toute surprise,
soit pour repousser toute attaque de vive force. Je
défendis expressément de commencer le feu, et de
rien faire sans avoir pris mes ordres.

Au cours de cette nuit, j'eus des nouvelles des
deux autres bataillons et quelques détails sur leurs
opérations de la journée. Le sang avait coulé dans le
premier, malgré toutes les mesures prises pour éviter
ce malheur. Il en coûtait tant de faire feu sur ses
concitoyens, et de défendre, par de si cruels moyens,

une cause réprouvée par tous les hommes amis de leur pays, qu'il fallut des motifs bien puissants pour porter le colonel Perrégaux, un des militaires les plus humains que j'aie connus, à sortir de la ligne de modération qu'il s'était tracée. Voici comment la chose advint.

Le 1ᵉʳ bataillon était depuis plusieurs heures à l'entrée de la rue de la Monnaie, sur le prolongement du Pont-Neuf, gardant les quais et cette rue, lorsqu'il reçut l'ordre d'aller dégager un bataillon de la garde royale et deux pièces de canon, qui se trouvaient bloqués dans le marché des Innocents. Il suivit en colonne les rues de la Monnaie et du Roule, sans résistance, franchissant les barricades sans opposition, les habitants s'empressant de se rendre aux prières et à la puissance des raisons que le colonel donnait pour remplir sa mission, sans effusion de sang. « Retirez-vous, leur criait-il, je ne tirerai point sur vous ; jamais ma bouche ne donnera de semblables ordres. » On répondait : « Vive le colonel, vive le dieu de la prudence ! » Mais arrivé à la rue Saint-Honoré, il n'en fut plus de même ; on parlementa en vain, on ne put s'entendre. Dans la chaleur de la discussion, survint un officier de gendarmerie et quelques gendarmes qui, placés entre les 1ᵉʳ et 2ᵉ pelotons, firent feu avec leurs pistolets contre les défenseurs des barricades placées aux points d'intersection des quatre rues. Dès lors tout fut perdu, une vive fusillade s'engagea de part et d'autre, les barricades furent enlevées à la baïonnette, et le bataillon se trouva bientôt sur le marché de la rue des Prouvaires. Là, la résistance fut si vigoureuse que, malgré la bonne contenance et l'extrême bravoure des troupes, on fut forcé d'aller reprendre en combattant la position d'où on était parti. Cette affaire coûta la vie à un lieutenant (M. Mari) et à huit soldats ; deux officiers et vingt soldats furent grièvement blessés. Un sergent fut tué d'un coup de pistolet par une mégère, qui sortit d'une allée pour commettre ce guet-apens. Le colonel fut longtemps le point de mire des tireurs embusqués, mais sa bonne étoile ne voulut pas qu'il fût atteint au corps, ses habits seuls furent troués. Son cheval reçut cinq balles, et s'abattit avec son cavalier, en passant par-dessus une barricade, qu'il franchit en avant des carabiniers.

Pendant ce temps, le 3ᵉ bataillon, placé sur le marché aux fleurs, y resta toute la journée dans une position aussi critique que les deux bataillons, mais n'ayant point d'ennemis armés devant lui. Le commandant Maillart reçut par trois fois l'ordre du général Taton en personne, de faire feu sur les aboyeurs qui l'entouraient. Il refusa avec fermeté, en disant qu'il ne le ferait qu'autant qu'on tirerait sur lui. Le général se retira furieux, la menace à la bouche, et le cœur rempli de vengeance. Grâce à la prudence et au grand sang-froid du commandant, ce même général et les bataillons de la garde, qui occupaient l'Hôtel de Ville et la place de Grève, purent dans la nuit opérer leur retraite avec sécurité. Si le commandant avait obéi aux ordres irréfléchis du général, il aurait infailliblement perdu la position : toutes les croisées de ce marché étaient pourvues d'hommes armés, qui auraient tiré à coup sûr ; le bataillon aurait été décimé, la place perdue, et les communications entre la Grève et les Tuileries interceptées.

A deux heures du matin, les deux bataillons

purent bivouaquer dans le jardin des Tuileries. A cette heure, le drapeau tricolore flottait sur les neuf dixièmes de Paris.

29 JUILLET

Le jour me trouva prêt à me défendre, si j'étais attaqué brutalement, comme le succès de la veille devait me le faire craindre, mais je pensais aussi que quelque moyen se présenterait, pour éviter le désastre qui allait fondre sur nous et sur tous les habitants qui nous environnaient. Je ne m'étais jusqu'alors fait aucun plan de conduite que celui que l'honneur me prescrivait de suivre : me défendre et mourir. Cependant, quand je sus par des avis secrets que ma caserne était minée ; que des pétards étaient préparés, pour faire sauter les portes et un mur nous séparant des jardins voisins ; que des matières incendiaires devaient être jetées pour la brûler ; que des troupes de la garnison (deux régiments, 5e et 53e de ligne) avaient arboré la cocarde tricolore ; que la garde royale elle-même ne voulait plus se battre ; que tous fuyaient vers Saint-Cloud, et que l'évacuation de Paris serait complète avant quelques heures, si elle ne l'était déjà, je compris, après y avoir bien réfléchi, que ma position n'était ni raisonnée, ni tenable. Accepter le combat, c'était vouer à une mort certaine les quinze officiers et les deux cents soldats, bien portants ou malades, que j'avais avec moi ; c'était vouer à la destruction le bâtiment, les riches magasins, et les maisons voisines. Des torrents de sang couleraient, ma mémoire resterait responsable de tant de calamités, et pour qui ?

Pour un roi parjure, pour un gouvernement inepte et imposé à la France par des baïonnettes étrangères. Jusqu'alors, j'avais servi fidèlement et consciencieusement, je n'avais aucune mauvaise action à me reprocher envers les Bourbons, mais ce malheureux souverain, mal conseillé, ayant violé ses serments, ne m'avait-il pas dégagé des miens?

Un autre motif, non moins puissant, devait encore me diriger. En admettant la défense aussi belle que possible, je devais finir par succomber, car je ne pouvais attendre aucun secours de personne, et toute retraite m'était ôtée. Comment la faire, au milieu d'une population exaspérée, dans des rues barricadées, ayant à lutter contre des forces décuples des miennes, ou peut-être plus nombreuses encore? Commencer le combat, se rendre ensuite si on voyait les chances défavorables, c'était vouloir se faire égorger sans pitié, ne devant attendre aucune générosité de la part de ceux qu'on venait d'égorger soi-même... Je faisais toutes ces réflexions, en me promenant dans la cour du quartier; j'étais calme, je donnais mes ordres avec beaucoup de sang-froid; mais intérieurement, j'éprouvais un malaise, plus facile à comprendre qu'à définir.

Avant dix heures, je fus prévenu, par tous les officiers réunis, que des bandes nombreuses se portaient à toutes les casernes des environs pour désarmer les troupes, qui s'y étaient renfermées, et enlever les armes qui s'y trouvaient en dépôt. En aucune part on n'avait fait résistance; on s'était soumis à la loi du plus fort, à la loi de la raison. Les officiers me dirent qu'il y aurait folie à se conduire autrement, et que pour eux, ils étaient résolus à céder, si on faisait des propositions qu'on pût accepter sans déshonneur. Je leur répondis que c'était bien ainsi que je l'entendais, et les renvoyai chacun à son poste.

Après dix heures, plusieurs attroupements, plus ou moins nombreux, se présentèrent devant la façade principale de la caserne (rue Neuve-Sainte-Geneviève). Leurs voix, leurs gestes, leurs costumes, tout était effrayant. La majeure partie de ces héros des faubourgs et de la banlieue étaient armés. A leur tête, on remarquait des hommes bien vêtus, ayant de bonnes manières, des décorations, des chefs enfin avec lesquels on pouvait s'aboucher. De la fenêtre du premier, où je m'étais placé, je fis signe que je voulais parler. On fit d'abord silence, mais quand on entendit parler de conditions à stipuler, de neutralité à garder, des cris furieux : « A bas les armes, à l'assaut ! » poussés par les énergumènes, ivres de leur succès, couvrirent ma voix. Tous les fusils se dirigèrent sur moi ; quelques soldats qui m'entouraient me saisirent en me disant : « Retirez-vous, commandant, ils vous tueront. » L'agitation était extrême, déjà on montait après les ifs qui servent aux illuminations. C'était, dans toute la force du mot, une des scènes hideuses de 1793.

Resté toujours à la place que j'occupais, je parvins à faire entendre que je désirais m'entretenir avec deux ou trois de leurs chefs. Cette proposition acceptée, je fis ouvrir la porte aux trois commissaires désignés qui se trouvaient être : un élève de l'École polytechnique, un étudiant en droit de ma connaissance, et un personnage décoré, probablement officier en demi-solde, dont je fus très peu satisfait. Après des débats assez longs, dans cette conférence diplomatico-militaire, qui se tenait dans le corps de garde, il fut établi qu'on n'entrerait point dans ma caserne, que je ne remettrais qu'un certain nombre de fusils qu'on ferait passer par les croisées, et que l'élève de l'École polytechnique, un peu malade, resterait en otage près de moi pour la garantie des conditions convenues. Tout fut exécuté de bonne foi, de part et d'autre. Quand j'eus déclaré à plusieurs reprises que je n'avais plus d'armes à donner, on se retira fort satisfait, eu criant : « Vive le commandant, vive le 15e léger ! » Quant à moi, je les envoyais au diable de bien bon cœur. Je fis de suite armer de nouveau les chasseurs qui ne l'étaient plus, et reprendre à chacun les postes qui leur étaient désignés.

Je n'eus qu'à me louer des commissaires, avec lesquels je traitais. Ils furent pleins de bons procédés. Pour atténuer tout ce que cet événement avait de douloureux pour moi, ils me firent de bienveillants compliments sur la manière dont j'avais conduit cette affaire, jusqu'à sa fin, sur le succès que j'avais obtenu pour la conservation des magasins, sur ma conduite prudente et habile de la veille, place du Panthéon, etc. Malgré tous ces éloges, exprimés avec générosité, l'idée d'avoir remis des armes sans combattre m'obsédait comme un reproche. Il me semblait que j'avais terni par une honteuse condescendance mes vingt-six années de service. Du reste, je ne vis pas, dans les regards des officiers, un seul signe de blâme ni de mécontentement ; au contraire, ils me témoignèrent tous leur profonde gratitude, et leur satisfaction de s'être tirés honorablement d'une position assez délicate. Pour me le prouver, ils m'embrassèrent tous. Cet épanchement de l'âme, après une crise semblable,

avait quelque chose de salutaire pour nous. Si ce
n'était pas une justification, c'était du moins l'ap-
probation de tous.

Nos casernes de Lourcine et du Foin furent pillées,
mais les soldats qui les occupaient furent respectés.
Le même sort fut réservé aux casernes des gardes
du corps, de la garde, et des autres régiments de
la garnison. Celle de Babylone, où étaient les Suisses
de la garde, fut défendue d'abord, et ensuite aban-
donnée, après avoir vu tomber plusieurs des Suisses,
sous les coups d'une attaque en règle par une masse
d'insurgés. Heureusement les défenseurs purent
gagner les boulevards dont ils étaient proches, car
ils auraient été tous massacrés. Après qu'ils l'eurent
pillée, les insurgés y mirent le feu.

Peu de temps après que j'avais remis une partie
de mes armes, d'autres bandes d'insurgés se présentèrent. Il fallut leur en donner encore ; d'autres
suivirent, avec les mêmes exigences. C'était en vain
que je leur disais que je n'en avais plus, ils en voulaient absolument. Ils demandaient à visiter la
caserne, ce que je refusais obstinément. Pour éviter
ce malheur et le contact de ces hordes déguenillées,
je fis prendre quelques fusils au magasin, où il s'en
trouvait plus de cinq cents, ainsi que plusieurs milliers de cartouches à balles. Ces bandes se renouve-
lant sans cesse, je compris que ma position se com-
pliquait et devenait inquiétante. Pour sauver mes
hommes, qui n'auraient pu bientôt plus se défendre,
en cas de persistance dans le projet de pénétrer dans
la caserne, je sortis du quartier pour aller inviter
un capitaine de la garde nationale, que je voyais en
uniforme à l'extrémité de la rue, à mettre un poste
de gardes nationaux armés pour la protéger et la

garder, renonçant désormais à le faire. Je lui remis
les clés des magasins et des bureaux, en le rendant
responsable de tout ce qui s'y trouvait. Il s'en chargea et conserva tout, excepté ce qui était objet d'armement et de grand équipement, qu'il fit prendre
pour organiser les compagnies de sa légion.

Ce fut pour moi une grande satisfaction de n'avoir
plus de rapport avec toutes ces bandes à faces sinistres, qui venaient, la plupart, chercher des fusils
pour les revendre aux gardes nationaux qui s'organisaient à la hâte pour sauver Paris du pillage.
Je savais que le régiment était sorti de Paris, je
n'avais plus à craindre que les armes que je donnais
fussent employées contre lui. C'est ce qui m'avait
fait tant tenir à leur conservation. De son côté, le
capitaine que j'avais installé dans le corps de garde
ne voulut plus en donner à tous ceux qui se présentaient. Il fallait être de l'arrondissement, et être
connu par un citoyen honorable pour en obtenir. Je
lui dis souvent : « N'armez pas les prolétaires, maintenant que tout est fini. Ils pourraient continuer la
révolution pour leur compte, et nous livrer à l'anarchie démagogique. » Les rapports que j'eus avec ce
capitaine et avec plusieurs autres officiers, qui vinrent
le seconder, furent très agréables. …

Pendant cette tourmente, le détachement, laissé
la veille pour la garde de la prison de Montaigne,
rentra en ordre, mais désarmé. Ce fut en vain que le
capitaine Chardron, qui le commandait, observa aux
insurgés que sa mission était d'empêcher les mal-
faiteurs qui s'y trouvaient renfermés de se répandre
dans Paris, pour commettre des délits et peut-être
des crimes ; il ne put parvenir à faire comprendre
à un de ces derniers attroupements, moins prudent

que plusieurs autres qui l'avaient précédé, les motifs qu'il avait pour tenir à la conservation de ses armes. Il ne fut pas écouté. Il dut céder. Résister eût été une folie, quand tous se soumettaient autour de lui. Cependant il ne le fit que sur mon invitation. Une fois parti, les prisonniers sortirent, et répandirent bientôt dans les rues la consternation. Le premier usage qu'ils firent de leur liberté, ce fut d'aller chez le capitaine qui avait ordonné de faire feu sur eux, pour l'assassiner. Heureusement qu'il put s'échapper par une porte de derrière de son appartement, et se réfugier dans une maison où on ne le vit pas entrer.

A la caserne, j'étais resté, seul officier, pour maintenir les soldats dans la ligne de leur devoir, les protéger et leur faire connaître la nouvelle position où ils allaient se trouver. Je pensais les avoir convaincus, mais le démon de la discorde et de l'insubordination vint détruire l'effet de mes paternelles recommandations. « Nous n'avons plus d'armes, plus de drapeau, plus de gouvernement, nous sommes donc libérés du service, et maîtres de nos actions. Vive la liberté, et au diable l'obéissance et la discipline ! » Et au même instant ils se précipitèrent tous vers la porte, pour sortir. Vainement je m'y opposai, les liens de la soumission aux lois étaient brisés, ma voix et mon grade méconnus. Je dus céder à cette autre rébellion. A six heures du soir, je sortis de la caserne. Tout ce qui arrivait depuis trois jours m'avait brisé le cœur ; je doutais encore, après être sorti de cette caserne où mon pouvoir était si fort, quelques heures auparavant, qu'un trône si haut placé dans l'opinion des peuples venait de s'écrouler, qu'un roi si puissant était

déchu, sa couronne brisée, et lui-même peut-être
en fuite pour éviter la colère d'une grande nation
irritée. Quand je songeais à tout cela, j'en avais
des vertiges, une espèce de fièvre dévorante.

Mon beau-frère, M. Kellermann, bibliothécaire à
l'École des ponts et chaussées, était venu me
prendre à la caserne, peu avant que j'en sortisse.
Sa présence me fit du bien. J'avais besoin d'être
plaint, consolé, de recevoir des témoignages d'amitié
pour chasser de ma pensée les impressions de la
journée. Elles étaient douloureuses. Je ne pouvais
que voir, avec plaisir, la France recouvrant la plénitude de ses droits politiques, mais le choc avait
été trop violent, trop extraordinaire, pour que ma
raison n'en fût pas ébranlée, et pût apprécier à
première vue tous les avantages qu'une pareille
secousse devait amener. Je craignais la guerre civile,
le triomphe des prolétaires, l'institution d'une république, la guerre étrangère, enfin tous les maux
qu'engendrent l'anarchie et le triomphe des partis
extrêmes.

Mon beau-frère dîna chez moi, où il y avait
une pension bourgeoise qui nous fournissait tout
ce dont nous avions besoin. Il me donna des détails
sur les événements des trois jours, que j'ignorais
complètement. Pendant le dîner une dame, jeune
et jolie, mais que je ne connaissais pas assez pour
espérer d'elle une si grande preuve d'intérêt, vint
me voir avec son mari, pour m'exprimer toute la
joie qu'elle éprouvait de me trouver sain et sauf.
Je fus bien vivement touché de cette obligeante
attention ; une mère, une femme, une sœur, n'auraient ni mieux exprimé leur joie, ni donné plus
d'expression à leur légitime tendresse. Cette visite

inattendue me fit oublier bien des souvenirs amers.

Au cours de cette journée du 29, les deux bataillons du régiment qui étaient sur l'autre rive de la Seine, après avoir passé une partie de la nuit et de la matinée dans le jardin des Tuileries, étaient allés prendre position dans les Champs-Élysées. C'était le moment où les Parisiens attaquaient le Louvre, et peu après le palais du roi. Le palais pris, toutes les troupes se retirèrent en désordre sur Saint-Cloud, en prenant toutes les directions qui y conduisent. Notre 15ᵉ, toujours rallié et maintenu, forma l'arrière-garde pour soutenir la retraite. Il se retirait par le quai. Malheureusement, la barrière des Bonshommes ou de Passy était fermée et défendue par les gardes nationaux d'Auteuil, Boulogne, Passy, etc. La situation était critique : attaqué en queue et en flanc, placé entre la Seine et la colline de Chaillot, que garnissaient des tirailleurs audacieux et adroits, on se trouvait acculé dans une impasse, et dans l'impossibilité de faire aucun mouvement, à moins de revenir sur ses pas pour marcher sur le ventre des Parisiens et prendre le pont d'Iéna. Le capitaine Bidou, qui commandait la première compagnie des carabiniers, eut l'heureuse idée de faire mettre la crosse en l'air à sa compagnie. Ce signal pacifique fut compris et la barrière s'ouvrit pour laisser passer le seul régiment qui ne fût pas entièrement démoralisé. Quoiqu'il ne répondît pas aux coups de feu, des individus placés sur la colline, et cachés derrière des murs, ne discontinuèrent pas de tirer sur lui, et, par malheur, avec une adresse féroce. Un capitaine fut tué, ainsi que plusieurs soldats, deux officiers et beaucoup de soldats furent blessés. Ils tombèrent victimes de la funeste adresse de quelques individus, qui croyaient sans doute s'illustrer en assassinant de sang-froid et sans danger des compatriotes, plus français et meilleurs citoyens qu'eux, puisqu'ils ne répondaient pas à leur attaque, et qu'ils se retiraient sans combattre. Cet acte barbare fut un véritable crime, qu'on ne saurait trop anathématiser.

Après avoir passé la barrière, le régiment fut se reposer sous les ombrages du Bois de Boulogne, où les habitants d'Auteuil, sur la demande du colonel, lui apportèrent avec empressement des vivres. La chaleur était excessive, on était accablé de fatigues, de chagrins et de funestes pressentiments. C'était entre midi et quatre heures. Le dauphin vint voir le régiment. Il fut accueilli froidement. Le prestige avait disparu, le malheur avait passé sur toutes les têtes, si fières, si droites quelques jours auparavant. On vit un homme, plus que médiocre, se montrer quand le danger était passé, qui ne sut ni remercier, ni encourager. La défection commença, après cette revue. On se mit en marche pour Vaucresson, en passant par Saint-Cloud, où l'on délibéra longtemps pour savoir si on permettrait de traverser le parc, pour abréger la distance. Le régiment passa sous les fenêtres du roi ; il était alors à dîner, ce qui fut cause sans doute qu'il ne se dérangea pas pour le voir, et pour saisir cette occasion de dire de ces choses qui dédommagent un peu des fatigues et des dangers courus. Cette indifférence maladroite blessa vivement les officiers, qui regrettèrent alors d'avoir quitté Paris et de s'être exposés pour un prince qui ne leur en tenait aucun compte.

ADHÉSION AU NOUVEAU RÉGIME

30 juillet. — De grand matin, la majeure partie des officiers du régiment qui se trouvaient à Paris se réunirent chez moi pour prendre, tous ensemble, une détermination sur la conduite que nous devions tenir. Il fut résolu à l'unanimité que je me présenterais dans la matinée chez le lieutenant-général, comte Gérard, membre du gouvernement provisoire, et au domicile de M. Laffitte, banquier et député, pour donner notre adhésion au nouvel ordre de choses, et prendre des ordres dans notre singulière position.

Chef de corps, par l'absence du colonel qui était avec les deux bataillons, et du lieutenant-colonel qui était en congé à Lyon, je dus d'abord aviser aux moyens d'assurer la subsistance de la troupe, qui était sans pain depuis deux jours ; et aussi aviser à faire bien comprendre aux hommes de ne point imiter la conduite de leurs camarades, qui avaient quitté leurs compagnies et qui ne tarderaient pas à être arrêtés, soit à Paris, soit sur les routes, s'ils avaient cherché à se rendre dans leurs foyers. Je leur recommandai en outre la conservation de leurs effets, et une bonne tenue, s'ils sortaient du quartier, et d'éviter d'aller boire dans les cabarets, crainte de querelles avec les héros du jour, qui étaient fort insolents. Ce furent en grande partie des conseils superflus. Le travail de plusieurs années disparut complétement dans un jour. Plus de respect, de soumission, de discipline, ni de tenue : anarchie et désordre presque complets. Le soir, les effets étaient vendus, déchirés, couverts de boue et de graisse. Ce n'étaient déjà plus des soldats.

Après ma visite dans les casernes, je me rendis au siège du gouvernement provisoire, rue d'Artois (maintenant Laffitte), pour remplir ma mission. Le général Gérard n'y étant pas, je m'adressai au général Pajol, commandant en second la force armée de Paris. Je fus parfaitement bien accueilli, et obtins tout ce que je lui demandai pour le bien-être de mes subordonnés. Après avoir longtemps causé avec lui de notre position et de la part que nous avions prise aux événements, je me retirai très satisfait, et plus que je n'osais l'espérer, car j'avais craint que les articles violents, publiés par les journaux contre le régiment, ne l'eussent indisposé contre nous.

Je fus ensuite à l'Hôtel de Ville voir le généra La Fayette, pour lui faire connaître nos intentions. Il me garda peu de temps, étant très occupé à recevoir des rapports et à donner des instructions. J'étais horriblement fatigué à ma rentrée chez moi.

Cette promenade forcée dans Paris, cette longue course en habit de ville, à pied, à cause des barricades, et par une chaleur accablante, me fit connaître les immenses travaux et les épouvantables ravages d'une guerre civile de trois jours. Dans toutes les rues, sur les quais, sur les boulevards et les ponts, étaient établies des barricades, placées tous les soixante pas, hautes de quatre à cinq pieds et construites avec des diligences, des omnibus, des voitures de maître, charrettes, camions, tonneaux, caisses ou planches. Sur les boulevards, les arbres étaient coupés et abattus en travers ; les rues en partie dépavées et parsemées de verre de bouteille, pour arrêter la cavalerie. Paris ressemblait à une ville prise d'assaut. Son aspect était morne et sévère. Peu de mouvement dans les rues, beaucoup d'hommes mal habillés, groupés sur différents points ; point de femmes élégantes, de voitures, de boutiques ouvertes ; mais des convois funèbres, des femmes occupées à faire de la charpie, des corps de garde improvisés à tous les coins de rues, des vitres et des réverbères brisés, des murs couverts de proclamations appelant le peuple aux armes, et des ordonnances à cheval se rendant dans toutes les directions. Ce spectacle triste et saisissant, attestait combien l'orage révolutionnaire avait dû être brûlant. Presque toutes les barrières et les corps de garde de la garnison furent incendiés. Beaucoup d'objets d'art furent mutilés, brisés, volés, dans les galeries du Louvre et les appartements du château ; le musée d'artillerie, l'archevêché, la cathédrale furent aussi dévastés et saccagés. Assez généralement, les vainqueurs donnèrent des preuves de générosité, d'humanité et de désintéressement. Mais aussi il s'en trouva qui égorgèrent sans pitié des hommes désarmés, qui les jetèrent vivants dans la Seine, qui les tuèrent par derrière. Quatre hommes du régiment, un capitaine de la garde royale, de mes amis, avec qui j'avais dîné le dimanche 25, des gardes royaux, des Suisses, des gendarmes, éprouvèrent ce sort. La perte totale du régiment fut d'un capitaine, un lieutenant et seize sous-officiers et soldats tués ; quatre officiers et trente-neuf sous-officiers et chasseurs blessés. Le régiment fut un de ceux qui se conduisirent avec le plus de prudence, qui tira le moins et qui a été cependant signalé, par la presse libérale, comme un parricide et un ennemi de la liberté.

A mon retour de l'Hôtel de Ville, j'appris que deux de nos officiers (un capitaine criblé de dettes, et le porte-drapeau, homme fort taré, tous deux les obligés du colonel) qui avaient quitté la veille, dans le bois de Boulogne, leurs camarades et leur drapeau, s'étaient présentés à l'Hôtel de Ville, pour offrir leurs services au gouvernement provisoire, et faire parade d'un dévouement patriotique dont ils ne se doutaient pas deux jours auparavant. A force de calomnies et de mensonges, ils parvinrent à faire croire au général Dubourg que, s'il leur donnait pleins pouvoirs, ils organiseraient un bataillon modèle et sûr, ce qui ne serait pas, si on le laissait entre les mains des officiers actuels, tous animés, surtout son chef (c'était moi), d'un très mauvais esprit. Ils obtinrent sans difficulté les pleins pouvoirs qu'ils demandaient, et se mirent de suite à l'œuvre. Le capitaine se nomma chef de bataillon, et fit tous les sergents-majors sous-lieutenants, en attendant qu'il pût entraîner dans son parti quelques officiers pour en faire des capitaines et des lieutenants. C'est au moment qu'il révolutionnait ainsi les trois casernes que je rentrai chez moi. J'y trouvai tous les officiers de mon bataillon, qui m'attendaient avec impatience, furieux, indignés, contre l'audace de ces deux officiers, dont la conduite, dans cette circonstance, égalait la lâcheté habituelle. Après avoir entendu leurs récits et leurs plaintes, reçu leur témoignage d'estime et d'affection, j'écrivis au général La Fayette, pour lui faire part de ce qui se passait, de la surprise qui avait été faite au général Dubourg, de la conduite honorable que tous les officiers de

mon bataillon avaient tenue pendant les trois
journées, et lui montrer que nous étions calomniés
par deux intrigants sans influence sur l'esprit des
soldats, qui avaient lâchement abandonné leur drapeau pour venir à Paris mendier un avancement
qu'ils ne méritaient pas.

Un officier porta ma lettre, et, une demi-heure
après, je reçus l'ordre de conserver le commandement, ainsi que tous les officiers que j'avais avec
moi. Je fis tout de suite mettre cette réponse à
l'ordre du jour dans les trois casernes, et donner
la consigne d'arrêter ces deux officiers pour les conduire à la prison de l'Abbaye.

31 juillet. — Je fus dans la matinée chez le lieutenant-général comte Roguet, nommé commandant
des troupes de Paris, pour prendre ses ordres et
lui rendre compte des événements intérieurs du
corps. L'acte d'indiscipline de ces deux officiers
le mécontenta beaucoup. Il m'ordonna de les faire
arrêter. Il me demanda de lui remettre, dans la
soirée, un rapport très circonstancié sur l'esprit et la
situation de la portion de corps que je commandais,
sur les magasins du régiment, sur les pertes éprouvées et sur les moyens employés pour assurer la
subsistance de la troupe depuis les événements.

A trois heures, quand le travail était achevé, le
lieutenant-colonel arriva de Lyon. Je le lui présentai, pour le signer et le porter, en sa qualité de chef
de corps. Par modestie il refusa l'un et l'autre, mais
ensuite, se ravisant et prévoyant que cette visite
pourrait lui être utile plus tard, il m'accompagna
au quartier général, place Vendôme, où logeait le
comte Roguet. Quelle fut ma surprise, dans notre

entretien, avec le général, sur les efforts que nous devions faire pour ramener la discipline, d'entendre cet officier dire avec beaucoup de suffisance qu'il regrettait fort de s'être trouvé absent du régiment pendant les événements, que sa présence au corps, et l'influence qu'il y exerçait, auraient empêché le 15e de prendre part à cette lutte, et que, dès le premier jour, il l'aurait entraîné à se mettre du côté du peuple ! Cette impudence me révolta, et amena cette réponse fort simple et très naturelle : « Et le devoir, et vos serments? » Le général approuva de la tête mon observation, et nous congédia.

Sur la place, nous eûmes une vive altercation, où je lui reprochai le blâme qu'il semblait vouloir jeter sur ceux qui n'avaient fait que mettre en action ce que lui-même avait si souvent recommandé dans ses allocutions à la troupe assemblée, où il ne savait quelles expressions employer pour parler de sa fidélité, de son dévouement au roi et de son amour pour la famille royale. Voilà bien l'esprit de beaucoup des hommes que j'ai connus ! Quand l'idole est debout, ils l'encensent ; quand elle est à terre, ils lui donnent un coup de pied.

Ce même jour, le duc d'Orléans fut reconnu lieutenant-général du royaume, ayant accepté l'offre que lui avait faite la Chambre des députés de se mettre à la tête du gouvernement provisoire. Son arrivée à Paris et sa présentation au peuple, par le général La Fayette, sur la place de Grève, produisirent un bon effet sur tous les hommes amis de leur pays. On ne désespéra plus du salut de la patrie.

1er *août*. — Dans la matinée, le lieutenant-colonel, à qui je venais de remettre le commandement du

régiment, réunit tous les hommes dans la cour de
la caserne de Lourcine, pour les haranguer. Il
nous dit très sérieusement qu'il avait servi avec
fidélité la République, le Consulat, l'empereur Napoléon, Louis XVIII et Charles X, et qu'il servirait
de même le souverain que les Chambres appelle-
raient au trône. Les officiers sourirent et le recon-
nurent pour la plus vieille girouette du régiment.
Au fait, ce n'était ni sa faute ni la nôtre, si les événements nous forçaient à servir tant de gouverne-
ments divers, mais il aurait pu se dispenser de faire
parade de nos honteuses palinodies, de la fréquence
de nos serments si solennellement prêtés, et souvent
si peu respectés. Ses frais d'éloquence touchèrent
peu les soldats qui se croyaient dégagés depuis le
29 juillet de tout frein disciplinaire.

2 *août*. — Ce jour-là, les débris de nos 1er et
3e bataillons nous revinrent. Le colonel nous les
renvoyait, sans les accompagner.

Voici leur histoire. J'ai dit que les deux bataillons étaient arrivés à Vaucresson, le 29 juillet.
Fort mal à ce bivouac, et inquiets sur les suites que
pouvait avoir pour les officiers leur éloignement de
Paris, les officiers commencèrent à murmurer. Dès
le 30, les ambitieux et les mariés quittèrent furti-
vement. Leur défection et la désertion des soldats
furent plus ostensibles le 31. En effet, ce jour-là,
le colonel Perrégaux avait donné l'ordre de se rapprocher de Rambouillet, où s'était retirée la cour.
Le colonel, qui avait amèrement censuré les ordonnances du 25 juillet, ne voulait pas entraîner son
régiment à continuer une défense qui n'était ni
dans ses principes, ni dans ses intérêts, mais il lui

répugnait d'abandonner une cause malheureuse, sans avoir reçu l'avis officiel que ses services n'étaient plus nécessaires. C'est pourquoi il crut devoir se rapprocher de Rambouillet, où le roi était déjà abandonné par la majeure partie de sa garde et par ses courtisans. Ce mouvement en avant éclaircit singulièrement les rangs ; le soir, il n'y restait plus guère que ces hommes fidèles et dévoués que tous les événements ont toujours trouvés à leur poste. En conséquence, le colonel invita les deux chefs de bataillon à conduire leurs hommes à Paris, en prenant les mesures convenables pour assurer leur retour d'une manière légale. Il fit rendre au drapeau les honneurs militaires, et partit pour Rambouillet, accompagné d'un officier et d'un détachement de sous-officiers et de caporaux qui s'offrirent spontanément pour escorter le drapeau. A son arrivée au château, il remit au roi le drapeau du 15ᵉ, en lui disant : « Sire, vous me l'aviez confié, je vous le rends, puisque je ne puis plus le défendre. » Le roi le remercia beaucoup et le nomma commandeur de la Légion d'honneur, pensant encore pouvoir récompenser la fidélité au malheur, mais le pouvoir souverain était brisé dans ses mains depuis son départ de Saint-Cloud. Ce fut une lettre morte.

Les débris de nos 1ᵉʳ et 3ᵉ bataillons nous arrivèrent donc à Paris, dans la matinée, le 2 août, sous le commandement de leurs chefs, tambours battants et baïonnettes au bout des fusils. C'était la première troupe armée de la ligne qu'on revoyait dans nos parages ; et ils se présentaient dans cette attitude militaire, en vertu d'une convention faite avec les commissaires envoyés pour recevoir leur adhésion. Les honnêtes gens virent avec plaisir que la force armée régulière et disciplinée allait reprendre le service de la capitale.

Grâce à l'arrivée de ces deux bataillons, le régiment se trouva de nouveau réuni. Mais ce n'était plus le même corps. Que de divisions, parmi les officiers ! Des ambitions bien peu justifiées se montraient, des haines se manifestaient à toutes les réunions. Le 15e avait cessé d'être le modèle des autres corps. Sur les 1 500 hommes qu'il avait présentés à la revue du 26, il ne lui en restait pas 400. Plus de 1 000 hommes avaient déserté. Quant à la tenue, elle n'existait plus. La plupart des soldats vendaient, le soir, les effets qu'on leur délivrait le matin.

9 août 1830. — Louis-Philippe, roi des Français, accepte la nouvelle Charte, et prête serment devant les députés réunis au palais de la Chambre..

Pour moi, à deux heures et demie du matin, je pris le commandement d'une nombreuse corvée, que je devais conduire à Vincennes pour recevoir six cents fusils. Je rentrai à deux heures après midi, bien mécontent des hommes et de leurs officiers qui n'osaient plus les commander. Cette journée me laissera de douloureux souvenirs sur le funeste effet de l'indiscipline. Quelle différence avec les soldats d'avant la Révolution ! quel changement profond dans les caractères, en si peu de jours ! Ce qui occasionna en grande partie les nombreux écarts de désobéissance dont les soldats se rendirent coupables, c'est la faim. Restés à Vincennes plus longtemps qu'on ne pensait, parce que d'autres régiments s'y trouvaient en même temps que nous, l'heure du déjeuner était passée depuis longtemps quand notre tour d'être armés arriva, ce qui exaspéra les hommes, facilement irritables à cette époque de dissolution sociale. La plus grande difficulté, ce fut de les empêcher d'entrer dans Paris par la rue du Faubourg-Saint-Antoine, que je ne voulais pas traverser, dans la crainte que le peuple avide d'armes ne les désarmât : ce que mes indisciplinés chasseurs auraient volontiers laissé faire, pour ne pas se donner la peine de porter leurs armes. Enfin je parvins, presque seul, à vaincre toutes ces résistances, et arrivai au quartier sans avoir perdu un seul fusil, malgré toutes les tentations qu'on mit en jeu pour que les hommes en vendissent, pendant ce long trajet, autour des murs d'enceinte et depuis la barrière de la Rapée jusqu'à la caserne. Si ces hommes furent ce jour-là mauvais soldats, ils furent du moins honnêtes gens.

LA FAMILLE ROYALE

Le soir de ce 9 août, je fus, avec les autres officiers supérieurs du régiment, présenter mes hommages à notre nouveau roi et à la famille royale. Je fus vivement émerveillé de la simplicité et de la bonté remarquables de cette belle et intéressante famille, qui s'était trouvée au milieu de nous pour nous préserver de l'anarchie. Après avoir causé quelques instants avec le roi, nous fûmes présentés à la reine, à Mme Adélaïde, aux jeunes princesses et aux ducs de Chartres et de Nemours. Il y avait beaucoup de monde, notamment les maréchaux, duc de Dalmatie (Soult), duc de Trévise (Mortier), duc de Tarente (Macdonald), duc de Reggio (Oudinet), et les comtes Jourdan et Molitor, en grand costume de dignitaires, au milieu d'un très grand nombre de généraux. On était sur la galerie vitrée du Palais-Royal, tant pour jouir de la fraîcheur de la soirée que pour voir l'affluence des curieux dans la grande cour et le jardin. Tout était plein. Les cris de « Vive le roi ! » et des airs patriotiques joués par diverses musiques, se firent constamment entendre, jusqu'au moment où la pluie vint interrompre cet admirable concert de satisfaction. On passa dans les salons. La reine, les princesses et quelques dames se placèrent autour d'une table ronde où elles travaillèrent, les hommes circulèrent tout en causant à travers les salons. Le roi, M. Laffitte et d'autres personnages politiques que la Révolution venait d'élever aux premières fonctions, s'entretenaient dans une embrasure de croisée ; les princes recevaient les nouveaux arrivants, et surtout leurs condisciples du collège Henri IV. Enfin tout, dans cette première réunion royale, charmait par sa simplicité. C'était un tableau de famille, plein de douce émotion et d'heureuses espérances.

REVUE DE LA GARDE NATIONALE

Le 29 août, le régiment change de caserne. Il est envoyé à l'École militaire. Le lendemain a lieu, au Champ de Mars, une grande revue de la garde nationale, pour la distribution des drapeaux aux bataillons des douze légions.

Cette cérémonie frappa d'admiration les personnes qui en furent témoins. On ne pouvait consé

voir que dans l'espace d'un mois, 45 000 hommes
eussent pu s'habiller, s'armer, s'équiper et acquérir
assez d'instruction pour exécuter passablement les
différents mouvements de l'exercice et de la marche
en colonne. Le Champ de Mars était presque plein
de ces soldats-citoyens qui, placés sur plusieurs
lignes, présentaient un coup d'œil fait pour inspirer
un juste orgueil.

L'arrivée du « roi des barricades », comme l'appelaient les Parisiens, fut moins annoncée par les
salves d'artillerie des Invalides que par les vivats
d'enthousiasme de 300 000 personnes, placées sur
les talus et les banquettes de ce vaste forum. Cette
immense population, avide de voir le souverain
qu'elle venait de se donner, se pressait autour de
lui, prenait ses mains, et lui prodiguait toutes sortes
d'hommages. C'était un père au milieu de ses
enfants, un citoyen couronné au milieu de ses égaux.
Point de gardes, point de courtisans dorés, mais
beaucoup d'officiers de tous les grades qui lui faisaient cortège. Les légions n'étant pas encore toutes
réunies, il monta dans les appartements d'honneur
du palais, où étaient la reine et sa jeune famille,
pour attendre que tout fût prêt. Ensuite il se rendit
à pied sous une immense tente, élevée sur un haut
échafaudage, en face du palais de l'École. Des maréchaux de France, des généraux et un nombreux
état-major l'accompagnaient. Le général Lafayette,
commandant général des gardes nationales de
France, souffrant de la goutte, s'appuyait sur le
bras du duc d'Orléans. Après la distribution des
drapeaux et la prestation du serment, le roi monta
à cheval, passa devant le front de toutes les
légions, et fut se placer ensuite sous le balcon du

palais de l'École, pour les voir passer en colonne.

Les officiers du régiment, comme hôtes de l'École militaire, se trouvèrent au pied du grand escalier pour recevoir la reine, qui arriva par la cour de la caserne, dans une simple voiture de promenade. Des députations de demoiselles lui offrirent des fleurs, après l'avoir complimentée. Elle les embrassa toutes, avec beaucoup d'émotion. Douze demoiselles, qui représentaient les douze arrondissements de Paris, étaient toutes remarquables par leur beauté et leur gracieuse élégance. Je suivis la reine dans les grands appartements, où je restai longtemps pour jouir du magnifique coup d'œil qu'offrait le Champ de Mars dans cet instant de la journée.

Le 13 septembre, eut lieu la prestation du nouveau serment, juré individuellement par tous les officiers, sous-officiers et soldats, en face du drapeau tricolore, dans la cour de la caserne. Le 26, il y eut une revue du roi.

Le roi, en passant devant le front de chaque régiment, fit prodigieusement de promotions, pour remplir les vacances et attacher l'armée aux nouvelles institutions. On aurait dit un lendemain de Wagram ou de la Moskowa. Mais une grande révolution politique, qui bouleverse toutes les situations acquises, qui a tant de nouvelles exigences à satisfaire, n'est-ce pas aussi une grande bataille donnée, des vainqueurs et des dévoués à récompenser? C'était 1815 retourné, les mêmes prétentions, les mêmes ridicules, les mêmes apostasies.

LE DUC D'AUMALE A HUIT ANS

Quelques jours plus tard, le 28 septembre, Barrès dîne au Palais Royal.

Je pris place à la table du roi. Nous y étions soixante. Placé à un bout, à côté de l'aide de camp de service, le maréchal de camp, comte de Rumigny, je pus de ce point remarquer tous les convives, dont je me fis dire les noms par l'aide de camp. La beauté et la régularité du service, la délicatesse des mets, dont beaucoup m'étaient inconnus, le luxe des décorations, et de brillants accessoires qu'on ne peut guère trouver qu'à une table royale, m'instruisirent de la manière la plus intéressante sur les avantages de la richesse et les agréments du grand monde.

A cette table étaient le roi, la reine, Mme Adélaïde et la fille aînée du roi. Le duc d'Orléans et son frère, le duc de Nemours, présidaient une autre table, où tous les jeunes invités prirent place. On prit le café dans les grands salons, où je fus accosté par le duc d'Aumale, enfant de huit ans, qui me charma par son aimable babil et des connaissances qui m'étonnèrent, bien que son rang ne me les fît pas paraître au-dessus de ce qu'elles étaient. Il savait que le régiment allait à Strasbourg et moi à Wissembourg. Étonné de ce qu'il me disait, je lui demandai comment il pouvait savoir cela.

— C'est bien simple, me dit-il, votre capitaine de carabiniers est l'ami de mon précepteur. C'est par lui que j'ai appris tout ce que je sais sur votre prochain départ et votre destination.

Ce charmant enfant ne me quitta pas de la soirée, m'expliqua tous les tableaux de la galerie, le nom des peintres, et les beautés de chacun d'eux. Tout cela était dit avec un aplomb et une grâce charmante.

PROMENADES DANS PARIS

Non content de noter au jour le jour tant de grands événements dont il vient d'être le témoin, Barrès, avec cette curiosité toujours en éveil qui est chez lui un trait de caractère, a soin de consigner dans son journal toutes les nouveautés qui l'ont frappé dans Paris pendant ses sept années de séjour (1823-1830). Monuments, spectacles, voitures publiques, — Favorites, Dames blanches, Batignollaises, — etc., tout l'intéresse, et il ne manque pas de signaler les difficultés croissantes de la circulation dans les rues!

Ma promenade favorite était le jardin du Luxembourg ; mais après la mort de ma femme, j'y fus moins souvent, le voisinage me rappelant de trop douloureux souvenirs. Je visitais avec plaisir ses superbes collections de rosiers, ainsi que la pépinière de l'enclos des Chartreux. J'allais souvent dans les galeries du palais du Luxembourg admirer les belles peintures modernes qui s'y trouvent réunies. Elles n'y sont pas à demeure ; quand le peintre qui les a produites est mort, ses ouvrages sont portés au Louvre, et remplacés par ceux que le gouvernement a achetés aux expositions publiques. Ainsi le musée du Luxembourg est le musée des peintres vivants ; le Louvre, celui des peintres morts. En général la vue des chefs-d'œuvre

de l'école moderne fait plus de plaisir, à ceux qui
ne sont pas connaisseurs, que la majeure partie des
tableaux du Louvre. Mais les artistes et les amateurs
instruits en jugent autrement.

Une autre promenade, qui avait toutes mes sym-
pathies, c'était le Jardin des plantes. J'y ai passé
dans la belle saison des matinées et des soirées
pleines de charme. Combien je jouissais de voir en
détail le jardin botanique, de parcourir les serres
et les nombreuses galeries du Muséum ! Au reste,
c'était Paris tout entier qui m'attirait dans tous
ses coins. Il n'est pas un quartier, ancien ou neuf,
une rue nouvellement ouverte, un monument, un
passage, un bazar, un pont, une fontaine, qui
n'aient eu ma visite, surtout ce qui avait été construit ou amélioré depuis 1823. Je supprimerai une
foule de faits et de remarques que j'avais notés
dans mon ancien itinéraire et qui sont bien peu
intéressants pour moi, maintenant que j'ai vieilli.
Mais voici qui prête encore à mes réflexions.

Sur la place où fut guillotiné, le 21 janvier 1793,
l'infortuné Louis XVI, — place qui a porté successivement les noms de Louis XV, avant 1789 ; de la
Révolution, jusqu'à 1802 ; de la Concorde, jusqu'à
1814 ; de Louis XVI jusqu'à 1830, et qui se réappelle
de la Concorde, jusqu'à nouvel ordre ; — sur cette
place où l'on voit un palais sans roi, les Tuileries ;
un temple sans dédicace, la Madeleine ; un arc de
triomphe sans consécration, l'arc de l'Étoile ; on
élevait un monument à Louis XVI. Le piédestal
qui devait le supporter était seul achevé, quand la
révolution de 1830 éclata.

Pendant mon séjour, on plaça sur les balustrades
du beau pont Louis XVI, les statues colossales en

marbre blanc de Condé, Turenne, Duguesclin, Bayard, Suger, Sully, Richelieu, Colbert, Tourville, Duquesne, Duguay-Trouin et Suffren : elles ont disparu. Au rond-point des Champs-Élysées, on élevait un monument à Louis XV, encore peu avancé : je pense que les derniers événements empêcheront qu'on y donne suite. Le superbe Arc de triomphe de la barrière de l'Étoile, ou de Neuilly s'achevait. J'en avais vu poser la première pierre en 1806 : on le dédiait alors aux armées françaises de la République et de l'Empire ; sous les Bourbons de la branche aînée, il devait être consacré à la gloire du duc d'Angoulême, pour sa campagne d'Espagne. On élevait une statue à Louis XVIII, auteur de la Charte, et fondateur du gouvernement représentatif en France, sur la place du Palais-Bourbon, en face de la Chambre des députés : elle n'était pas terminée à la déchéance de Charles X ; qu'en est-il advenu?

Je fus souvent visiter l'église Sainte-Geneviève, pour bien connaître sa belle architecture et pour étudier la fresque que le baron Gros a peinte, dans la seconde coupole du dôme. Un groupe, dans cette fresque, devait représenter Napoléon avec Marie-Louise, le roi de Rome et les principaux guerriers, mais les invasions de 1814 et 1815 y firent substituer Louis XVIII et la Charte. La révolution, la France, le duc de Bordeaux, la guerre d'Espagne, la dauphine, entourent le roi, tenant la place des personnages qui devaient figurer autour de Napoléon. Ce fait est curieux à ajouter à l'histoire des changements qu'a éprouvés l'église Sainte-Geneviève, que voici à nouveau destinée aux grands hommes.

Chaque fois que je revoyais la triomphale colonne de la place Vendôme, je restais autant de temps à la contempler que si c'eût été le premier jour. Ses bas-reliefs me rappelaient d'honorables et glorieux souvenirs. Le temps n'avait pas effacé en moi les impressions vivaces de cette célèbre campagne d'Austerlitz. La révolution de juillet fit disparaître le drapeau blanc qui s'y déployait et restaurer le drapeau tricolore sous les couleurs duquel nous avions vaincu les Autrichiens, dans cette immortelle journée en 1805.

J'avais formé le projet, avant mon arrivée à Paris, de suivre les cours des plus illustres professeurs du Collège de France et du jardin d'histoire naturelle. Je comptais sur mon bon vouloir, mais il me manqua en partie, et puis les dérangements, les visites, vingt autres obstacles s'y joignirent. Je ne fus assez exact qu'à celui de chimie, à la Sorbonne, fait par M. Thénard. C'est une indifférence que je me reproche, quand elle a été volontaire.

Un homme avait à cette époque une espèce de célébrité, que peu de personnes auraient enviée ; mais on cherchait à le voir, et je le regardais chaque fois que j'allais me promener dans les galeries du Palais-Royal : c'était le Diogène de ce brillant bazar, le fameux Chodruc Duclos, de Bordeaux. Cet homme, après avoir joui d'une assez belle fortune, fait l'ornement de la bonne société et paradé sur de beaux chevaux, après s'être fait remarquer par son bon ton, son luxe de toilette, ses fréquents duels et ses nombreuses maîtresses, promenait son cynisme, sa misère, ses haillons, dans le lieu de Paris le plus hanté par les étrangers, les provinciaux et les désœuvrés. On le regardait avec étonnement, on admirait sa belle taille, sa figure expressive, ses yeux de feu, mais on détournait aussitôt la vue, tant l'abjection et le malheur de ce personnage, encore fier, attristaient. Il avait été l'ami, disait-on, du comte de Peyronnet, qui fut deux fois ministre et signa les ordonnances de juillet.

Voilà comment, pendant les premiers mois, je courus assez pour tout voir ; mais plus tard, tant par suite de mes chagrins que par ennui et lassitude, je fus moins ardent ; ma curiosité, moins vive ou satisfaite, me rendit plus indifférent, et c'est ainsi que j'ai quitté Paris sans avoir assisté à aucune séance de la Chambre des députés.

J'avais vu une grande révolution s'accomplir en trois jours : un trône renversé et un autre relevé par la volonté nationale ; un roi puissant fuir avec toute sa famille, en pays étranger, et surveillé sur sa route d'exil, pour qu'il ne s'écartât pas de l'itinéraire qui lui était tracé. J'avais vu descendre le drapeau blanc, imposé à la France par les étrangers, et reparaître après quinze années de proscription, la glorieuse cocarde tricolore. J'avais vu une superbe garde royale, belle de tenue et de discipline, bien favorisée et pleine de dévouement, se fondre, se dissoudre, et disparaître, avant même que son royal chef l'eût dégagée de ses serments. J'avais vu l'insubordination dans les troupes presque encouragée, les officiers et les soldats dénonçant leurs supérieurs ; la médiocrité, l'inconduite se faire des titres de ce qu'ils n'avaient pas été employés sous la Restauration, pour prétendre à des emplois, à des grades supérieurs, à des récompenses, par-dessus ceux qui, pendant quinze années, s'étaient dévoués au service du pays, avaient conservé les honnes traditions de l'Empire, et mérité les éloges des bons citoyens pour leur parfaite discipline. J'avais vu descendre au tombeau la mère de mon bien-aimé fils. Quand je disais au colonel Perrégaux et à quelques autres officiers, avec lesquels je me trouvais avant notre départ de Lyon : « Puisque nous allons à Paris, je voudrais y être témoin de quelque événement important, » je ne pensais pas être si douloureusement servi. Quelle soif irréfléchie d'émotions et de nouveautés, si fatalement satisfaite et si funeste à mon bonheur !

Les soldats apprirent avec plaisir qu'ils allaient quitter ce brillant Paris, qui n'était pour eux qu'un séjour de grosses lassitudes et de pénibles veilles. Personnellement, j'en fus très satisfait. J'y avais été trop malheureux, j'y avais éprouvé trop de dégoût et d'ennui, pour ne pas considérer comme une grande faveur l'ordre qui nous prescrivait d'aller tenir garnison dans un autre lieu de France. Un village, à cette époque, me semblait préférable à la capitale du monde civilisé.

CHEZ LE DUC DE DOUDEAUVILLE

En 1830, Barrès est devenu, par rang d'ancienneté, le plus ancien des commandants du 15ᵉ. Son bataillon est le premier à partir pour l'Alsace, le 1ᵉʳ octobre. En cours de route, à Montmirail, où il était déjà passé en 1808, 1814 et 1829, son billet de logement lui vaut d'être l'hôte du duc de Doudeauville, pair de France et ancien ministre de Charles X, «dans le beau château où naquit le cardinal de Retz. »

3 *octobre* 1830. — Logé par billet de logement chez le noble duc, je reçus, peu de temps après être entré dans l'appartement qui m'était destiné, la visite d'un valet de chambre qui m'annonça celle de son maître, et m'apporta en même temps que des rafraîchissements sept à huit journaux politiques de différentes couleurs. Après m'être habillé, je fis dire que j'étais en position de recevoir l'honneur qu'on voulait bien me faire. M. de Doudeauville vint me complimenter, et m'inviter pour six heures. Plus tard, je lui rendis sa visite, et fus ensuite me promener dans le vaste parc du château, très curieux par sa position en pente sur le Petit Morin, et ses beaux points de vue. Le château est une vieille habitation modernisée, flanquée de tours carrées, et sur l'une d'elles flottait un immense drapeau tricolore.

Le dîner rassembla M. le duc et Mme la duchesse de Doudeauville, M. et Mme Sosthène de La Rochefoucauld, celui-ci, aide de camp de Charles X, directeur des Beaux-Arts de la maison du roi, homme célèbre par son bon ton et pour avoir, dans l'intérêt des mœurs, fait allonger les jupons des demoiselles de l'Opéra ; Mme la duchesse Mathieu de Montmorency, veuve du Saint Duc (comme les dévots l'appelèrent lors de sa mort subite à Saint-Thomas d'Aquin), ancien ministre de Charles X ; M. le marquis Chapt de Rastignac, pair destitué par la révolution de Juillet, gendre de M. de Doudeauville, et plusieurs autres personnes, moins aristocratiques à ce que je crois. On causa peu. M. de La Rochefoucauld et moi, nous fûmes à peu près les seuls qui échangeâmes quelques paroles à voix basse. Du reste je n'eus qu'à me louer des poli-

tesses qu'on me fit, et des attentions dont je fus
l'objet.

Dans le salon, on fut plus expansif. On y parla
beaucoup de politique, de la révolution de Juillet
et des malheurs de la famille royale. « Malheureux
roi ! disait M. de Doudeauville, les bons conseils
ne lui ont pas manqué, mais des hommes plus
influents l'ont circonvenu et conduit à sa perte. »
Tous ces personnages avaient quitté Paris seulement
depuis quelques jours ; ils venaient dans cette
antique demeure se consoler de la chute du roi, et
oublier, s'il était possible, les grandeurs qu'ils
avaient perdues. M. de Doudeauville est un petit
homme sec, déjà âgé ; sa femme, presque aveugle ;
leur fils, un bel homme aux grandes manières ; leur
belle-fille, encore jeune, peu remarquable, quoique
assez bien de figure. Quant à M. de Kastignac, je
le trouvai un marquis de théâtre, un personnage
de Marivaux. Ces dames ne parlèrent pas : elles
se seraient compromises devant un plébéien qui
servait un usurpateur. Quoique je fusse étranger
à tout ce grand monde, j'y tins ma place, et reçus
un accueil parfait (1).

DE METZ A WISSEMBOURG

*Le 11 octobre, Barrès arrive à Metz, qu'il revoit
pour la troisième fois.*

(1) Je ne résiste pas à l'élan de me faire plaisir à moi-
même, en rapprochant de cette visite de mon grand-père la
visite que je fis à ce même château, le lendemain même de
la bataille de la Marne (19 septembre 1914, p. 288 de la
Chronique de la Grande Guerre, t. I.) — M. B.

A la porte de la ville où je devais m'arrêter, former les pelotons et régulariser la tenue pour faire mon entrée, je vis venir à moi mon fils conduit par son grand-père, sa grand'mère et sa tante Élisa Belfoy. Avec quelle joie je les embrassai tous quatre, et pressai tendrement contre mon cœur mon petit Auguste ! Ce nouveau témoignage d'affection que me donnaient ces bons parents me toucha vivement. Faire un voyage de cinquante lieues pour me procurer le plaisir d'embrasser mon enfant, c'était me donner une bien grande preuve de leur attachement et m'offrir une aimable diversion aux ennuis d'une longue route. Je trouvai mon fils fort, espiègle, et plein de santé. Quarante-huit heures que je passai avec ma famille me parurent bien courtes.

18 octobre. — A quelques lieues au delà de Bitche, marchant dans le brouillard et sur un chemin sablonneux mal tracé, le bataillon quitta la route et se dirigea à gauche vers la Bavière rhénane. Près d'arriver à la frontière, un paysan accourut, tout haletant, me prévenir de notre erreur, et nous remit dans la direction que nous devions suivre. Je le remerciai comme il convenait du service qu'il venait de me rendre, car, dans les circonstances où nous nous trouvions, une violation de ce territoire aurait pu paraître intentionnelle et donner lieu à des commentaires plus ou moins absurdes. A cette époque, l'Europe tout entière était en agitation. Les rois se préparaient à la guerre, soit pour contenir les peuples que la révolution de Juillet avait mis en mouvement, soit pour résister à la France qu'on croyait disposée à porter ses principes en Allemagne et à faire de la propagande armée. Quel effet au-

raient pu produire l'apparition du drapeau tricolore
dans une ancienne province française, et l'arrivée
inattendue d'un bataillon qu'on aurait pris pour
l'avant-garde d'une armée d'invasion ! L'alarme se
serait vite répandue ; la joie ou la peur auraient
grossi l'événement.

Peu après, une demi-lieue avant Lembach, je
vis venir sur la route, à ma rencontre, une espèce
de troupe armée, marchant en colonne, tambour
battant, drapeau déployé. Arrivée à portée de la
voix, cette troupe s'arrêta et son chef cria : « Qui
vive? » Après les réponses d'usage, il s'approcha
de moi, me salua de l'épée, et me dit que les citoyens
de Lembach recevraient avec plaisir les soldats du
brave 15e léger. Ce capitaine était un gamin de
quinze ans, de très bonne tournure, et montrant
beaucoup d'aplomb. Il commandait une compagnie de plus de cent jeunes gens, de douze à quinze
ans, bien organisés, ayant tous ses officiers, ses sous-
officiers, ses caporaux, ses tambours, sa cantinière,
son porte-drapeau. Rien n'y manquait, pas même
l'instruction et le silence. Après avoir causé quelques
minutes avec cet intéressant jeune homme, je lui
dis de prendre la tête de la colonne, et de nous conduire sur la place où nous devions nous arrêter. Au
gîte d'étape, je le priai de venir dîner avec moi, ce
qu'il fit avec grand plaisir. J'appris que c'était un
capitaine en retraite qui avait eu la patience d'instruire et d'organiser ces enfants avec tant de succès.
Ils faisaient plaisir à voir. Ils avaient pour armes des
grands sabres en bois, dont les chefs, décorés d'épaulettes ou de galons selon leur grade, faisaient souvent usage sur le dos de leurs subordonnés. Nous
étions en Alsace.

Au résumé, de Paris à Wissembourg, ce voyage de dix-neuf jours se fit de la manière la plus heureuse. Sur toute la route, particulièrement en Champagne et en Lorraine, la population des villes se portait à notre rencontre en criant : « Vive le roi ! Vivent les grandes journées ! » Toutes les maisons étaient ornées de drapeaux tricolores, et partout les soldats reçurent bon accueil et furent fêtés. En partant de Paris, je pensais que cette route serait pour moi une source d'ennui et de désagréments, que les hommes feraient des sottises, manqueraient aux appels, resteraient en arrière. La conduite qu'ils avaient tenue dans Paris, depuis la révolution de Juillet, me le donnait à craindre. Il n'en fut rien. Quand nous arrivâmes à Wissembourg, ils étaient si peu fatigués et leur tenue si soignée que les habitants purent croire que nous venions seulement de faire une promenade matinale de quelques lieues.

Ayant pris possession de la caserne et installé sa troupe, Barrès obtint bientôt un congé pour aller à Charmes. Mais son séjour se trouva écourté par une lettre de rappel du colonel, qui croyait à une prochaine déclaration de guerre. Ce qui survint, c'est un épisode plus humble, caractéristique de l'esprit alsacien.

DIFFICULTÉS SCOLAIRES EN ALSACE

Le 9 mars 1831, je reçus l'ordre du général Fehrmann de me rendre, avec tout mon bataillon, au village d'Ober-Belschdorff, distant de quatre lieues, pour concourir à la répression d'une résistance aux décisions de l'administration supérieure. Cette quasi-insurrection avait pour cause la nomination d'un maître d'école, que les habitants ne voulaient pas. C'était en vain qu'on leur disait que celui qu'ils préféraient était un ignorant et avait échoué à tous les concours. Ils y tenaient, parce que c'était le gendre du garde forestier, et que celui-ci les avait prévenus que, s'ils en prenaient un autre, il leur ferait des rapports toutes les fois qu'ils iraient prendre du bois dans la belle forêt de Haguenau. La rébellion était manifeste ; la gendarmerie avait été chassée plusieurs fois du village, lorsqu'elle voulait prendre possession de la maison d'école ; des individus avaient établi des barricades, et, armés de fusil, s'étaient retranchés dans l'école. On temporisa, dans l'espérance que la réflexion et la lassitude les rendraient plus raisonnables. Cette longanimité les enhardit. La gendarmerie fut repoussée une troisième fois, et le sous-préfet de Wissembourg bafoué. Dans cet état de choses, la force devait intervenir pour faire respecter la loi.

A mon arrivée, le 10 mars, je trouvai les barricades évacuées, mais la maison d'école toujours occupée. Après avoir pris quelques dispositions et sommé les révoltés de se retirer, j'envoyai contre eux ma compagnie de voltigeurs. A son approche, ils se sauvèrent par la porte de derrière, qu'on n'avait pas fait garder exprès, et gagnèrent à toutes jambes la forêt. Immédiatement, le maître d'école nommé par l'administration fut installé en présence de M. Matter, inspecteur d'Académie, du sous-préfet, du juge de paix de Soultz-sous-Forêt, du maire et de tous les officiers. Tous les enfants avaient été mandés et contraints de venir, pour assister à cette cérémonie, qui aurait semblé ridicule dans toute autre circonstance, mais qui fut imposante et pé nible en même temps, tous ces malheureux enfants se figurant qu'on allait les égorger sans pitié. Ils poussaient des cris à effrayer l'auditoire. Après les discours prononcés, des conseils donnés et des exhortations faites aux parents, les enfants furent renvoyés. La commune ayant repris sa tranquillité ordinaire, et les enfants ne manifestant plus aucune crainte, je rentrai dans ma garnison le 13, en laissant toutefois deux compagnies pour maintenir les esprits dans cette salutaire disposition.

Ces deux compagnies rentrèrent, quatorze jours après, lorsque la gendarmerie eut à peu près arrêté les principaux mutins. Cette prudente expédition, qui ne fit couler que des larmes d'enfants, eut un très bon résultat, en ce qu'elle apprit aux populations que le pouvoir était assez fort pour faire rentrer dans le devoir ceux qui s'en écartaient. Depuis 1830, les communes étaient très agitées, et les habitants disposés à mettre à profit l'espèce de pouvoir que la révolution de Juillet leur avait donné. Ils dévastaient en plein jour les forêts de l'État, chassaient les gardes forestiers, menaçaient les maires et apportaient sur les marchés le produit de leur vol, sans rougir de leurs actions. Je fus souvent obligé, pendant l'hiver, d'envoyer des compagnies en garnison dans les villages, sur le versant oriental des Vosges, pour faire cesser ce scandaleux brigandage.

L'ALSACE ACCLAME LE ROI-CITOYEN

Depuis plusieurs jours, j'étais prévenu officiellement de la prochaine arrivée du roi en Alsace, et de mon départ pour Strasbourg, pour me trouver,

avec tout le régiment, à son entrée dans la capitale
de la province et aux revues qui suivraient. Le but
politique de ce voyage était de faire connaître, aux
populations de l'Est et à l'armée, le monarque que
la France de Juillet s'était donnée. Il était important de donner au roi une bonne opinion du régiment, et à l'Allemagne qui nous regardait une semblable opinion sur notre jeune armée, qu'on venait
en quelque sorte de recréer. Je pris toutes mes mesures, en passant de fréquentes inspections, pour
que mon bataillon fût aussi beau, aussi nombreux
que possible. Je réussis complètement.

18 *juin*. — La garnison, les troupes arrivées pour
les revues du roi et les gardes nationales des arrondissements de Strasbourg et de Wissembourg,
prirent les armes pour border la haie, depuis la
porte Blanche ou Nationale, jusqu'au Palais royal.
Le roi fit son entrée solennelle à cheval, ayant à
ses côtés ses deux fils, les ducs d'Orléans et de
Nemours, accompagnés par les maréchaux Soult
et Gérard, par le ministre du Commerce, comte
d'Argout, et par un immense état-major. Il était
précédé et suivi de douze régiments de cavalerie,
et de plusieurs centaines de voitures alsaciennes
ornées de feuillages et de rubans, pavoisées de drapeaux tricolores et remplies de jeunes et fraîches
paysannes, costumées dans le goût du pays. Cette
entrée dans une ville guerrière célèbre, fut magnifiquement imposante. Un concours immense de
citoyens et aussi d'étrangers à l'Alsace, une allégresse générale et de vives acclamations, spontanément manifestées sur le passage du roi, prouvaient
qu'il avait l'assentiment des populations entières.

L'esprit public était encore bon, les menées démagogiques n'avaient pas encore perverti les masses, et changé en indifférence coupable les témoignages d'affection que le roi avait reçus jusqu'alors.

Le passage fini et les rangs rompus, les officiers se réunirent pour aller chez le roi, où ils furent présentés par le général Brayer, commandant la division. Nous trouvâmes là le grand duc de Bade et une nombreuse suite, les envoyés des souverains allemands, et les ambassadeurs ou agents français attachés à ces cours.

19 juin. — Nous prîmes les armes de grand matin, pour être rendus de bonne heure au polygone. Ce vaste champ de manœuvre fut bientôt rempli de troupes de toutes armes, et d'une foule de spectateurs français et allemands. Indépendamment des gardes nationales à pied et à cheval, il y avait trois régiments d'infanterie (59e de ligne, 5e et 15e légers), douze régiments de cavalerie, deux d'artillerie, et plus de cinq cents voitures attelées, telles que canons, caissons, fourgons, équipages de pont, etc. Les étrangers, comme les nationaux, furent étonnamment surpris de voir qu'en si peu de mois, on était parvenu à réorganiser l'armée, à tripler son effectif, à monter la cavalerie et à créer un immense matériel de campagne. Grâce au maréchal Soult, la France avait déjà 400 000 hommes bons à faire la guerre, 600 pièces de canon attelées, et tous les autres services militaires portés à ce degré, presque miraculeux, de nombre et d'instruction.

L'arrivée du roi fut saluée par les éclatantes acclamations d'un peuple immense, par une décharge générale de toutes les pièces de canon, par

les clairons, les tambours et les musiques de tous
les corps formés en bataille sur plusieurs lignes.
Lorsque le souverain eut pris place sur une vaste
estrade, élevée sur un des côtés de ce vaste carré,
les colonels ou chefs de corps se rendirent auprès
de lui pour recevoir de ses mains les drapeaux et
étendards de leur régiment, qu'ils vinrent faire
reconnaître et saluer par leurs subordonnés. Les cris
de « Vive le roi ! » se joignant aux bruyantes batteries des tambours qui battaient aux champs,
annoncèrent que les soldats saluaient avec enthousiasme l'insigne national, qui devait les guider et
les conduire à la victoire.

Cette reconnaissance terminée, le roi passa successivement devant tous les corps. En arrivant au
centre du régiment, il me fit appeler, me remit la
croix d'officier de la Légion d'honneur, et me dit
qu'il s'estimait très heureux de pouvoir récompenser, par une nouvelle distinction, mes longs et loyaux
services. Cet avancement dans l'ordre me fut très
agréable, sans cependant me flatter autant que
lorsque je fus nommé simple légionnaire en 1813. Le
général Schramm avait eu la complaisance de venir
me prévenir et de me complimenter sur ma nomination, avant que Sa Majesté me décorât elle-même.

Dans cette journée, je recevais ma troisième décoration et prêtais serment à un sixième drapeau.
Le premier, avec un aigle, au Champ de Mars, sous
l'Empire ; le deuxième en 1814, aux fleurs de lis,
lors du premier retour des Bourbons ; le troisième.
tricolore, à l'aigle, pour les Cent-Jours ; le quatrième blanc, au second retour des Bourbons, donné
aux légions départementales en 1816 ; le cinquième
en 1821, lorsque les régiments furent rétablis ; et

le sixième et dernier, je l'espère, tricolore avec le coq gaulois. Quant à la décoration de la Légion d'honneur, elle avait eu aussi ses vicissitudes. En 1814, l'effigie de Napoléon et l'aigle impériale furent remplacées par l'effigie de Henri IV et les armoiries de France aux trois fleurs de lis ; 1815 ramena la décoration à sa forme primitive ; la catastrophe de Waterloo rétablit les Bourbons et avec eux les changements de l'année précédente ; enfin la révolution de Juillet substitua aux fleurs de lis de la monarchie de droit divin, les drapeaux tricolores de la monarchie représentative régénérée. Ainsi les écussons sont maintenant, d'un côté la figure de Henri IV, et de l'autre deux drapeaux croisés, avec la devise fondamentale : Honneur et Patrie. La croix de Saint-Louis, sans être défendue, a cessé d'être portée...

La revue terminée, on défila rapidement, et même au pas de course, après avoir dépassé le roi, pour dégager le terrain et laisser de la place à la cavalerie et au matériel. Il était près d'être nuit, quand on rompit les rangs, sur la place du Temple neuf. Nous étions restés plus de quatorze heures sous les armes.

Après avoir réparé le désordre de ma toilette, je me rendis au château pour y monter la garde, comme officier supérieur de jour, et comme le plus ancien chef de bataillon de l'infanterie. Ces deux titres me donnaient le droit de m'asseoir à la table du roi. J'y pris place comme officier de service, et je fis grand honneur au banquet royal. Il y avait deux tables dans la même salle, de quarante-cinq à cinquante couverts chacune : le grand duc de Bade, son frère, son beau-frère et les grands de sa cour, les envoyés de Bavière, du Wurtemberg, Hesse-Darmstadt, Francfort, etc., des généraux en activité de service

ou en disponibilité, les commandants des gardes
nationales, et plusieurs chefs de corps. Presque
toute la suite militaire du grand duc de Bade était
décorée de la Légion d'honneur. C'étaient des officiers qui avaient autrefois combattu dans nos rangs.
Je causai longtemps, avec plusieurs d'entre eux,
de nos anciennes guerres et de l'espérance qu'on
avait que la paix ne serait pas troublée. La revue,
la belle tenue, le degré d'instruction où notre jeune
armée était déjà arrivée, les avaient vivement frappés. « Il n'y a que des Français, disaient-ils, capables
de faire en aussi peu de temps d'aussi grandes choses. »

Après le dîner, le roi se rendit à la salle de spectacle, où la ville donnait un bal. La salle magnifiquement décorée, quoique très spacieuse, était si
pleine et la chaleur si étouffante qu'il y avait un
certain courage à supporter, sans autre motif que la
curiosité, une situation aussi accablante ; la place
n'était vraiment pas tenable. J'y restai par devoir,
et pour m'assurer si je ne rencontrerais pas une
personne à qui j'avais fait la cour en 1817-1818,
et avec laquelle je me serais probablement marié,
si je ne fusse parti avant les dernières conventions
matrimoniales. Après dix-huit à vingt mois de correspondance, tous rapports avaient cessé. Mes re-
cherches, au milieu de ces centaines de femmes, ne
furent pas vaines. Quoique passablement changés,
l'un et l'autre, nous nous reconnûmes à première
vue. Elle reçut avec convenance mes nouveaux hommages, m'apprit qu'elle était mariée, mère de famille
et qu'elle me recevrait chez elle avec plaisir, si je lui
faisais la politesse d'aller la voir. Quand je la revis le
lendemain, je lui pardonnai de grand cœur les bienveillants reproches qu'elle me fit. Le temps avait

amorti leur amertume, si toutefois ils étaient sérieux.

Le roi rentra de bonne heure au palais. Mon service m'obligeait à le suivre. Je passai la nuit sur une chaise, dans la cour du château, ou me promenant avec les officiers de garde des trois armes que j'avais sous mes ordres, infanterie, cavalerie et gardes nationaux. La nuit fut aussi douce, aussi calme, que la journée avait été chaude et animée. Je déjeunai là, le lendemain 20, et dînai encore le soir, ayant reçu une invitation particulière, à la même table que la veille. L'ordinaire était assez bon, et les convives d'assez bonne maison pour ne pas craindre de se compromettre.

Le départ du roi pour Colmar fut suivi d'une grande inspection, passée par le lieutenant-général baron Sémélé, sous les ordres duquel Barrès avait servi à Mayence. Le général « fut plus qu'étonné de trouver le régiment aussi avancé dans son instruction ». Tous avaient travaillé jour et nuit pour obtenir ce résultat, « le maréchal Soult voulant avoir 500 000 hommes sous les armes, habillés et exercés, pour les présenter aux puissances du Nord dans le courant de l'été, si elles persistaient à vouloir nous attaquer ». Barrès avait eu sa large part de cette activité, et son bataillon, de l'aveu même de son colonel, était « plus avancé que les autres ».

INSURRECTIONS A STRASBOURG ET A LYON

Le 13 septembre 1831, il obtint une permission d'un mois, pour aller voir à Charmes son fils et sa famille. Mais de graves événements survenus à Strasbourg nécessitèrent son retour immédiat.

Le colonel m'écrivit de rentrer tout de suite à ma garnison, ma présence étant rendue nécessaire par une espèce d'émeute, qui venait de soulever la garde nationale, contre une des lois de l'État : insurrection comprimée, mais qui, pouvant se renouveler, exigeait que tout le monde fût à son poste. Prévenu le 6, j'étais en route, une heure après, pour Lunéville, où je pris la diligence de Paris à Strasbourg.

7 octobre. — L'essai d'insurrection avait été tenté par la partie républicaine de la garde nationale, sous le prétexte d'affranchir des droits d'entrée à la frontière les bestiaux étrangers, mais réellement pour essayer ses forces et ouvrir les portes du boulevard de la France à un membre de la famille impériale napoléonienne, si la République ne pouvait pas être proclamée. A cet effet, quatre à cinq cents gardes nationaux prirent les armes dans la nuit du 4 au 5 octobre, sans être autorisés par leurs chefs, et marchèrent sur le petit Rhin, en forçant le poste de la porte d'Austerlitz à leur livrer passage, pour aller incendier le bureau de la douane, et faire entrer les bestiaux étrangers sans payer les droits imposés par la loi.

L'autorité militaire avait été prévenue à temps par un sergent du régiment. Elle fit marcher de nuit mon bataillon, sous le commandement du lieutenant-colonel, à travers la campagne, pour prêter main-forte aux employés de la douane. Un peu après le jour, quand les gardes nationaux se présentèrent sur le petit Rhin, leur surprise fut grande de trouver la route barrée ; ils se débandèrent et furent ramenés en ville, baïonnette aux reins, sans qu'on eût à en faire usage cependant. Une fois rentrés, ils se réunirent aux mécontents qui étaient restés, mais ceux-ci, contenus par la garnison qui était sous les armes depuis le point du jour, ne furent pas plus heureux dans leurs tentatives de désordre. Ils allaient se retirer, les uns et les autres, pour manger leur choucroute, lorsque le préfet, par peur ou faiblesse, prit sur lui de réduire les droits de moitié. Cette lâche condescendance aurait tout perdu ; heureusement, dans la journée, une dépêche télégraphique annonça la cassation de l'arrêté du préfet, et la destitution de ce magistrat, qui reçut l'ordre de se rendre à Paris sur-le-champ, pour rendre compte de sa conduite.

Lorsque j'arrivai en hâte de Charmes, le calme était à peu près rétabli, et les troupes, appelées de l'extérieur, à la veille de rentrer dans leurs cantonnements.

J'ai su, bien des années après, qu'un militaire distingué, avec lequel je fus en fréquentes relations avant et après cet événement, ne fut pas étranger à cette échauffourée napoléonienne. C'était le commandant Parquin, chef d'escadron de gendarmerie à Strasbourg, le compagnon du prince Louis-Napoléon, lors de ses tentatives insurrectionnelles à Strasbourg, en 1837, et à Boulogne en 1840. Il est mort dernièrement à Ham, prisonnier d'État.

Novembre. — L'insurrection de Lyon fut bien près de nous entraîner dans le mouvement des troupes qui fut ordonné à cette époque pour reprendre cette ville, d'où l'émeute venait de chasser les autorités. Le ministre de la Guerre, maréchal Soult, avant de partir pour Lyon avec le prince royal, avait donné des ordres pour que des troupes,

appelées de tous les points de la France, se ren-
dissent à marches forcées sous les murs de Lyon. Le
régiment devait en faire partie, mais par une cause
qu'on n'a pu expliquer, la dépêche télégraphique
ne parvint pas. Elle s'était probablement évaporée
dans les airs ! On n'eut connaissance de cet ordre
que par l'arrivée d'une estafette, expédiée de Lyon,
qui ordonnait au colonel de rentrer à Strasbourg,
la coopération de son régiment n'étant plus nécessaire : la ville de Lyon avait été évacuée par les
insurgés et le gouvernement du roi rétabli dans toute
sa plénitude. L'estafette, ne rencontrant pas le
15e léger en route, poussa jusqu'à Strasbourg, et
trouva, chaudement couché dans son lit, le colonel
qu'elle aurait dû rejoindre pataugeant dans les
boues de la Franche-Comté. Le colonel fut fort surpris de recevoir un contre-ordre, pour un ordre qu'il
n'avait pas exécuté. Cette erreur ou négligence des
bureaux de la guerre nous sauva d'un départ précipité, de seize journées de marches forcées par la
boue, la pluie et la neige, et de grandes fatigues en
pure perte.

LE CHOLÉRA DE 1832

*Au mois d'avril 1832, Barrès reçut la visite de ses
beaux-parents et de sa belle-sœur, qui lui amenaient
son jeune fils; il eut la joie de les garder quelques
jours auprès de lui et de montrer le Rhin à son fils.
Mais un terrible fléau allait multiplier pour lui les
deuils.*

Mai et juin 1832. — Peu de jours après le départ
de mes visiteurs, on m'écrivit que le choléra, qui

faisait de grands ravages à Paris et dans les environs, venait de se manifester à Charmes avec beaucoup de violence. Cette sinistre nouvelle m'accabla d'épouvante. Comment croire possible l'invasion de cette terrible maladie dans une ville saine, propre, aérée, quand elle n'avait pas pénétré en Lorraine, et qu'elle semblait à plus de quarante lieues de distance du point où elle surgissait ainsi? Comment avait-elle passé par-dessus de grandes villes, des montagnes et des fleuves, sans laisser aucune trace de son gigantesque enjambement? Ce furent de cruelles appréhensions à endurer.

Elles ne se réalisèrent que trop. Mon beau-frère, notaire à Charmes, âgé de moins de trente ans, fort et bien portant, fut frappé de cet horrible mal, le 24 juin, et peu d'heures après ce n'était plus qu'un cadavre. Sa jeune fille, l'aînée de ses deux enfants, le suivit de près. Dans le même moment, une de mes belles-sœurs, Mme Élisa Belfoy, se mourait d'une maladie de langueur, et succomba le 5 décembre. Tant de malheurs arrivés dans la famille en si peu de temps me brisèrent le cœur.

UNE JOURNÉE RÉVOLUTIONNAIRE

9 juin. — Les journées révolutionnaires et républicaines des 5-6 juin, à Paris, de sanglante mémoire, eurent un retentissement à Strasbourg, où les révolutionnaires de la capitale avaient des adeptes fanatiques. Nous fûmes sur le qui-vive jusqu'au 9; dans cette journée, les frères et amis, honteux de leur inertie, signifièrent au préfet que la République étant proclamée à Paris, ils voulaient aussi qu'elle le fût à Strasbourg. Ils disaient que ce fait était attesté par toutes les correspondances et que le gouvernement déchu, en sortant de Paris, avait fait briser la ligne des signaux, pour que ce grand changement ne fût pas connu en province. Chercher à les convaincre qu'ils répandaient des mensonges, eût été en pure perte : ils voulaient faire du bruit, montrer de la sympathie pour les révoltés de Paris, et prouver qu'ils étaient dignes de les imiter. Pour rassurer la population, la garnison prit les armes, et ses bataillons se portèrent sur différents points de la ville.

Mon bataillon fut établi sur la place d'Armes, où il resta depuis trois heures de l'après-midi jusqu'à une heure du matin. Pendant le jour ne parurent sur la place que des enfants qui sifflaient, insultaient, ou jetaient des projectiles peu dangereux aux officiers et aux soldats. Mais la nuit venue, les meneurs entrèrent en jeu ; les attroupements devinrent considérables et les cris anarchiques retentissants. Pour en finir avec cette tourbe d'aboyeurs, le général Brayer me donna l'ordre de les charger à la baïonnette et de faire évacuer la place. Ce qui fut exécuté sans accident ni résistance. Plus tard, il me donna l'ordre de faire lire par un commissaire de police la loi martiale, dans la rue des Arcades, où était le plus grand rassemblement : je m'y rendis à la tête de mes voltigeurs, avec un tambour pour faire les roulements, et avec des torches en flammes pour donner plus d'apparat à cette grave mission. Avant de commencer la lecture, je signifiai qu'une fois celle-ci terminée, je ferais trois sommations pour inviter le public à se retirer et qu'alors je commanderais le feu. J'avais autour de moi les généraux

Brayer, commandant la division ; Tririon, commandant le dépôt du Bas-Rhin ; Lallemand, commandant la cavalerie stationnée en Alsace ; et Marion, l'école d'artillerie. Il y avait quelque chose de sublime dans cet appareil de la force qui éclaire avant de frapper. A la première sommation, la foule commença à s'égailler ; à la deuxième, elle disparut presque entièrement ; à la troisième, cette longue rue fut déserte, et à onze heures toute la ville reposait dans un calme profond.

Telle fut la part que le parti de Strasbourg, pour répondre aux engagements qu'il avait contractés avec celui de Paris, prit aux journées de Juin. Sans être trop belliqueux, il fut odieux, par les graves insultes qu'on adressa aux généraux présents, et par les quelques contusions que les officiers et les soldats reçurent, dans l'obscurité, des pierres jetées dans leurs rangs. Il n'y eut pas un seul habitant atteint, mais il fallut toute la prudence des officiers et leur mépris des injures pour empêcher les soldats de se venger de tant de provocations et de voies de faits.

LA VIE A STRASBOURG

Proposé pour le grade de lieutenant-colonel, Barrès change peu après de garnison. Son bataillon est dirigé sur Haguenau. Avant de quitter Strasbourg, le 5 octobre, il évoque encore quelques souvenirs d'un séjour qu'il ne vit pas s'achever sans regrets :

La garnison était assez fatiguée de service, et souvent obligée de prendre les armes, ou de rester consignée dans les casernes pour parer aux événements imprévus de la politique. Cette année 1832 fut si agitée, si orageuse pour le nouveau gouvernement, que ses seuls défenseurs déclarés devaient bien avoir leur part de ses mauvais jours.

Presque tous les dimanches, quand le temps n'était pas trop mauvais, il y avait grande parade sur la place d'armes. Il est probable que la nécessité le voulait ainsi, plus que le goût du lieutenant-général Brayer, le commandant de la division. Cet homme excellent et d'une aménité charmante, aimait beaucoup le régiment et avait une grande confiance en lui. Aussi les mécontents, qui avaient sur le cœur leur échauffourée du Rhin avortée et les sommations du 9 juin, nous désignaient-ils sous le nom de « gardes du corps de Brayer ». Brayer était leur compatriote, l'enfant de ses œuvres, le condamné à mort de 1815, le vainqueur des Chouans à la Roche-Servière et (pendant son bannissement) des Espagnols dans l'Amérique méridionale ; mais il avait épargné à Strasbourg les horreurs de Lyon et de Paris, et c'est là ce qu'on ne lui pardonnait pas. Nous mangions souvent chez lui, et il nous faisait quelquefois l'honneur d'être des nôtres. Sa fille, femme distinguée par son extrême politesse, avait épousé M. Marchand, valet de chambre de l'empereur Napoléon à Sainte-Hélène. Marchand était plein de modestie et d'urbanité, et fort réservé sur la captivité de son illustre et infortuné maître. L'Empereur dans son testament l'avait fait comte, et avait dit qu'il épouserait la fille d'un militaire ayant souffert pour sa cause. Il choisit Mlle Brayer.

Les défenseurs de la malheureuse Pologne, fuyant en masse leur patrie asservie, arrivaient à Strasbourg par toutes les routes de l'Allemagne. Bien accueillis et fêtés par les habitants, ils furent traités par les officiers de la garnison comme des camarades malheureux, comme d'anciens compagnons de gloire, que la proscription poursuivait, après de glorieuses défaites. Mais la ridicule entrée des généraux de circonstance, Romarino et Langerman, et quelques mauvais procédés de certains officiers polonais, nous refroidirent : nous nous aperçûmes que les *Boussingots* de Strasbourg voulaient profiter de leur arrivée pour se faire des partisans et susciter des embarras au gouvernement.

En novembre 1832, nous avions pris, le colonel, le major Aguilloni et moi, toutes nos mesures pour notre hiver. Nous mangions ensemble et nous passions habituellement nos soirées dans la même maison, chez des dames d'une parfaite aménité, où se réunissait tout ce qu'il y avait de plus distingué dans la ville. On y faisait de la musique, on y dansait, on y jouait. Je me serais trouvé très heureux que mon hiver se passât dans cette douce et charmante oisiveté. J'étais logé agréablement ; les occupations dans cette dure saison n'avaient rien de pénible, le vent impétueux, la pluie battante, tous les autans déchaînés, m'étaient indifférents, parce que j'espérais être à l'abri de toutes les intempéries. Bref, je me livrais avec le bon docteur Margaillant, mon voisin d'appartement, aux charmes de la paix et aux douceurs du coin du feu, lorsque dans la nuit du 9 au 10 novembre, je fus subitement réveillé par mon adjudant, qui vint m'apprendre, sans égard pour mes charmants rêves, notre départ pour la Belgique.

C'est une nouvelle campagne qui s'annonce. Deux bataillons de guerre et deux compagnies d'élite sont

*formés en hâte, au prix d'un travail incessant. Le
12 novembre, en route pour Mézières, Barrès fait
halte à Niederbronn, où il est logé chez M. Dietrich,
l'ancien maire de Strasbourg. Arrivé à Mézières, le
régiment est désigné pour faire partie de l'armée de
réserve, qui se forme sur la Meuse, afin d'empêcher
les Prussiens de troubler le siège d'Anvers. Celui-ci
aboutit bientôt à l'expulsion des Hollandais. Le but
de l'expédition en Belgique ayant ainsi été atteint,
Barrès reçoit à Charleville l'ordre de se rendre à Sedan,
pour faire place aux troupes qui revenaient du siège.
Il y reste une quinzaine de jours, puis va prendre
d'autres cantonnements. En février 1833, il reçoit
enfin l'ordre de regagner sa garnison d'Alsace, après
quatre mois d'une « course armée » rendue fatigante
par les pluies et le froid.*

*Atteint d'un rhumatisme à la tête, Barrès obtient
peu après un congé de convalescence qu'il va passer
à Charmes. Mais l'insurrection de Lyon l'oblige à
repartir le 16 avril. A son arrivée à Lyon, la ville est
calme depuis trois jours, après des combats meurtriers
où plus de trois cents hommes de la garnison avaient
été mis hors de combat.*

*Le 8 juillet 1834 marque pour Barrès la cinquan-
tième année de son âge ainsi que ses trente années
révolues de services.*

APRÈS TRENTE ANS DE SERVICE

Ce jour, longtemps désiré, me trouva assez disposé à profiter de l'avantage qu'il m'accordait pour
finir honorablement ma carrière militaire et demander ma retraite. Depuis quelques années, je commen-

çais à sentir le besoin de me reposer, de vivre un peu pour moi, et de jouir de cette pleine indépendance qu'on ne peut goûter que dans la vie civile, et commodément, que dans son ménage.

Sans être bien décidé, sans être absolument ennuyé du noble métier des armes, j'étais cependant entraîné à cette résolution par le besoin de me rapprocher de mon enfant, de veiller à son éducation, de le diriger, selon mes faibles facultés, dans la voie du bien, et de lui faire comprendre de bonne heure les dangers qu'on doit éviter pour ne pas se perdre au début de la vie. Je m'alarmais facilement, quand on négligeait de me donner de ses nouvelles ; j'étais, dans ces moments d'attente, d'une inquiétude désespérante, ce qui me rendait l'existence pénible et le caractère triste et morose. Mes deux familles me pressaient de quitter le service, de conserver pour mon enfant mon existence tant de fois compromise, et si heureusement protégée contre tous les périls d'une longue carrière remplie d'accidents. Malgré moi, et avec la meilleure volonté, j'avais perdu cette énergie brûlante dès premières et meilleures années, cette activité si nécessaire dans le service, pour remplir consciencieusement son devoir, quand on a l'amour-propre de faire au moins aussi bien que les autres, et pour donner de bons exemples à ses inférieurs. Les grandes manœuvres, le cheval, mon embonpoint me fatiguaient assez pour me décourager. D'un autre côté, je me voyais à regret condamné à me retirer avec mon grade, tandis que j'avais la certitude d'être nommé lieutenant-colonel avant un an, et d'obtenir la pension de retraite deux années après ma promotion. Je renonçais de gaieté de cœur à une existence

honorable et aisée, à la société et aux agréments
du grand monde, aux jouissances et aux plaisirs
des grandes villes, pour aller vivre dans une petite
ville qui n'offrait aucune ressource, loin de mon
pays que j'aimais toujours, bien que trente années
eussent effacé mes plus frais souvenirs.

Après avoir longtemps réfléchi sur les avantages
et les inconvénients de la résolution que j'allais
prendre, je me déterminai, à la fin du mois, à for-
muler ma demande et à l'adresser au colonel. Quand
elle fut soumise au lieutenant-général Aymard,
notre inspecteur général pour 1834, il ne voulut
pas la recevoir avant de m'avoir entendu et de savoir de moi-même si je ne cédais pas à quelque
dépit ou mécontentement. Il me communiqua une
lettre du ministre de la Guerre, qui le prévenait que
le commandant Barrès, ayant été proposé aux inspections générales précédentes pour le grade de
lieutenant-colonel, devait être de droit porté sur
le tableau d'avancement de cette année-ci. « Vous
êtes, me dit-il, le plus ancien chef de bataillon de
mon inspection, proposé pour un grade supérieur ;
vous serez porté le premier sur mon travail, et infailliblement nommé avant un an. Tout doit vous
engager à retirer votre demande. » Malgré les efforts
du colonel qui assistait à cet entretien et qui joi-
gnit ses instances à celles du général, je résistai
à ces bienveillantes marques d'affection et d'intérêt. La seule faveur que je réclamai, ce fut un
congé de trois mois, pour aller dans ma famille paternelle dire adieu à tous les miens, et porter des fleurs
sur les tombes de mes père et mère.

Le général me l'accorda sans difficulté, en ajou-
tant qu'il regrettait que je n'eusse pas plus de défé-

rence à son désir et aux instances de mes camarades.

Dans la persuasion où j'étais qu'à ma rentrée de congé, je trouverais l'ordre d'aller attendre à Charmes ma mise à la retraite, je vendis mon cheval un assez bon prix, après l'avoir gardé sept années, ce qui est fort rare chez les officiers d'infanterie qui sont le plus souvent enrossés. Les bons services qu'il m'avait rendus me le firent regretter. Quoique très médiocre cavalier, je n'ai pas eu le désagrément d'être jeté une seule fois à terre.

Je partis le 10 août, et je fis la première partie de ma route dans le convoi du chemin de fer de Lyon à Saint-Étienne. C'était la première fois que j'usais de cette manière de voyager. Je la trouvai agréable et surtout très commode, quoiqu'elle fût loin d'être aussi impétueuse qu'elle l'est devenue avec la vapeur. Les voitures bien suspendues, très commodes, tirées chacune par deux forts chevaux, lancés au grand galop, avaient une vitesse de trois et demie à quatre lieues à l'heure. De Saint-Étienne à Givors, elles descendaient sans être attelées, la légère inclinaison qui se trouve entre ces deux points suffisant pour leur donner une impulsion de six à sept lieues à l'heure.

Par Monistrol, Issengeaux, le Puy et Brioude, j'arrivai le 13 août à Blesle, après une absence de plus de trente années ! Mon frère puîné, militaire comme moi, en retraite depuis moins d'un an, vivait avec ma sœur. Comme c'étaient eux que j'allais voir spécialement, ce fut naturellement dans leur maison que je descendis. Ils étaient pour moi les successeurs de mon père et de ma mère, les représentants de la famille.

Une si longue absence, la mort des auteurs de mes jours, et de beaucoup de mes contemporains, auraient dû affaiblir chez moi les sentiments pour le sol natal, et la religion des souvenirs. Mais malgré tant de causes d'indifférence et d'oubli, je ne revins pas sans un ineffable plaisir au bien-aimé séjour de ma première jeunesse. Les trois mois que je devais passer dans cet humble vallon, si calme et si pittoresque, avec les miens et avec les vieilles amitiés que le ciel m'avait conservées, ne pouvaient que m'offrir de riantes images et de délicieuses distractions, selon le point de vue d'où je les envisageais. Je sentais le besoin de jouir de la remarquable faveur qui m'était accordée, après tant de dangers, de fatigues et de vicissitudes, de me retrouver dans les lieux d'où j'étais parti à vingt ans sans trop m'inquiéter de ce que je deviendrais. J'étais venu chercher d'intimes jouissances, je fus assez heureux pour les rencontrer et les apprécier avec la vive foi d'un homme qui regrette d'en être privé sur ses vieux jours.

Mon arrivée fut l'occasion de fréquentes et nombreuses réunions, soit chez mes parents et amis, soit chez moi. Pour répondre à tant de marques d'affectueuse amitié, je donnais à dîner presque tous les lundis à dix ou douze personnes, des parents de bons amis, de vieilles connaissances, dont la présence me rappelait un temps dont nous aimions à nous ressouvenir. Si le menu de nos repas se ressentait de la pauvreté des ressources du pays, j'avais du moins la satisfaction d'offrir d'excellents vins de Bordeaux, de Bourgogne et de Champagne que j'avais apportés avec moi.

Les belles vendanges de cette année donnèrent

lieu à de nombreuses parties de vigne, qui furent aussi gaies qu'agréables. C'était presque une nouveauté pour moi qui n'avais pas joui de ces fêtes champêtres depuis 1803.

Après plusieurs courses dans les environs, et un séjour chez mes bons parents de Brioude, l'heure de se séparer arriva. Quoique les beaux jours et la saison des plaisirs fussent passés, je ne vis pas approcher sans regrets le moment où il fallut embrasser, peut-être pour la dernière fois, mes frères, mes amis, et surtout ma sœur que je laissais avec peine derrière moi. Elle me conduisit le 6 novembre à Lempde, où nous avons couché, parce qu'elle voulait me mettre elle-même dans la diligence. Notre séparation, qui eut lieu le 7 au matin, fut bien triste.

A Lyon, Barrès apprend qu'il ne peut pas être définitivement libéré avant que sa mise à la retraite n'ait paru au Bulletin des Lois. Après des semaines d'incertitude, il décide de demander au général Aymard un nouveau congé et d'aller attendre à Charmes le bon plaisir du Bulletin officiel.

Le 19 janvier 1835, j'arrivai à Charmes, dans la matinée, où j'eus le plaisir de trouver mon fils et la famille de mon beau-père en parfaite santé.

Quoique je ne pusse pas encore me considérer comme entièrement libéré du service, je ne m'occupai pas moins de mon prochain établissement, avec toute l'activité que l'on déploie dans les choses qu'on fait avec plaisir. Je me mis, peu de jours après mon arrivée, à la recherche d'un logement convenable, et, après l'avoir trouvé, à surveiller les travaux d'arrangement et d'embellissement, à acheter les meubles et autres objets de ménage que je dus prendre à Nancy, Lunéville, Épinal ou Charmes, selon les avantages que je trouvais à me les procurer dans l'une ou l'autre de ces villes.

Ainsi s'est terminée une carrière qui, si elle n'a pas eu un grand éclat, a été du moins utile à la France et honorable pour moi. Je dis, avec orgueil, *honorable*, parce que, pendant trente et un ans, j'ai toujours fait consciencieusement mon devoir, dans toutes les occasions, et partout où je me suis trouvé ; que je n'ai aucune mauvaise action à me reprocher, et que j'ai toujours mérité l'estime et la confiance de mes supérieurs et de mes subordonnés, ainsi que l'amitié de mes camarades et des corps où j'ai servi. Si cette carrière n'a pas été plus brillante, sous le rapport des actions et de l'avancement, c'est qu'il n'est pas donné à tous les militaires de se trouver dans des positions favorables, dans des moments propices, où leur nom peut être cité avec éloge : ces occasions sont rares, surtout dans l'infanterie, dont les mérites et les services ont trop peu d'éclat pour trouver des prôneurs. Quant à l'avancement, j'aurais pu, j'aurais dû espérer être plus favorisé, si les circonstances m'avaient mieux servi, si j'avais eu plus d'ambition, plus d'intrigue, et, comme tant d'autres, cherché à faire valoir mes services. Mais ces moyens, très en usage et peu licites, m'ont toujours répugné. Je puis dire avec sincérité que je n'ai jamais écrit à qui que ce soit pour me recommander, ni ne suis entré une seule fois au ministère de la Guerre, pour me faire connaître aux dispensateurs des grâces et des faveurs : je me suis contenté de la protection de mes chefs immédiats ou supérieurs. Cependant je dois me féliciter de ce que la fortune ne m'a pas été plus contraire, et remercier la Providence, puisque j'ai la satisfaction de me retirer du service sans aucune infirmité ni blessures graves : c'est une grande compensation et un inappréciable bienfait pour mes vieux jours (1).

(1) J.-B. Barrès mourut à Charmes quatorze ans plus tard, en janvier 1849, ayant eu la satisfaction de voir, comme il le désirait, son fils entrer à l'École centrale.

FIN

TABLE DES MATIÈRES

LA PREMIÈRE RESTAURATION

LES CENT-JOURS

LA DEUXIÈME RESTAURATION

PARIS. — TYP. PLON-NOURRIT ET Cⁱᵉ, 8 RUE GARANCIÈRE. — 26528.